Ana Zirner
August Zirner

ELLA UND LAURA

ANA ZIRNER
AUGUST ZIRNER

ELLA
UND LAURA

VON DEN MÜTTERN
UNSERER VÄTER

Mit 29 Schwarz-Weiß-Abbildungen

PIPER

Mehr über unsere Autorinnen, Autoren und Bücher:
www.piper.de

ISBN 978-3-492-07040-9
© Piper Verlag GmbH, München 2021
Satz: Uhl + Massopust, Aalen
Gesetzt aus der Minion Pro
Litho: Lorenz & Zeller, Inning am Ammersee
Druck und Bindung: GGP Media GmbH, Pößneck
Printed in Germany

Jetzt wünsche ich mir, dass ich eine familiäre
Beziehung zu meiner Wiener Großmutter hätte haben
können. Sie fehlt mir als vorangegangener Mensch.

Laura Beata Wärndorfer in ihren
Einhundertzwanzig Jahren

Für unsere Geschwister.

WARUM SOLLTEN WIR UNSERE GROSSMÜTTER VERKAUFEN?

August

»Der würde sogar seine Großmutter verkaufen.« Ich habe mich immer wieder gefragt, was der Satz bedeutet. Was soll das heißen, seine Großmutter verkaufen? Soweit ich mich erinnere, ist das ein Satz, den man über einen Komiker sagen würde, der einen schlechten Witz über seine Großmutter machen oder pietätlos über sie sprechen würde, um eine Pointe zu landen. Aber wieso beschäftigt er mich derart?

In meinem Arbeitszimmer hängt ein großes Gemälde meiner Großmutter Ella Zirner-Zwieback, einflussreiche und große, gefürchtete Geschäftsfrau in Wien in den Jahren 1906 bis 1938. 1906 hatte sie das große Kaufhaus Maison Zwieback von ihrem Vater Ludwig Zwieback geerbt und es dann achtzehn Jahre lang gemeinsam mit ihrem Ehemann Kommerzienrat Alexander Zirner geführt. 1924 starb dieser, und von da an führte sie das Kaufhaus alleine weiter.

Die Beerdigung des Kommerzienrats war ein ziemlich großes gesellschaftliches Ereignis. Der berühmte Wiener Architekt Friedrich Ohmann wurde beauftragt, die Grabstätte zu entwerfen. Das Projekt verlangte ihm fast zwei Jahre Arbeit ab, doch bis heute steht das Grab auf dem Zentralfriedhof in Wien. Interessant ist, dass Friedrich Ohmann zur gleichen Zeit auch an den Plänen für ein Kaffeehaus arbeitete: das von meiner Großmutter in Auftrag gegebene Café Zwieback in der Weihburggasse 4. Dort befindet sich jetzt das Café Sluka, restauriert im Stil und nach den Entwürfen von Ohmann und meiner Großmutter Ella. Anders als bei der Grabstätte am Zentralfriedhof tauchen im

Ella, gemalt von Wilhelm Viktor Krausz, 1910

Kaffeehaus die Namen Zwieback oder Zirner jedoch nirgends auf. Möglicherweise hat der Name am Zentralfriedhof mehr Bestand. »Es lebe der Zentralfriedhof und alle seine Toten!«, singt Wolfgang Ambros immerhin.

Ella war anscheinend eine recht extravagante Frau und hatte wohl auch außereheliche Beziehungen. So pflegte sie unter anderem mit ihrem ehemaligen Klavierlehrer, dem Komponisten Franz Schmidt, ein inniges Verhältnis. Tja, und irgendwie – vielleicht beim vierhändigen Klavierspiel – entstand schließlich mein Vater Ludwig. Das war ebenfalls im Jahr 1906.

1938 gelang es meiner Großmutter Ella und ihrem Sohn Ludwig, Wien zu verlassen. In der Enteignungsakte der NSDAP steht:

```
Die Hausbesitzerin, die Jüdin Ella Zirner, muss baldigst
ersetzt werden, weil sie unablässig durch Verkaufsideen
und nicht zweckmäßig erscheinende Realisierungspläne
die Arisierung beziehungsweise die ruhige Abwicklung der
Geschäfte ihrer arischen Untermieter stört.
```

Wer also war meine Großmutter Ella Zirner-Zwieback, die 1970 in New York verstarb? Und warum sollte ich sie verkaufen?

FAMILIENSTAMMBÄUME INTERESSIEREN MICH NICHT

Ana

»Vielleicht suche ich in der Vergangenheit nach einem Stück von mir selbst, das ich noch nicht kenne«, sage ich zu August. Als ich mit ihm darüber spreche, ob wir gemeinsam ein Buch schreiben wollen, hat er mir die provokante Gegenfrage gestellt, warum wir unsere Großmütter verkaufen sollten. Wir sitzen im Café Tomaselli in Salzburg, und ich trinke meine dritte Melange. Kaum ausgesprochen, kommt mir mein Satz unglaublich platt vor. Aber irgendwo muss ich ja anfangen.

Wir wagen heute also einen ersten Blick auf den Grund dieses Buchs, das wir gemeinsam schreiben. Für mich steht außer Frage, *dass* ich es schreiben will. Nur *warum*, da bin ich mir noch nicht ganz sicher. Bisher haben mich Familienstammbäume nicht interessiert. Von der Vergangenheit bleiben ein paar ausgeblichene und vergilbte Schwarz-Weiß-Bilder von Menschen in altmodischer Kleidung, die steif für alte Kameras posieren. Wir bewahren sie pflichtbewusst in staubigen Kisten auf dem Speicher auf, aber dass diese Menschen meine Verwandten sind, ist mir, so brutal das klingt, ziemlich egal. Meine Familie, das sind meine Eltern und meine Geschwister. Nicht einmal Tanten oder Großeltern habe ich bisher ernsthaft dazugezählt.

Aber in den letzten Jahren begegnete ich immer wieder einem mir bis dato unbekannten Gefühl. Vielleicht hängt es mit meinem Alter zusammen, vielleicht damit, dass ich mich selbst immer besser kennenlerne oder dass ich mein eigenes Verhalten verstehen will. Das Gefühl ist noch recht nebulös, hat aber etwas mit dem Bewusstwerden über eine Verbundenheit mit meinen

Vorfahren, mit einer Suche nach Zugehörigkeit zu einer Kultur, auch im historischen Sinn, zu tun. Es erwacht in mir ein zaghaftes Interesse an dem vergilbten Band, das mich mit den mir vorangegangenen Menschen in meiner Familie verbindet. Dem möchte ich nun nachgehen.

Eine zentrale Figur dieses Bandes ist meine Großmutter Laura, die Mutter meines Vaters. Dass ich viel Ähnlichkeit mit ihr habe, ist anscheinend eine Tatsache. Jedenfalls bin ich in dieser Gewissheit aufgewachsen. »Ihr hättet so viel Spaß zusammen gehabt«, sagte man mir immer wieder. Als Laura starb, war ich noch nicht einmal ein Jahr alt. Aber ich bin überzeugt, dass ich mich an sie erinnern kann. Es ist keine konkrete Erinnerung, eher eine Mischung aus Gefühl und Geruch. Weich, süßlich-herb, etwas fremd und streng und zugleich tiefgründig und warm. Und auf unkonventionelle Art liebevoll.

Es ist nicht so, als hätte ich mich noch nie gefragt, ob ich zu dieser oder jener Frage vielleicht Antworten in meiner familiären Vergangenheit finden könnte. Besonders dann, wenn es um die Frage nach meiner historisch-kulturellen Zugehörigkeit geht. Dann scheint es mir auf einmal wichtig zu betonen, dass ich auch jüdische Vorfahren habe. Beispielsweise, als ich in Jerusalem einem alten Rabbiner meine »jüdische Familiengeschichte« erzählen wollte. Ich musste in dem Moment still und heimlich feststellen, dass ich mir nicht einmal ganz sicher bin, ob ich überhaupt wirklich eine »jüdische Familiengeschichte« habe. Trotzdem habe ich wirkungsvolle Geschichten meiner Vorfahren zum Besten gegeben und von Antisemitismus, Enteignung und Emigration aus Österreich erzählt. Meine Erzählungen, so stellte ich selbst peinlich berührt fest, waren kaum mehr als Anekdoten, die ich selbst hie und da aufgeschnappt hatte und die über die Jahre von meiner Fantasie angereichert worden waren. Da begann ich endlich, mich ernsthaft zu fragen, ob meine Schilderungen inzwischen mehr einer »guten Story« als meiner wahren Familiengeschichte entsprachen.

Als ich meinem Vater davon erzähle, lässt er verschmitzt einen seiner Lieblingssätze vom Stapel: »*There's no business like*

*Shoah-business.«** Er sagt das so oft, dass es verdächtig ist. Ob nun bewusst oder nicht, wir praktizieren es sicher alle, zumindest ein bisschen, dieses Business. Gruselig.

---

* Deutsch: »Kein Geschäft ist so lukrativ wie das mit der Schoah.«

ASHES TO ASHES
August

»Sagen Sie ihm, dass er für die Träume seiner Jugend soll Achtung tragen, wenn er Mann sein wird. (…) Dass er nicht soll irre werden, wenn des Staubes Weisheit, Begeisterung, die Himmelstochter, lästert.« Diese inständige Bitte, die Marquis Posa in Schillers *Don Carlos* an Königin Elisabeth richtet, hat es dem jungen Schauspieler, der in Amerika aufgewachsen ist und der durch Erziehung und Schule von Schiller vollkommen unberührt war, schwer angetan. Ich spreche natürlich von mir selbst. Es war für mich immer wichtig, von irgendwoher eine Flamme der Begeisterung zu bekommen. Feuer als Element fand ich zwar einerseits bedrohlich, als menschliche Eigenschaft jedoch hat es mich immer sehr angezogen. Ich liebe feurige Reden. Ich liebe feurige Gespräche. Das geht so weit, dass mir irgendwann auch klar war, dass ich nach meinem Tod verbrannt werden möchte. Am liebsten wäre mir, meine Asche könnte im Wind verstreut und sozusagen ins All gepustet werden. Was bleibt am Ende – was bleibt, wenn wir sterben? Erinnerungen, Gedanken, Asche. Was bleibt vom Feuer? Asche.

Zwei Bilder haben meine Weltsicht sehr geprägt. Eigentlich zwei Szenen der Komikertruppe Monty Python. Zum einen der *1500-Meter-Lauf für Taube*. Sieben Wettkämpfer stehen in den Startlöchern, es fällt ein Schuss, und nichts verändert sich. Die sieben Wettläufer verharren in der Startposition. Und dann natürlich das *200-Meter-Freistilschwimmen für Nichtschwimmer*. Es fällt ein Schuss, fünf Wettschwimmer springen ins Wasser. Das war's.

Meine Großmutter Ella (Elise) Zwieback wurde am 12. Oktober 1878 in Wien geboren. Mit achtundzwanzig brachte sie meinen Vater zur Welt. Gestorben ist sie am 5. April 1970 in New York, da war sie einundneunzig Jahre alt. Mein Vater starb neun Monate später mit vierundsechzig Jahren. Die Beisetzung der Urne meiner Großmutter fand am 5. November 1970 in Wien statt. Zu dem Zeitpunkt war mein Vater schon schwer krebskrank. Nur durch Zufall hatte er vom Tod seiner Mutter erfahren. Der Mann, der meine Großmutter in New York gepflegt hatte, hieß Georg Schüller; er brannte mit ihrem verbliebenen Geld nach Spanien durch. Mein Vater, ehemaliger Geschäftspartner und Anteilseigner der Firma Zwieback und somit auch des Maison Zwieback, hatte sich nie sonderlich fürs Geschäftliche interessiert, woraufhin Ella ihn anscheinend »enterbte«. Die beiden verloren sich aus den Augen, sodass mein Vater nach New York reisen und mit dem Taxi von Standesamt zu Standesamt fahren musste, um endlich die Asche seiner Mutter zu finden. Wahrscheinlich brachte er im Sommer 1970 die Urne mit der Asche nach Wien, wo sie im Familiengrab beigesetzt wurde. Kurz darauf fiel mein Vater in die letzte Phase seiner Krebserkrankung und starb am 9. Februar 1971.

Warum also schwimme ich so lange vor meiner eigenen Biografie davon? Ich bin eigentlich ein guter Schwimmer. Und warum habe ich nicht hingehört, bei all den Hinweisen auf die Katastrophe, die meine Eltern hautnah erlitten haben? Denn taub bin ich auch nicht, wenn ich auch immer wieder feststelle, dass mir das Zuhören schwerfällt.

Es sollte nun also ein Startschuss fallen. Ein gemeinsames Buchprojekt! Vater und Tochter wollen über ihre jeweilige Großmutter schreiben. Für beide sind diese relativ unbekannte Personen, Projektionsflächen. Eine Komplikation bringt mit Sicherheit eine Schnittstelle in der ganzen Geschichte mit sich, denn die eine Großmutter ist gleichzeitig meine Mutter.

Ein Startschuss sollte fallen, doch ich bin zu früh ins Wasser gesprungen. Ich wollte gewissermaßen am Ende anfangen, nämlich bei der Asche meiner Mutter und ihrem Urnenplatz am Grundlsee in der Steiermark. Es sollte eine kleine Reise dorthin stattfinden. Doch schon der erste Schritt schlug fehl, denn die Grabstätte, die Nische in der Urnenwand am Grundlsee, war nicht mehr da! Sie war von der Friedhofsverwaltung Bad Aussee aufgelöst worden. Abgesehen davon, dass das bereits ein skurriler thematischer Einstieg in die Geschichte gewesen wäre, war es von mir aber auch regelrecht übergriffig, schließlich hatten Ana und ich verabredet, dass ich mich aus ihrer Recherche heraushalte. Und nun wusste ich nicht, wie ich aus der Geschichte wieder herauskommen konnte. Die ursprüngliche Aufgabenverteilung, nach welcher Ana ausschließlich über Laura und ich ausschließlich über Ella schreiben würde, bekam gleich zu Beginn einen unfreiwilligen Dämpfer.

LAURAS URNENPLATZ
August

Die ganze Sache wäre also von vornherein fast schiefgegangen. Ein kompletter Fehlstart! Mein väterlicher Vorsatz, immer erst auf das zu hören, was meine Kinder wollen und suchen, und danach erst – wenn überhaupt! – erzieherisch einzugreifen, hat überhaupt nicht funktioniert. Okay, meine Kinder sind inzwischen alle erwachsen, dennoch, jetzt gleich als Co-Autor versagt zu haben, ist bitter. Der Co-Autor ist nämlich nicht nur Vater der Co-Autorin, sondern auch noch Sohn der einen Großmutter, also der einen der beiden Protagonistinnen, um die es in diesem Buch gehen soll. Tatsächlich bin ich einer der Enkel und einer der Söhne. Enkel der Ella, Sohn der Laura, also Sohn von Anas Großmutter. Genau genommen habe ich also in den Themenkreis von Ana hineingegrätscht! Was ist geschehen? Wie konnte das geschehen?

Ein paar Monate, bevor meine Mutter starb, erzählte sie mir etwas schelmisch, sie hätte eine kleine Eigentumswohnung am Grundlsee in der Steiermark gekauft. Die Wohnung sei vierzig mal fünfzig Zentimeter groß. Ich war darüber ziemlich irritiert; einerseits fand ich es schön, dass meine Mutter sich um eine Eigentumswohnung gekümmert hatte, noch dazu am Grundlsee, wo sie so gerne die Sommerferien verbracht hatte, andererseits war ich über die Größe der Wohnung doch etwas erstaunt und fragte nach, was es damit auf sich hatte. Daraufhin erklärte mir meine Mutter, die Wohnung sei eben groß genug für ihre Urne, denn sie hätte die Absicht, nach ihrem Tod verbrannt zu werden. Weiter erfuhr ich, dass sie mit dem katholischen Pfarrer am Grundlsee gesprochen und er ihr eröffnet hätte, dass am Grundlsee eine Urnenwand errichtet werden soll. Paradoxerweise hieß der damalige Pfarrer Professor Doktor Steinwender. Meine Mutter war damals die Erste, die sich um einen Platz in der Wand gekümmert hatte, »ihr« Platz war der erste rechts oben. Und dort kam die Urne meiner Mutter dann auch hin, versehen mit einer rosaroten Marmorplatte, auf der in goldener Schrift eingraviert stand:

Laura
Zirner
geborene
Laura Beata Waerndorfer
1915–1984

Ich habe die Urnenwand gelegentlich besucht, meistens alleine, manchmal musste ich den Marmorstein von Efeu befreien. Ich muss zugeben, dass mir die Urnenwand nicht übermäßig viel bedeutet hat und ich andere Orte fand, um an meine Mutter zu denken. Trotzdem fand ich es irgendwie gut, dass es einen Ort gab, zu dem Freunde oder Verwandte gehen konnten, wenn sie an meine Mutter denken, sich ihr nah fühlen wollten. Und so entstand irgendwann die Idee, dass Ana und ich unsere gemeinsame Arbeit an diesem Buch mehr oder weniger angesichts der Asche meiner Mutter beginnen wollten. Möglicherweise war das aber auch nur mein Wunsch. Jedenfalls verabredeten Ana und ich uns zu einem ersten Brainstorming am Grundlsee in der Steiermark.

Kurz vor Antritt der Reise erfuhr ich von einer Freundin meiner Mutter, dass der Urnenplatz leer sei. Sie hätte die Urnenwand zwar besucht, aber Laura gar nicht gefunden. Das konnte ich nicht glauben, und ich rief umgehend bei der katholischen Kirche am Grundlsee an. Ich wollte sichergehen, dass Ana wenigstens noch den Ort, an dem die Asche ihrer Großmutter beigesetzt ist, besuchen konnte. Ich wurde mit der Friedhofsverwaltung verbunden, und eine Dame teilte mir mit: »Es tut mir wirklich sehr leid, Herr Zirner, aber Ihre Frau Mutter liegt jetzt im Sammelgrab bei den Soldaten.«

»Wie bitte? Das kann nicht sein.«

»Ja, Herr Zirner, wir haben versucht, Sie zu erreichen, und den Erlagschein an Ihre Adresse geschickt, bekamen jedoch nur zur Antwort, dass der Adressat verzogen sei.«

Es stellte sich heraus, dass die Friedhofsverwaltung eine Adresse von mir in der Kartei führte, die ich tatsächlich schon sehr lange nicht mehr bewohnte. »Da wohne ich seit fünfundzwanzig Jahren nicht mehr, aber meine Adresse ist doch nicht so schwer zu ermitteln.«

»Bitte, Herr Zirner, wir haben viertausend Gräber zu verwalten, wir können nicht hinter jedem hertelefonieren. Wir haben auch einen Aushang gemacht, aber Sie haben sich nicht gemeldet. Tut uns sehr leid. Aber, Herr Zirner, beim Sammelgrab gibt es auch die Möglichkeit, ein Kerzerl anzuzünden!«

In meiner Vorstellung lag meine Mutter jetzt bei den Soldaten, an einem Ort also, der ihr sicher nicht recht gewesen wäre, und meine Vorstellung, was für Soldaten das gewesen sein mussten und in welchem Krieg sie gedient hatten, ließ mich einen leichten Ekel empfinden. Auf keinen Fall wollte ich dort eine Kerze anzünden. Insofern war ich nun wirklich »verzogen«.

Irgendwie schuldbewusst, weil ich es versäumt hatte, die Friedhofsgebühren zu bezahlen und Laura jetzt »bei den Soldaten« liegen musste, rief ich den Grundlseer Pfarrer an. Herr Professor Doktor Steinwender war inzwischen verstorben, doch ich erreichte seinen Nachfolger. Das unappetitliche Gefühl, das ich hatte, weil die Urne meiner Mutter in der Nähe eines Soldatenfriedhofs liegen musste, hatte sich noch verstärkt, und ich wollte den Herrn Pfarrer um seelsorgerischen Rat fragen. Vielleicht konnte er mir ja auch die Urne meiner Mutter aushändigen, damit ich mich selbst darum kümmern konnte? Ich hatte das Bedürfnis, die Asche meiner Mutter zu befreien, und entwickelte die naive Vorstellung, ein Elektroboot mieten zu können und die Asche meiner Mutter im Wind über den Grundlsee verwehen zu lassen, sie endgültig von irgendeinem Gefäß, von irgendeiner Enge zu befreien.

Der Herr Pfarrer fand meinen Anruf, glaube ich, etwas lästig. Er gab mir zu verstehen, dass es mein Problem sei, dass meine Mutter nicht mehr war, wo sie meiner Meinung nach hingehörte, denn offensichtlich hatte ich sie ja zu selten besucht, um das überhaupt zu bemerken. Er sagte mir aber auch, dass er es für möglich halte, die Urne zu exhumieren und mir auszuhändigen. Er forderte mich auf, mit dem Totengräber Kontakt aufzunehmen. Ich sollte auch noch einmal an die Friedhofsverwaltung schreiben und mein Anliegen schildern. Der Totengräber war sehr freundlich und pragmatisch und sagte, dass er gerne bei nächster Gelegenheit die Urne meiner Mutter suchen könnte, der Name stünde ja schließlich auf der Urne. Im Sammelgrab befänden sich circa fünfzig Urnen, und wenn sie in den letzten zwei Jahren beigesetzt worden sei, stünde sie sicher in einer der oberen Reihen. Ich schöpfte schon Hoffnung, als mich kurze Zeit später eine E-Mail der Friedhofsverwaltung erreichte, die sinngemäß in etwa so lautete:

Es tut uns sehr leid, lieber Herr Zirner, aber die Urne Ihrer Mutter kann nicht mehr exhumiert werden. Nach dem Öffnen der Urnenwand werden die Urnen in biologische Urnen umgefüllt. Das haben wir auch mit Ihrer Frau Mutter gemacht. Auf den Biournen steht leider nichts mehr drauf, und deshalb kann man nicht mehr sagen, wer drinnen ist. Im Sammelgrab befinden sich um die sechzig Urnen.

Dort verrottete nun also die Urne meiner Mutter. Das Gefühl, eine *biodegradable* Mutter* zu haben, tröstete mich ein wenig, und ich kann nur hoffen, dass die andern sechzig Bewohner des Sammelgrabs ebenso sympathisch waren wie meine Mutter.

Die Situation war nun so trostlos, wie sie eben war. Aber vor allem wurde mir klar, dass ich meiner Tochter ihre ganz persönliche Anfangsgeschichte geklaut hatte. Mit meiner Ambition, sie

---

* »Biologisch abbaubare« Mutter

auf diese Art mit ihrer Großmutter – meiner Mutter – bekannt zu machen, habe ich ihr gleichsam ihren unvoreingenommenen Blick genommen.

Als Ana und ich dann endlich in der Steiermark ankommen, stehen wir beide ein bisschen ratlos vor dem Sammelgrab. Auf einem gusseisernen Kreuz steht:

Obwohl eure Namen
uns nicht mehr bekannt,
sind sie doch geschrieben
in Gottes Hand.
In Gemeinschaft habt
ihr Ruhe gefunden
und bleibt damit
eurer Heimat
verbunden.

Genau gegenüber von ebenjenem Sammelgrab steht auf einem Runenkreuz schlicht:

SS-Mann
Heinrich Bahr

IM SOLDATENGRAB VERLOREN
Ana

Ich bin sauer. Warum habe ich mich nicht selbst darum bemüht, herauszufinden, wo das Grab beziehungsweise die Urnenstätte von Laura ist? Nun ist mir August zuvorgekommen, und die ganze Geschichte hängt in der Luft, wabert als aufgewärmte Klatschkiste aus zweiter Hand irgendwo zwischen dem gerade auf dem Tisch abgelegten Handy und meinem rechten Ohr. »Ich will das nicht schriftlich wiedergeben, ich will es erleben«, tippe ich wütend. Ich bin es leid, aus zweiter Hand zu erzählen. Es ist schließlich *meine* Laura, und ich bin *ihre* Ana, so, wie sie mich in meiner Vorstellung kennengelernt hat. August hat zwischen uns im Moment nichts zu suchen, und doch wühlt und wühlt er herum und hält mir immer wieder stolz seine Fundstücke vor die Nase. Dabei habe ich doch noch gar nicht wirklich anfangen können zu recherchieren!

Ich wollte eigentlich selbst dorthin fahren, wollte die Leute vor Ort fragen, was sie mit der Asche meiner Großmutter gemacht haben. Wo ist die jetzt? Klar, es ist nur die Asche, der Körper, der sterbliche Überrest. Aber physisch gesehen ist es eben alles, was mir bleibt. Ihre Urnenstätte wäre für mich ein Ort gewesen, an dem ich in dem Wissen, dass da ein Hauch von ihr anwesend ist, hätte sein können.

Jetzt habe ich eigentlich keine Lust mehr, mit August auf Recherchereise zu fahren. Was soll da passieren? Außer dass er mir noch mehr Fundstücke unter die Nase hält? Andererseits brauche ich wohl den Zeitdruck. Brauche die Auseinandersetzung, die dazu führt, dass ich ihr endlich begegne. In einem Soldatengrab, einem Massengrab, soll die Urne sein. Die Grabplatte hätte man schon noch, die könne man uns aushändigen. Warum hat sich August nicht früher darum gekümmert, was mit Lauras Urne passiert? Ist es wirklich so egal, was aus diesen sterblichen Überresten wird? Hat er nie einen Gedanken daran verschwendet? Während August also überlegt, seine Großmutter zu verkaufen, wird seine Mutter unter Soldaten begraben. Was für ein tragisches Bild.

Über meinem Schreibtisch hängt seit einigen Jahren dieses großformatige, weiß gerahmte Schwarz-Weiß-Foto von Laura. Wahrscheinlich stammt es aus einer Reihe, die um 1940 herum von dem Fotografen Eugene Haanel Cassidy in Kanada aufgenommen wurde. Die damals etwa fünfundzwanzigjährige Laura hat darauf einen Ausdruck, der nicht mädchenhaft naiv, sondern komplex und irgendwie fundiert wirkt, auch wenn sie jünger als fünfundzwanzig aussieht. Auf jeden Fall liegt Selbstbewusstsein darin, und zudem wirkt sie humorvoll. Jetzt blicke ich, als würde ich nach ihrer Zustimmung zu meiner Wut suchen, zu diesem Porträt hinauf. Laura lächelt zwischen ihren langen Händen, die sie an ihre Wangen gelegt hat. Es sieht aus, als würde sie eine erschrockene Geste nachahmen. Macht sie sich über mich lustig? Oder ist es eher feiner Humor mit einer Prise Verständnis? Ja, auf jeden Fall ist sie ein bisschen amüsiert über diese Situation. »Ach komm, so ist er eben, der Augi, ich verüble es ihm nicht, ist ja nur meine Asche. Ich versteh dich schon, Ana, aber du kennst ihn doch, den Augi.«

STARKE FRAUEN
August

Kaum bin ich wieder in Wien, überfallen mich Trauer und Wut. Die Trauer wäre ja noch in Ordnung, aber wieso nur werde ich die Wut nicht los? Jede Reise nach Wien führt mich mitten hinein in die Geschichte meiner Familie. Die Geschichten meiner Großmutter und meiner Eltern. Ich denke an die unmittelbaren Folgen der Nazizeit und die Demütigungen, die sie für meine Vorfahren bedeutet haben. Dann werde ich wütend, und mich überfällt ein Gefühl der Ohnmacht oder vielleicht Überwältigung. Was tun?

Ich sehe das ehemalige Kaufhaus in der Kärntner Straße, das der Familie Zirner-Zwieback, der Familie meines Vaters, gehört hat. Ich sehe, wie unten in dem Gebäude ein Mozartkugel-Souvenirgeschäft Japaner anlockt. Ich sehe, wie hinten in der Weihburggasse, in dem ehemaligen Caféhaus meiner Großmutter, in dem später dann die Drei Husaren floriert haben, jetzt das Cafés Sluka betrieben wird, und ich möchte einen Weg finden, um Frieden zu schließen mit der Nachkriegswelt und den Nachkriegsprofiteuren. Doch gleichzeitig merke ich, dass das nicht geht, denn warum sollten Menschen, die heute versuchen, ihre Existenz, ihr Dasein zu bewältigen, sich Gedanken über die Vergangenheit machen? Das wäre für sie doch Zeitverschwendung! Noch dazu, weil nicht ihre Familie betroffen ist, sondern meine.

Ich muss versuchen zu verzeihen. Und gleichzeitig ein Geschichtsbewusstsein entwickeln und Geschichten notieren, die das Erinnern ermöglichen. Trotzdem: Zurückschauen bringt den vermeintlichen Profiteuren der Vergangenheit nichts.

Es drängt sich mir die Frage auf, auf welch wackligen Beinen die Gegenwart hier überhaupt steht.

Mein familiäres Geschichtsbewusstsein reicht bis ins 19. Jahrhundert zurück. Ich besitze ein Dokument, ein Programmheft aus dem Jahre 1898, in dem sie als Beteiligte eines Klavierwettbewerbs genannt wird. Dem Dokument und auch den Erzählungen von Freunden entnehme ich, dass Ella wohl eine sehr begabte Pianistin war. Meine Mutter erzählte mir, dass sie immer eine Reise-Klaviertastatur bei sich hatte, um jederzeit üben zu können. Ich stelle mir vor, wie die junge Ella sich zwischen den weißen und schwarzen Tasten des Klaviers selbst entdeckt hat, wie sie durch die Musik das ausgedrückt hat, was sie eigentlich war. Eine Ermöglicherin, eine innovative Frau, eine originelle Geschäftsfrau. Ich muss daran denken, dass sie in Wien einen Frauenfußballverein gegründet und gefördert hat. Wenn man bedenkt, wie verächtlich noch heute Männer über die weibliche Betätigung in diesem Sport sprechen, war das doch höchst erstaunlich. Meine Großmutter scheint im Herzen eine Frauenrechtlerin gewesen zu sein, ohne großen Überbau. Immerhin erlebte sie an ihrem eigenen Beispiel, wie sich ein von Frauen geführtes Unternehmen entwickeln kann.

Ich selbst war schon immer von starken Frauen umgeben. Angefangen bei meiner Großmutter über meine Mutter und meine Frau bis zu meinen Töchtern. Und auch mein Vater war von dem Gedanken geprägt, dass seine Frau (meine Mutter) berufstätig sein sollte, obwohl das für einen Mann seiner Generation eher untypisch war. Möglicherweise ist mir so etwas wie Frauenemanzipation in die Wiege gelegt worden. Wer war Ella Zirner-Zwieback, die offensichtlich die folgenden Generationen noch so sehr mitgeprägt hat?

FLUCHT NACH VORN
Ana

Ich entschließe mich zur Flucht nach vorn und erkenne an, dass da wohl ein Quantum Shoah-Business in meiner Motivation für dieses Buch liegt. Ich mache mir bewusst, dass genau dieses Shoah-Business sicher auch einer der Gründe ist, warum manche Leserinnen dieses Buch in Händen halten. Damit ist das Thema für mich vorerst gegessen, und ich widme mich wieder dem oben beschriebenen Gefühl, dem erwachenden Interesse an meiner Familiengeschichte.

Nach der Erfahrung mit meinem Vater und dem Urnenplatz ist mir eines sehr klar geworden: Ich will und muss mir zuallererst einen eigenen Eindruck von Laura machen. Ich will mein bisheriges Bild von den klebrigen Anekdoten befreien und Laura so einen möglichst freien Raum bauen, in dem sich ihre Persönlichkeit für mich entfalten kann. Das bedeutet, dass die naheliegenden Quellen zunächst ausscheiden: Die Sicht meines Vaters auf Laura ist nachvollziehbarerweise durch die Sohnesliebe gefärbt, und seit ihrem Tod wohl gar verklärt. Das zeigt sich in seinen häufigen Wiederholungen von bestimmten Sätzen und Gesten von ihr, die auf mich wirken, als seien sie in seiner Erinnerung eingefroren. Und die mir gerade deshalb unglaublich auf die Nerven gehen. Meine Mutter kann ich auch nicht fragen, denn als Schwiegertochter ist ihre Meinung natürlich davon geprägt, dass sie sich einer anderen starken Frau gegenübersah, die ihren einzigen Sohn ganz offensichtlich vergötterte. Gleiches, so wird mir bald klar, gilt in unterschiedlicher Form für alle Freunde und Zeitgenossinnen, Kolleginnen und Schüler meiner Großmutter. Ich glaube nicht, dass es möglich ist, ohne

Filter von einem verstorbenen Menschen zu erzählen, den man gekannt hat.

Für mich ist die Mutter meines Vaters in erster Linie einfach Laura. Und dann, später, ist sie auch meine Großmutter. Ganz bestimmt nicht »Oma« oder »Omi«. Das würde meinem Bild von ihr nicht stehen. Ich weiß, dass sie eine große Frau war. Nicht nur körperlich, sondern auch imposant, auffällig, ausdrucksstark und gleichzeitig elegant. Das weiß ich von Fotos, die ich von ihr kenne.

Ich erinnere mich an einen Satz, den Lizie, meine hunderteinjährige Freundin, einmal über sie gesagt hat: »Man bemerkte immer, wenn sie einen Raum betrat.« In Lizies Stimme lag eine gewisse Bewunderung, als sie das sagte. Dann lachte sie, als wäre ihr das ein bisschen unangenehm. Ob es dieser Anflug von Bewunderung oder die Art, wie Laura einen Raum betreten hat, ist, was ihr unangenehm war, das konnte ich schwer erkennen. In jedem Fall kann auch sie nicht unvoreingenommen über Laura sprechen und ist mir somit, wie meine Eltern, keine große Hilfe. Also was tun? Wie kann ich mir einen möglichst neutralen Eindruck von meiner Großmutter verschaffen, aus dem heraus ich eine eigene Beziehung zu ihr aufbauen kann?

Ich entscheide, mich zunächst an die Fakten zu halten, an alles, was auf Papier steht, und somit auf den ersten Blick wahr ist: Dokumente, Texte, Briefe und Fotos. Darauf aufbauend, werde ich in der Geschichte ihrer Zeit und ihres Lebensumfelds recherchieren. Dann erst, wenn sich Lauras Wurzeln in mir gefestigt haben und ich ihr Wesen aus einem inneren Verständnis heraus gegen die persönlich geformten Eindrücke Einzelner behaupten kann, erst dann will ich auch denen Fragen stellen, die sie persönlich kannten.

Ich nehme also den seidenen Faden auf, der mich mit meiner Großmutter Laura verbindet, und beginne, mich an ihm entlangzutasten.

DAS PARFUM DER ERINNERUNG
August

Dort, wo ich aufgewachsen bin, in Urbana, Illinois, im Mittleren Westen der Vereinigten Staaten, dort, wo es überwiegend Mais, Sojabohne und Kürbisse gibt, dort schmeckte ich beinahe ausschließlich die österreichische Küche. Meine Leibspeise und das, was meine Mutter am besten kochen konnte, war Rindfleisch mit Schnittlauchsauce und Petersilienkartoffeln. Das war außerdem die Leibspeise meines Vater und – wenn ich mich nicht irre – auch die des Kaisers Franz Joseph. Bei mir zu Hause roch es nach Schnittlauch und nach dem Parfum meiner Mutter.

Vor dem Schlafengehen bat ich meine Mutter oft, das Wort »Parfum« auszusprechen. Es klang für mich so Französisch und betörte mich irgendwie. Danach konnte ich meistens gut einschlafen. Gelegentlich habe ich meine Mutter sogar in mein Zimmer zurückgerufen, damit sie das Wort noch einmal sagte. »Parrrfüüüümmm« … Daraufhin schloss ich die Augen und fing sofort an, von meiner Großmutter zu träumen.

»Mütti? So hat mein Vater dich doch genannt, oder? Mütti?«

»Ja, ich erinnere mich, schrecklich. Furchtbarer, undankbarer Sohn. Eine Enttäuschung!«

»Und wie soll ich dich nennen?«

»Schöner junger Mann, nenn mich Ella.«

Die ältere und gleichzeitig ewig junge, feingliedrige Dame, die da in ihrer New Yorker Wohnung vor mir sitzt, sieht mich ziemlich verführerisch an. Ihr Blick hat etwas Mädchenhaftes, und sie hat eine zarte, engelsgleiche Haut. Ich glaube, auf Französisch würde man *peau d'ange* sagen. Überhaupt hat diese Ella etwas Französisches. Es fallen im Laufe des Gesprächs auch immer wieder Sätze beziehungsweise meist halbe Sätze auf Französisch.

Auf der Fensterbank liegen Papierblumen. »Hast du die selbst gemacht?«

»*Oui, naturellement, mais vouz devez me vouvoyer, pas me tutoyer!*«[*]

»Das kann ich nicht, du bist doch meine Großmutter, da sagt man doch ›du‹, oder?«

»Du gefällst mir, du bist frech!«

»Nein, nicht wirklich, aber du musst wissen, dass ich Amerikaner bin, und da fällt mir das ›Sie‹ eher schwer, noch dazu, wo du doch mit mir verwandt bist, oder?!«

»*Comme tu veux.* Mach uns doch einen Tee. In der Küche findest du alles.«

Die Wohnung im siebten Stock der 345 East 56th Street besteht aus einem Wohnzimmer, zwei Schlafzimmern und einem kleinen Büroraum. Die kleine Küche ist mit dem Nötigsten ausgestattet: Kühlschrank, Herd, Spüle. In einem Wandschrank befinden sich japanisch anmutende Porzellantassen und eine blaue Keramikteekanne. Der Wasserkessel ist aus Aluminium. Ich fülle ihn mit Wasser und stelle ihn auf die Herdplatte. In den Schränken suche ich nach Tee und finde zwei Schachteln mit Teebeuteln: Englisch Breakfast und Earl Grey. Ich entscheide mich für Earl Grey und hänge zwei Beutel in die Teekanne. Während das Wasser zu kochen anfängt, ruft Ella aus dem Wohnzimmer: »Wir brauchen Kekse, möglichst englische, geh doch runter zum Deli und hole welche. Der Schlüssel liegt auf der Kommode, nicht klingeln, wenn du zurückkommst.«

Ich stelle den Herd wieder ab, gehe zur Kommode und nehme den Schlüssel. Daneben steht eine japanische Keksdose. Aus Neugierde mache ich sie auf. Darin befindet sich wiederum eine winzige Blechdose.

---

[*] Deutsch: »Ja, natürlich, aber du sollst mich siezen, nicht duzen!«

32

»Das ist Renée! Lass sie in Frieden, *let her rest in peace! R. I. P, you know?*«

»Wer ist Renée?«

»Meine Erstgeborene. Starb in London 1948. Tuberkulose. Wir nannten sie Kitty.«

»Kitty? Wie kamt ihr darauf?«

»Sie hieß Renée Katharina, die wiedergeborene Katharina. Aber nach der Hochzeit hieß sie Renée Katharina Erös von Bethlenfalva. Unsere Kitty eben. Die Renée sah mir sehr ähnlich, eine richtige Schönheit war sie. Eine interessante Schönheit! Sie war das Zeugnis unserer Liebe, zwischen Alexander und mir, meine ich natürlich. Der Ludi hat sich mit ihr zerstritten, warum, weiß ich nicht. Schade, so eine ältere Schwester hätte auch etwas Schönes sein können. Aber nun steht die Asche auf meiner Anrichte.«

»Kannst du mir auch etwas über den Erich erzählen? Hans Erich, wie kamt ihr auf den Namen? Er war doch euer mittleres Kind, euer Zweitgeborener. Wie kamt ihr auf den Namen Hans Erich?«

»Gefällt er dir nicht?«

»Na ja.«

»Erich war hochbegabt und ein Intellektueller. Er war sehr belesen, er liebte Bücher über alles. Für unser Geschäft hat er sich gar nicht interessiert. Und dieses blöde Opium, das er zu sich genommen hat, hat ihm das Leben zerstört.«

»Opium? Wirklich? Nicht Kokain?«

»Was stellst du für Fragen? Er hat die Wirklichkeit nicht ertragen.«

»Und wer war sein Vater?«

»Mein Mann, Kommerzienrat Alexander Zirner.«

»Und wer war Renées Vater?«

»Was sind das für Fragen? Auch Kommerzienrat Zirner *naturellement*!«

»Und jetzt steht ihre Asche hier? Wie hast du sie hierhergebracht? Gibt es dafür einen österreichischen Lieferservice?«

»Sie starb in London, habe ich doch gesagt. Geh jetzt die Kekse holen.«

Ich fahre mit dem Lift nach unten und biege links in die First Avenue ein. Im Deli kaufe ich Kekse, English Shortbread, und gehe damit zurück in die Wohnung. Als ich »*I'm back*« rufe, erhalte ich keine Antwort. Ich mache den Tee endlich fertig, lege die Kekse auf einen Teller und kehre zu meiner Großmutter zurück. Sie sitzt versunken vor ihrem stummen Klavier und scheint nichts um sich herum wahrzunehmen.

»*Teatime!*«, rufe ich.

»*Don't be ridiculous!*«[*], antwortet sie.

Natürlich plagt mich die Neugierde. Ich will wissen, wie Renée beziehungsweise ihre Asche nach New York gekommen ist, und dabei fällt mir ein, dass mir meine Mutter einmal erzählt hat, dass meine Großmutter erst im hohen Alter so etwas wie Kinderliebe empfand. Deswegen hat sie veranlasst, dass die Asche – wenigstens die Asche – ihrer Tochter bei ihr ist.

»Was bedeutet dir Mode?«, frage ich unvermittelt.

»Alles ist Mode, Mode ist alles!«, antwortet mir Ella und bedeutet mir, das stumme Klavier zur Seite zu räumen. Ich lege es auf die Kommode zu Renées Asche.

»Er hat immer gesagt ...«

»Wer?«

»Na ja.« Und zum ersten Mal blickt meine Großmutter ein wenig traurig vor sich hin. Irgendwie verletzlich, weich. »Na ja, er sagte immer: »Modern. Was ist denn eigentlich modern? Modern ist zum Beispiel ein Hut, den man heuer trägt, eben weil er modern ist, den man aber ein Jahr darauf nicht mehr aufsetzen kann. Alles Moderne ist dazu verurteilt, rasch wieder unmodern zu werden. Wahre Musik hingegen ist immer zeitlos, nie modern.«

»Wer hat das gesagt, wer war das?«, will ich wissen.

»Ach, der Franz, der Franz Schmidt.«

»Und wer war das?«

»Dafür bist du noch zu jung.«

---

[*] Deutsch: »Mach dich nicht lächerlich!«

»Ich bin zu jung? Wofür? Okay, wo waren wir? Ach ja, erzähl mir von Mode, von deiner Mode und dem Maison Zwieback! Was für Mode habt ihr verkauft?«

»Verkauft? Nein, nein, sie wurde bei uns bestellt! Und manchmal auch bezahlt, manchmal aber auch nicht.«

Ich wache schweißgebadet auf und erinnere mich, dass meine Mutter mir gesagt hat, dass sie einmal Modespionin war, in New York war das, im Jahr 1942. Es gibt ein sehr schönes Foto von ihr, sie scheint über den Dächern von New York zu stehen und trägt einen sehr merkwürdigen Hut.

EIN BUCHRÜCKEN WIE EINE VERSCHLOSSENE TÜR

Ana

Laura hat mit der Schreibmaschine für uns Enkelkinder ihr Leben aufgeschrieben: *Meine Einhundertzwanzig Jahre* heißt das Buch. Sie hat Fotos hinzugefügt, sie stilvoll jeweils auf einer leeren Seite arrangiert. Das dicke Buch trage ich, seit ich mit sechzehn von zu Hause ausgezogen bin, von Wohnung zu Wohnung mit mir herum. Spätestens bei jedem Umzug halte ich es wieder in Händen, wenn ich die Bücherkisten packe, und blättere vorsichtig ein bisschen darin. Aber nicht zu viel. Denn es fühlt sich falsch an, das einfach so nebenbei zu tun. Es braucht die gebührende Zeit und Aufmerksamkeit für Lauras Geschichte. Doch diese Zeit hatte ich nie, habe sie mir nicht genommen. Bis heute nicht. Lauras Buch steht im Regal, und der knallrote Buchrücken ist wie die Tür zu meiner Familiengeschichte, die ich bisher nie aufgemacht habe. Eine Zeit lang, das muss ich zugeben, war es Desinteresse. Das Buch stand aus Respekt in meinem Regal, aber ich hatte keine große Lust, darin zu blättern, denn andere Dinge – zumal die Gegenwart – schienen mir weitaus wichtiger. Dann gab es eine Zeit des Verschiebens. »Wenn ich das Buch jetzt aufschlage«, so dachte ich, »und es bald darauf wieder schließe, weil ich etwas anderes tun muss, dann ist es, als würde ich damit nicht nur die Tür vor meiner Großmutter, sondern vor meiner ganzen väterlichen Familiengeschichte zuschlagen.« Also ließ ich es lieber zu. Alles, was mit dem Aufschlagen dieses Buchs einhergehen würde, schien mir zu ominös, zu groß, zu anstrengend, um es jetzt zu tun. »Später«, so sagte ich mir immer, »wenn ich dann Zeit habe.« Schließlich blieb das schlechte Gewissen. »Was? Deine Großmutter hat ihre Geschichte für dich aufgeschrieben, und du hast es in über dreißig Lebensjahren nicht ein einziges Mal gelesen?« Unfassbar, nicht wahr? Aber wie sollte ich das große Buch aus diesem Gefühl des bisherigen Versagens heraus aufschlagen? Das wäre ja, als würde ich es nur tun, um mein Gewissen zu stillen. Dafür ist es aber doch viel zu wertvoll!

So ist das Buch über die Jahre immer größer und schwerer geworden. Bei meinem letzten Umzug hatte ich fast das Gefühl, ich müsse ihm eine ganz eigene Umzugskiste geben, denn es könne schließlich nicht zwischen Bergsteigermagazinen oder alten Lucky-Luke-Heften verstaut werden. Der Kompromiss war schließlich, es in Gesellschaft von zwei Picasso-Bildbänden, den Lexika und den Notizbüchern von meinen Theaterinszenierungen zu verpacken.

»Als ich Modespionin in New York war«

Es gibt ein Foto, relativ weit hinten in Lauras Buch, das ich ziemlich gut finde und deshalb schon oft für eine Story missbraucht habe. Es zeigt die auf unkonventionelle Art sehr schöne junge Laura in einem schicken Kostüm der frühen Vierzigerjahre. Sie trägt dazu einen schräg sitzenden Hut ohne Krempe, der ihr modisch im Haar festgesteckt ist. *Als ich Modespionin in New York war* steht darunter. »Ja, meine Großmutter war Modespionin in New York!«, erzähle ich dann und bade in dem Scheinwerferlicht einer Frau, deren Geschichte mich bisher nicht einmal dazu bewegt hat, eine Seite weiter zu blättern und zu lesen, was es damit eigentlich wirklich auf sich hatte. Aber, und bei der Vorstellung muss ich grinsen, Laura hat es ja genossen, im Rampenlicht zu stehen. Vermutlich gefällt es ihr sogar, dass ihre unwissende Enkelin stolz auf ihre Außergewöhnlichkeit hinweist.

Ich weiß, dass die Auseinandersetzung mit den Inhalten und dem weiteren historischen Kontext von Lauras Buch mein vages Bild von ihr für immer verändern wird. Aber endlich bin ich wirklich neugierig auf ihre Lebensgeschichte und auf die Berichte aus einer Zeit in Wien, die lange vor der meinen liegt und an die ich doch durch das Band der Familienfolge unweigerlich gebunden bin. Ich bin ein bisschen aufgeregt. Ich ahne, dass ich über die Beschäftigung mit der Person Laura, meiner Großmutter, und meiner väterlichen Familiengeschichte insgesamt noch einiges über mich selbst lernen werde.

DAS WEISSE WANDTELEFON
August

Was bleibt zurück, wenn jemand stirbt? Diese Frage haben sich sicher viele Leute gestellt, um mit Verlust oder Schmerz umzugehen. Ich erinnere mich daran, dass mir, als mein Vater starb, plötzlich klar wurde, dass es keinen Gott gibt. Meine kindlichen Gebete, in denen ich darum bat, dass er lange leben würde, waren zwar sicherlich unerhört, aber auch un*ge*hört geblieben; und nun fragte ich mich, wieso ich meine Zeit mit Beten verschwendet hatte. In all meinem Schmerz und Vermissen kam ich zu dem Schluss, die einzige Art und Weise, die meinen Vater lebendig halten könnte, sei, indem ich an ihn dachte. In meiner Erinnerung würde er nie sterben. Insofern gäbe es keinen Tod, und mein Vater wäre nicht in Wirklichkeit tot. Zu einem gewissen Grad hat das dann auch funktioniert, und trotzdem – Erinnerung ist eine wackelige Angelegenheit. Sie unterliegt der Verklärung, der Idealisierung.

Meine Mutter Laura hat gerne den Satz von Jean Paul zitiert: »Die Erinnerung ist das einzige Paradies, aus dem man nicht vertrieben werden kann.« Lange Zeit fand ich den Gedanken irgendwie interessant, aber inzwischen denke ich, der Satz birgt auch die entsetzliche Gefahr, Vergangenes schönzureden, schön*zudenken*. Meine Mutter war eben dann doch eine echte Wienerin.

Aber was tun, wenn man versucht, sich an jemanden zu erinnern, den man kaum gekannt hat, der aber doch scheinbar eine so wichtige Rolle im eigenen Leben spielt wie die eigene Großmutter. In meinem Fall eben Ella Zirner-Zwieback. Was bleibt mir anderes übrig, als mir das weiße Wandtelefon in unserer

Küche in Amerika herbeizusehnen. Ich möchte eine lange Nummer wählen und dann am anderen Ende der Leitung eine Stimme hören, eine gebrechliche Stimme mit leichtem altwiener Einschlag. Ich würde fragen: »Liebe Mütti, liebe Großmutter, liebe Ella, wie war es für dich? Wolltest du gerne Kaufhauseigentümerin sein, oder wärst du doch lieber Pianistin geworden?« Wie hätte sie mir geantwortet? Ich befürchte fast, dass die Frage sie erbost hätte.

Ich muss plötzlich an jenen Tag im Februar 1971 denken, als meine Mutter mich anrief. Ich saß auf dem von Alvar Aalto entworfenen Barhocker an der Theke unserer Küche in Amerika. Ich war gerade aus der Schule gekommen und aß ein Sandwich. Neben mir an der Wand hing das weiße Telefon. Damals musste man den Hörer noch an einem Silberhaken einhängen und um zu telefonieren die Nummer auf der durchsichtigen, gelochten Plastikscheibe wählen. Unsere Telefonnummer lautete 344–6998. Manche Sachen löscht das Gedächtnis scheinbar nicht. Das Telefon hing an der Wand über der Theke, unter welcher sich das Alkoholschränkchen meiner Eltern befand. Dort stand auch der Whisky, den mein Vater und meine Mutter abends nach der Arbeit tranken. Vat 69, Cutty Sark und manchmal, bei besonderen Anlässen, Chivas Regal. Diese Ecke in unserer Küche war ein besonderer Ort. Die Theke und das weiße Telefon. Ein Ort, an dem ich mich sehr beschützt fühlte. Doch jetzt klingelte es, und am anderen Ende der Leitung war meine Mutter, die mir erklärte, dass ich ins Krankenhaus zu meinem Vater kommen müsse, er sei gerade gestorben. Aus heutiger Sicht wundert es mich nicht, dass dieses weiße Wandtelefon eine geradezu kultische Bedeutung für mich bekommen hat. Heute gibt es viele Menschen, die ich von ihm aus anrufen möchte. Ich würde gerne meinen Vater fragen, wie es für ihn war, eine strenge Geschäftsfrau als Mutter gehabt zu haben. Aber halt! Ella ist ja noch am Telefon, und meine Frage steht noch im Raum:

»Warst du gerne Eigentümerin eines großen Modekaufhauses? Warst du gerne Kauffrau, oder hat dich die Sehnsucht zur Musik nicht manchmal geplagt?«

»Was ist das denn für eine Frage? Weißt du denn überhaupt, wie bedeutend das Maison Zwieback war? Und warum das Kaufhaus so bedeutend wurde? Eben *weil* eine begabte Pianistin die Chefin war! Was hat das eine mit dem anderen zu tun? Ich habe das getan, was mein Vater gewünscht hat, so ist das, c'est ça! Und Zeit für das Klavier war immer noch, der Tag hat vierundzwanzig Stunden. Schau dir mal unsere Hütekollektion an. Und überhaupt die Winterkollektion 1926, diese subtile Mischung aus Seide und Pelz, die diskrete Würdigung des Wiener süßen Mädels. Die Weekend-Kleidung, die modische Gleichstellung von Frau und Mann, Frauen können genauso Knickerbocker tragen wie Männer! Schau dir das ärmellose Abendkleid an, mit V-Ausschnitt – so was hat's vorher in Wien nicht gegeben. Und auf die Mantelkreation mit Pelzkragen samt federgeschmückter Kopfbedeckung bin ich besonders stolz. Schau es dir erst einmal an, und dann urteile über deine Großmutter und über ihren Umgang mit ihrem Talent! Du weißt, wie sehr ich unter der mangelnden Solidarität deines Vaters leide. Ich dachte, wenigstens vom Enkel hätte ich mehr Achtung zu erwarten.«

Ich habe schnell eingehängt, es ist unangenehm, von der toten Großmutter so beschimpft zu werden. Trotzdem frage ich mich, wie wächst das zusammen: kaufmännisches Erbe und musikalisches – pianistisches – Talent? Und überhaupt, wo kam Ellas Talent her? Und was war ihr Talent? Was hat sie geerbt, und wie schwer wog die Liebe ihres Vaters, eine Liebe, die sie getrieben und gleichzeitig befähigt hat, ein Riesenkaufhaus zu leiten?

EINE TÜR ÖFFNEN
Ana

Es ist fast schon ein feierlicher Moment. Ich sitze auf der Couch, eine Tasse Tee steht dampfend neben mir, und draußen verregnet es einen grauen Novembertag. Auf meinem Schoß liegt das dicke schwere Buch.

Warum sie wohl ihren Mädchennamen verwendet?

Auf der Titelseite prangt in der Mitte eines Gittermusters ein Schwarz-Weiß-Foto, es stammt vermutlich aus den Zwanzigerjahren. Es zeigt ein brav frisiertes Mädchen: Mittelscheitel über dem rundlichen Gesicht, Bluse mit weißem Kragen, schwarzes Schleifchen. Auffallend ist ihr Ausdruck, in dem etwas Forderndes liegt, obwohl die Haltung – Kopf leicht nach vorn gezogen, hängende Schultern – eher unsicher wirkt. Die dunklen, melancholischen Augen sind prägnant und scheinen den Fotografen zu durchschauen. In den Winkeln des geschlossenen Mundes erahne ich eine Spur von Spott. Insgesamt ist es diese kontrastierende Kombination aus Selbstbewusstsein und Unsicherheit,

die mir bekannt vorkommt. Und dann weiß ich auch warum. Ich halte ein Kinderfoto von mir selbst daneben: Das ist es.

Das Bild von Laura scheint mich aufzufordern, die Perspektive des Mädchens einzunehmen, um das zu sehen, was sie sieht. Wer ist dieser Fotograf, der bei einem Mädchen von höchstens neun Jahren diesen Ausdruck auslöst? Ist es seine Stimme oder die Art, wie er mit ihr redet? Sind es die anderen Erwachsenen im Raum oder deren Erwartungen an ihr Verhalten während der Aufnahme?

Ich reiße mich los und blättere um. *Für meine Enkel, Johannes und Ana*, steht da in Schreibmaschinenschrift auf einer Seite. Bei genauem Hinsehen entdecke ich oben auf der Seite ein Wasserzeichen. Es ist eine ganze Zeile, Buchstaben und die Bildchen kleiner Häuser. Die Seite steht auf dem Kopf, und so drehe ich das Buch um und halte es gegen das Licht. »Neusiedler« steht da. Und die drei Buchstaben eines offensichtlich unvollständigen Wortes am Seitenrand: »J A P.« Japan? Ich google und bin ein bisschen enttäuscht ob des schnöden Ergebnisses: »Neusiedler Japan-Post A4, 80 Gramm mit Wasserzeichen, 13,99 € für 500 Blatt.« Da habe ich wohl aufgeregt überinterpretiert. Trotzdem fühle ich mich kurz verlockt, das Papier, das es offensichtlich noch heute gibt, zu bestellen.

Auf der nächsten Seite ein Zitat des Dichters Jean Paul:
Die Erinnerung ist das Paradies,
aus dem man nicht vertrieben werden kann.

Darüber muss ich noch nachdenken.

Das Papier der folgenden Seiten ist ein anderes. Es ist sehr dünn und edel. Die Anschläge der Schreibmaschine haben sich mal mehr, mal weniger kräftig auf die Rückseite durchgedrückt. Das muss ich mir unbedingt genauer ansehen. Ob ich wohl anhand der Stärke ihres Anschlags in verschiedenen Passagen Rückschlüsse auf ihre Stimmung während des Schreibens wagen kann?

Die Farbe des Papiers lässt sich eigentlich nur mit »alt« treffend beschreiben. Etwas zwischen Weiß, Hellgrau und Gelblich.

Ob es nur edel wirkt, weil es alt ist, oder weil es für mich edle Inhalte vermitteln wird oder ob es einfach das Papier war, bei dem Laura wusste, dass es am besten durch die Schreibmaschine läuft – ich weiß es nicht.

Auf der nächsten Seite folgt ein Kapitelverzeichnis. Die Seitenzahlen hat Laura mit ordentlicher Handschrift in schwarzer Tinte hinzugefügt. Die Namen der Kapitel machen neugierig: *Jüngste Lieben*, *Mystische Augenblicke*, *Der Tisch* und *Krieg* sind nur ein paar davon.

Kurz blättere ich durch das Buch. Mir fällt auf, dass die Tippfehler mit flüssigem Tipp-Ex korrigiert wurden, das sich mit seinem kalten bläulichen Grau deutlich von dem Farbton des Papiers abhebt. Aber viel deutlicher sichtbar sind diese akribisch und schwungvoll gemalten schwarzen Kringel, mit denen Laura manche Halbsätze übermalt hat. Warum hat sie hier kein Tipp-Ex verwendet? Ob ich bei genauer Betrachtung der Rückseite einer mit Kringeln versehenen Zeile wohl entziffern kann, was darunter steht? Ob ich so etwas von dem entdecken kann, was Laura dann doch nicht sagen wollte? Darf ich das? Oder hat Laura es vielleicht gar absichtlich überkringelt und nicht mit Tipp-Ex bedeckt, damit Johannes oder ich später einmal genau das entdecken können? Die Vorstellung dieser Weitsicht macht mir großen Spaß.

Bevor mich der Sog der Neugier noch vor der ersten Zeile abschweifen lässt, blättere ich schnell zurück zum Anfang. Ich kann das Buch nicht irgendwo aufschlagen, da steht mir meine Strukturiertheit im Weg. Ich muss der Reihenfolge nach lesen. Schließlich hat sich Laura sicherlich etwas dabei gedacht, wie sie das Buch aufgebaut hat. Obwohl – woher soll ich das wissen?

VOM GEGENSTAND ZUR PERSON
August

Wenn ich aufrichtig bin, geht es mir Zeit meines Lebens um nichts anderes als Selbstfindung. Meine Tochter Ana hingegen hält diesen Begriff für ein Unwort und ist genervt davon, dass manche Leute ganze Bücher darauf reduzieren, dass da mal wieder jemand auf »Selbstfindung« ist. Ich kann durchaus verstehen, woher das bei ihr rührt, dennoch suche ich schon seit mindestens fünfundzwanzig Jahren nach mir selbst. Und auf dieser Suche hat meine Großmutter Ella keine unwichtige Rolle gespielt. Ich habe festgestellt, dass oft Hindernisse und Blockaden bei Erkenntnisprozessen viel produktiver sind als entspanntes, mußevolles Suchen. Insofern möchte ich mich tatsächlich von der Selbst*findung* trennen und mich auf den Begriff der Selbst*begegnung* konzentrieren und somit auf die Zeit nach meinem vierzigsten Geburtstag, in der mir bewusst wurde, wie sehr meine Großmutter Ella ein Baustein meines Ichs ist. Doch auch die Dinge, die mir im Wege standen, möchte ich nicht auslassen. Und wie könnte es anders sein, dieser Wunsch führt mich direkt nach Wien, in »die Hauptstadt des Antisemitismus«, wie Robert Schindel es einst formulierte. Mir ist vollkommen klar, dass die meisten Hindernisse und Blockaden auf diesem Weg in mir selbst liegen, aber erst einmal muss ich die entdecken, die sich außerhalb von mir befinden, und die sind eben vor allem in Wien.

Zweimal wurden mir von der Stadt Wien Dinge aus dem Besitz meiner Großmutter restituiert, Gegenstände also, die ihr von den Nationalsozialisten geraubt worden waren. Mir wurde stellvertretend etwas zurückgegeben, das einst ihr gehört hatte, und somit begann ich endlich, mich mit meiner Großmutter zu beschäftigen. Vom Gegenstand zur Person sozusagen.

Vom Wien Museum bekam ich im Jahr 2006 einen Brief, in dem ich gefragt wurde, ob ich Hinweise darüber geben könnte, ob es noch Nachfahren der Ella Zirner-Zwieback gibt. Es wären nämlich Gemälde aufgetaucht, die aus ihrem Besitz stammten. Ein achtteiliger Fries sei im Keller eines verstorbenen Kunsthändlers aufgetaucht. Auf der Rückseite der Gemälde stand geschrieben: »Aus dem ehemaligen Besitz der Ella Zirner-Zwieback.« Wie sich herausstellte, sollten die acht Bilder eine Allegorie auf die zweite Sinfonie von Franz Schmidt darstellen. Zu dem Zeitpunkt wusste ich bereits von dem Verhältnis meiner Großmutter mit Franz Schmidt, insofern fand ich die Sache interessant. Die acht Bilder waren als Dekoration für zwei hohe Räume gedacht. Acht Bilder für zwei Räume! Die Bilder waren zwar sehr breit, aber nur 67,2 Zentimeter hoch, infolgedessen machten sie sich gut in hohen Räumen, wie sie die Wohnung meiner Großmutter vermutlich hatte.

Gespannt antwortete ich auf den Brief und legte in kurzen Sätzen dar, dass ich vermutlich der einzige noch lebende direkte Nachfahre der Ella war. Nur kurze Zeit später, an einem schönen Tag im Mai, ergab es sich, dass ich mich für Dreharbeiten zu einem Fernsehfilm mit dem Titel *Mutig in die neuen Zeiten* in Wien aufhielt und einen Abstecher ins Wien Museum machen konnte. Ich wurde dort von einem sehr freundlichen, sehr gelehrten Geschichtsprofessor über den Werdegang der acht Gemälde informiert. Offenbar gab es unmittelbar nach der Reichspogromnacht am 9. November 1938 einen Termin, an dem Menschen in den Wohnungen jüdischer Mitbürger stöbern und sich wertvolle Gegenstände mitnehmen konnten. Damals muss jemand die acht Bilder meiner Großmutter mitgenommen haben, möglicherweise ebenjener Kunsthändler, bei dem sie gelandet waren, jedenfalls wurden sie nach dem Krieg in dessen Keller in der Währingerstraße gefunden. In stiller Feierlichkeit wurden mir die Bilder schließlich überantwortet. Ich wurde noch gebeten, sie möglichst bald abzuholen, denn sie nahmen recht viel Platz in Anspruch; und wenn man bedenkt, dass manche der acht Gemälde 2,83 Meter lang sind, war diese Bitte wohl durchaus nachvollziehbar. Doch jetzt hatte *ich* das Problem, wohin mit den Bildern? Mein Hotelzimmer jedenfalls war zu klein.

Ich fing an, herumzutelefonieren. Meine erste Idee war, die Bilder der Franz-Schmidt-Gesellschaft zu schenken, denn schließlich waren sie inspiriert von dessen zweiter Sinfonie, und eine Gesellschaft, die sich nach dem Komponisten benannte, müsste doch Freude daran haben, sie irgendwo in ihren Räumen aufzuhängen.

Meine früheren Begegnungen mit der Franz-Schmidt-Gesellschaft waren meist etwas verkrampft gewesen. Anscheinend fand man es dort nicht besonders lustig, dass ich ihren großen Meister bei einem Interview vor der Premiere von *Der Fall Furtwängler* einst als »Nazikomponisten« bezeichnete. Die paradoxe Tatsache, dass meine jüdische Großmutter eine Liaison mit einem Komponisten einging, der latent deutschnational war und sogar antisemitische Gefühle pflegte, fand ich skurril und durchaus erwähnenswert. Ich habe in dem Interview, zugegebenermaßen etwas salopp, von meinem »Nazigroßvater« gesprochen. Die Reaktion der Franz-Schmidt-Gesellschaft folgte prompt: »Bitte, Herr Zirner, der Franz Schmidt war doch kein Nazi, der war ein Künstler!« Die Dame, die mir die politische Ausrichtung ihres Meisters unterbreitete, sagte jedoch wenig dazu, dass die Kantate von Franz Schmidt, die er 1937 komponiert hatte und die »Eine deutsche Auferstehung« genannt wurde, auch die folgenden Worte enthielt: »Wir wollen ihn sehen, unseren Führer, unseren Rufer.« Na ja, 1937 war Franz Schmidt eben nicht nur ein Künstler, sondern er kränkelte auch, und das Bedürfnis, überhaupt noch als Komponist tätig zu sein, hat ihn vielleicht dazu hingerissen, für irgendwelche fragwürdigen Auftraggeber noch eine Kantate zu komponieren. Ich habe Franz Schmidt sicher unrecht getan, ihn als »Nazigroßvater« zu bezeichnen, aber ich war eben jung und anfällig für flotte Sprüche, vor allem die eigenen! Aus welchen Gründen auch immer, die Franz-Schmidt-Gesellschaft wollte die Bilder nicht in ihre Räume hängen. Und so stand ich wieder vor der Frage: Wohin damit?

Mir fiel ein, dass die Filmgesellschaft, für die ich arbeitete, möglicherweise irgendwelche Lagerräume für Bühnenbilder und Requisiten hatte. Und tatsächlich durfte ich die Bilder vorübergehend dort unterbringen. Ein paar Tage später, wieder an einem schönen sonnigen Tag, brachte ich zusammen mit dem Fahrer der Filmproduktion die Bilder mit einem VW Bus in deren Depot. Danach setzte er mich direkt am Set ab. Skurrilerweise handelte der Film *Mutig in die neuen Zeiten* ausgerechnet von nach Wien zurückgekehrten jüdischen Industriellen, ich selbst spielte einen von ihnen. Und just an diesem Tag drehten wir eine Szene, die außergewöhnlich gut zu dem passte, was sich eben im echten Leben abgespielt hatte: Ich, der jüdische Industrielle, betrete die Wohnung, aus der ich während des Zweiten Weltkriegs vertrieben worden war, und erfahre von meiner Frau, dass sie Bilder sucht, die vor dem Krieg in der gemeinsamen Wohnung gehangen hatten. Ich hatte in der Szene folgenden Satz zu sagen: »Bitte lass das, wir wollen doch nicht im Dreck des tausendjährigen Reiches herumrühren, sonst stinkt er nur umso mehr.«

Die Dreharbeiten mussten unterbrochen werden. Das ganze Team – Regie, Kameramann und vor allem meine Kollegen – wusste ja von der Geschichte meiner acht Bilder und auch, dass ich sie gerade am Vormittag ins Depot der Filmproduktion gebracht hatte. Wir alle waren berührt von der merkwürdigen Zufälligkeit dieser Dialogpassage und stellten fest, dass es Zufälle gibt, die keine sind, und dass manchmal Fiktion die Realität überholt. Ich werde den Drehtag sicher nie vergessen.

Nach Drehschluss lief ich zu Fuß zum Hotel zurück. Wir drehten in der Nähe des Arenbergparks im dritten Wiener Bezirk. Wie ich so die Landstraßer Hauptstraße hinunterlief, erblickte ich rechts von mir eine Außenstelle des Versteigerungshauses Dorotheum. In den Schaufensterauslagen waren alter Schmuck, Kerzenständer, Uhren und viele weitere alte Sachen ausgestellt. Prompt drängte sich mir die Frage auf, wie alt die

Sachen wohl waren und aus welchen Räumen sie entfernt worden waren. Es begann regelrecht in mir zu rumoren, und ich überlegte fieberhaft, ob ich, wenn ich lange genug suchte, vielleicht auf weitere Dinge stoßen könnte, die mit dem Zirner-Zwieback'schen Monogramm »ZZ« verziert waren. Vielleicht wurden inzwischen Aschenbecher oder Vasen oder Kerzenleuchter meiner Großmutter in genau diesem Auktionshaus zum Verkauf angeboten. Dinge, die nicht von der Stadt Wien oder vom Wien Museum an irgendwelche Nachfahren wieder zurückvermittelt worden waren. Dinge, die herrenlos geworden waren und jetzt irgendwelchen anonymen Besitzern ein bisschen Geld brachten. Obwohl mir die Gemälde meiner Großmutter mit großem Wohlwollen und Verständnis restituiert worden waren, wurde in diesem Moment, vor den Schaufenstern des Auktionshauses Dorotheum, in mir ein tiefer Zweifel gesät. Plötzlich fragte ich mich, wo der Großteil des wegtragbaren Besitzes meiner Großmutter abgeblieben war. Ich stellte mir vor, dass in irgendwelchen Wiener Haushalten seit Jahrzehnten Einrichtungsgegenstände herumlagen, die einst Ella gehörten und jetzt, bei irgendwelchen Haushaltsauflösungen gefunden, zum Dorotheum gebracht, versteigert wurden und in neue, gänzlich fremde Hände gerieten.

Noch in der Nacht, ich konnte ohnehin nicht schlafen, fiel mir die »Dame mit Rosen« ein. Ella Zirner-Zwieback in einem Salon, im eleganten Kleid mit einem Riesenbouquet roter Rosen. Ich kannte das Motiv von einer Postkarte, die meine Mutter mir gezeigt hatte. Ich fragte mich, wo das Gemälde jetzt wohl hängen mochte. Bis heute frage ich mich das und hoffe insgeheim, dass es bei einem Bombenangriff in die Luft gesprengt wurde. Denn ansonsten müsste ich mich fragen, was der Mensch, der das Bild bei sich im Wohnzimmer oder im Flur hängen hat, darüber denken mag. Er muss sich doch fragen, wer die Dame mit dem Rosenbouquet ist, und vielleicht sogar ein, zwei Gedanken darauf verwenden, wie das Bild zu ihm in die Wohnung kam.

Das Bild mit dem Titel *Dame mit Rosen* wurde von einem Maler namens Wilhelm Viktor Krausz gemalt. Dieser wurde in

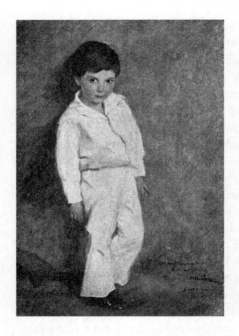

*Weihnachtsgeschenk von
Wilhelm Viktor Krausz an
Ella im Jahr 1910*

Neutra, Ungarn, im Jahr 1878 geboren, im gleichen Jahr also, in dem auch meine Großmutter geboren wurde. Zwischen 1915 und 1917 war er als sogenannter Kriegsmaler tätig. In der *Enzyklopädie des Islam* heißt es über ihn: »(...) der im Ersten Weltkrieg Szenen aus dem Balkan gemalt und Mehmet V porträtiert hat. Sein Porträt von Mustafa Kemal Atatürk gilt als das erste Porträt von ihm.« Krausz gelangte zwischen den Weltkriegen als Porträtist zu gewisser Bekanntheit, unter anderem malte er Sigmund Freud sowie viele Burgschauspieler. Auch meinen vierjährigen Vater porträtierte er, daraus entstand eine bekannte Postkarte, das Gemälde wurde *Bubi* genannt.

Noch herausragender jedoch sind die Gemälde, die er von meiner Großmutter anfertigte. Das eine befindet sich seit Jahren in meinem Besitz, es hängt bei mir im Arbeitszimmer. Das andere ist ebenjenes schon erwähnte Bild mit dem Titel *Dame mit Rosen*. Bei meiner Suche nach diesem Bild stieß ich schließlich auf einen Vermerk, der besagte, dass alle Kunstwerke, die man nach Krausz' Flucht in dessen Atelier fand, von der Gestapo beschlagnahmt wurden. Krausz wanderte 1939, nach dem Selbstmord seiner Frau, nach Amerika aus. Angeblich war er Jude. In Wien wurde 1939 eine Verwaltungsstelle jüdischen Umzugsgutes gegründet, sie hieß: VUGESTA. Der Begriff »Umzugsgut« ist natürlich bereits eine historische Unverschämtheit, und es ist bestimmt mehr als verständlich, dass es Kindern und Enkelkindern von durch die Nazis enteigneten Österreichern schwerfällt, nicht neugierig zu sein, wo der eine oder andere Gegenstand möglicherweise geblieben ist. Schließlich sind das alles Gegenstände, die entweder mit Erinnerungen verbunden sind oder eben Erinnerungsvorgänge in Gang setzen.

Eine Dame von der Franz-Schmidt-Gesellschaft hatte, als ich sie auf das Bild ansprach, einst gesagt: »Ach ja, an das Bild kann ich mich erinnern. Aber ich weiß leider nicht mehr genau, wo das war...«

Vielleicht hat die Dame sich auch nur eingebildet, das Bild irgendwo gesehen zu haben, weil jemand ihr davon erzählt hatte, trotzdem stiegen in mir Zweifel auf. Es war vielleicht die Geburtsstunde meiner kleinen Paranoia, der Tag, an dem ich anfing zu verstehen, wieso man in Wien so ungerne über die »schreckliche Zeit der Nazibesetzung« nachdenkt.

VÄTER, DIE GERN SPLENDID SIND
Ana

Um meinen Vater zu beschreiben, müsste ich wissen, wie man das Gefühl der Liebe beschreibt.

Der erste Satz in Lauras Buch geht mir augenblicklich ganz tief ins Innere. Ich kenne diese Frage. Wie beschreibt man Liebe? Kann man einem so starken und so vielgliedrigen Gefühl überhaupt mit Worten gerecht werden? Und wie viele unterschiedliche Worte bräuchte es für diese vielen verschiedenen Formen von Liebe, die wir empfinden können? Von der Liebe zu einem Partner, zu Kindern oder Freunden bis zur Liebe für einen Moment, ein Objekt, den Schnee oder das Leben selbst.

Ich denke an meinen Vater. Die Liebe, die ich für ihn empfinde, ist rau, nicht rosa. Eher dunkelrot wie ein guter Wein. Sie ist tief und schwer und satt, aber sie ist auch widerspenstig und ja, irgendwie inkongruent. So ein unmögliches Wort, doch es passt. Seit ich dem Menschen, der mein Vater ist, als erwachsene Frau begegne, ist es zeitweise sogar eine Hassliebe, denn seine Art kann mich zur Weißglut treiben. Dann, oft fast gleichzeitig mit der Weißglut, ist da zärtliches Mitgefühl, fast schon das Bedürfnis ihn, der einst mich beschützte, nun ebenfalls zu schützen. Wenn ich aber an den Vater denke, der er mir als Kind war, dann ist da vor allem eine große und weite Wärme.

Als kleines Kind saß ich auf seinem Schoß, lehnte meinen Kopf auf seine Brust und heuchelte Schlaf, damit ich ungestört länger bei ihm bleiben konnte, schreibt Laura in Erinnerung an ihren Vater August Wärndorfer. Und auch ich erinnere mich an genau dieses Gefühl. Der Halbschlaf war so schön und der Geruch so vertraut. Nichts konnte passieren, niemand konnte mich stören, alles war richtig und gut. Ich würde getragen werden, hingelegt, zugedeckt. *Der Glaube, die Hoffnung, die Liebe, die er in mir erweckt hat, gestalteten mein Leben*, schreibt Laura, und auch ich denke vor allem an das Vertrauen, das meine Eltern in meine Geschwister und mich hatten und haben. Besonders bei meinem Vater gab es zudem seinen Kindern gegenüber schon früh eine stolze Bewunderung, die manchmal zu weit ging und sich nicht immer positiv für uns auswirkte. Aber auch bei Lauras Worten über ihren Vater frage ich mich, ab wann die Gestaltung ihres Lebens durch den Vater wohl Grenzen hatte.

Unsere Väter verbinden uns. Zwei sensible und auf eigene Art starke Männer, die in ganz unterschiedlichen Zeiten lebten und die doch weit mehr teilen als ihre Vornamen, wie mir langsam bewusst wird. Zwei Männer, zu deren Naturell das *Splendid-Sein* gehört, wie Laura es bei ihrem Vater nennt.

Es gibt zwei Fotos aus dem Jahr 1898 , die Lauras noch jungen Vater zeigen und anhand derer ich mich glatt in ihn verlie-

ben könnte. Eines von hinten und dann noch mal dasselbe Foto von vorn. Der schlanke, gut aussehende Mann trägt einen hellen Anzug mit einem legeren Sakko, dazu ein weißes Hemd mit Kragen und Krawatte und die passende Melone auf dem Kopf. Der perfekt gezwirbelte feine Schnurrbart und der Spazierstock in seiner rechten Hand sind entschiedene stilistische Statements. Er steht breitbeinig und selbstbewusst da, kommt dabei aber ohne machomäßige Behauptung aus, und sein Blick geht humorvoll und frisch in die erhöhte Ferne. Die ganze Ausstrahlung des Mannes hat etwas von Aufbruch, von Lebenslust, und von dem Mut und der Neugier anzupacken.

Augenblicklich stelle ich mir die Situation vor, in der er sich fotografieren lässt. Mit jovialem, leicht federndem Schritt tritt er an und stellt sich selbstsicher in die Pose, wobei er aber eine gewisse Prise Selbstironie, vielleicht durch ein feines Augenzwinkern geäußert, nicht missen lässt. Der Auslöser der großen Kamera klickt, August dreht sich auf dem Absatz um und fordert den verwunderten Fotografen auf, noch einmal abzudrücken. Seine Tochter Laura war später angeblich davon beeindruckt, dass er sich von hinten *so, wie andere Leute ihn sehen* fotografieren ließ.

HEILENDE HÄNDE
Ana

Mein Urgroßvater war ein Großbürger und Industrieller. Zumindest sah man ihn von außen so, denn er leitete in Günselsdorf bei Wien eine edle Baumwollspinnerei. Aber er hatte den Reichtum von seinem Vater geerbt – das Wärndorfer Textilunternehmen war bis zum Ersten Weltkrieg eines der größten in Österreich – und machte sich nicht viel daraus, ihn zu vermehren. Er war mehr eleganter Lebemann denn gewiefter Geschäftsmann. Er empfing gerne Gäste, machte großzügige Geschenke und sammelte leidenschaftlich Antiquitäten. August Wärndorfer hatte in seiner Jugend im englischen Lancashire die Technik der Baumwollspinnerei gelernt und dort den Sport für sich entdeckt. Er begeisterte sich für sportliche Wettkämpfe, nahm am ersten österreichischen Skiwettlauf teil, spielte leidenschaftlich Fußball und trainierte junge Boxer. Insgesamt klingt es, als sei er ein emotionaler, sinnlicher Mensch gewesen.

Mein Vater ist zwar im alt-österreichisch-bürgerlichen Sinn ein Kapitalist gewesen, doch sein Kapital bedeutete das Glück und die Freude, die er erlebte. Von den Zinsen dieses Kapitals hat er gelebt, nur das Gute war auf seinem Konto geblieben. Diese Emotionalität, aber auch die Großzügigkeit und die Neugierde sind ein paar der Qualitäten, die ich auch meinem Vater zuschreibe. Dann ist da noch der entschiedene Geschmack, der eigenwillige Sinn für eine Ästhetik, die nicht dem Mainstream folgen muss. Hätte mein Vater August zu den Zeiten seines Großvaters gelebt, ich würde wetten, dass auch er *mit Gusto den Spazierstock selektiert* hätte, wie Laura über ihren Vater schreibt.

August Wärndorfer waren Rituale wichtig, und er hatte eine

genaue Vorstellung von Stil und auch von Moral. Jeden Morgen nahm er ein eiskaltes Bad, *was angeblich für die Gesundheit und für seinen Sinn von Disziplin von Wichtigkeit war*, wie Laura schreibt. Er war stets perfekt rasiert und sorgfältig gekleidet. Dass er mit nur dreiunddreißig Jahren schon ständig einen edlen Gehstock mit sich führte, mag zunächst irritierend wirken. Es erklärt sich allerdings mit einem Trend des Bürgertums der Zeit, nach dem junge Männer sich gern mit Gegenständen ausstatteten, die sie älter, weiser, würdiger erscheinen ließen. Eine Brille oder ein Gehstock, ein Backenbart oder gar eine rasierte Glatze sollte dafür sorgen, dass man in der Gesellschaft ernst genommen wurde. August Wärndorfer zeichnete und malte, er las viel und beschäftigte sich mit klassischer und orientalischer Kunst. Er schnitzte sogar, und es kam durchaus vor, dass er dazu einen Schraubstock an einem seiner geliebten antiken Möbelstücke befestigte, die er sonst, wie Laura sich erinnerte, mit den Augen streichelte.

Auf einem späteren Foto von August Wärndorfer ist die Jovialität noch ebenso deutlich zu erkennen, wenngleich er nun insgesamt mehr Gewichtigkeit an den Tag legt. Das Foto ist mitten im Schritt aufgenommen, der elegante Herr mit Melone auf dem Kopf, im Nadelstreifenanzug samt Weste, auf der man auch die Uhr an der Kette erkennen kann, tritt lächelnd auf die Kamera zu. Etwas ehrenhaft Stolzes und humorvoll Freundliches liegt in seinem Ausdruck. Er dürfte Mitte fünfzig sein, weiterhin trägt er den gepflegten Schnauzer, eine Hand hat er lässig in die Hosentasche gesteckt. Im Hintergrund ein Gebäude, vermutlich die Fabrikhalle der Baumwollspinnerei.

August Wärndorfer rauchte selbst gedrehte Zigaretten und hin und wieder eine Pfeife. Genau wie mein Vater früher auch, wie mir jetzt wieder einfällt. Der süßliche Geruch des Tabaks hatte – obwohl ich als Kind natürlich fand, dass es stinkt – etwas Gemütliches, und die vielen Utensilien – der Pfeifenstopfer und die wattierten Reinigungsstäbchen, aus denen wir Brillen oder Schleifen bastelten – fand ich ebenso faszinierend wie Laura damals die rötliche Dose aus japanischem Lack, in der ihr Vater seinen Tabak aufbewahrte.

Zu seinem Freundeskreis gehörte der Autor Gustav Meyrink, bekannt für seine Bücher über Magie, Parapsychologie und übersinnliche Phänomene sowie seine Mitgliedschaft in Geheimbünden; ein Mann, der 1927 zum Buddhismus konvertierte und Yoga praktizierte. Dieser Meyrink war Lauras Taufpate, wie eine silberne geprägte Taufmünze, die ich in Lauras Schmuckkasten finde, verrät. Auch August Wärndorfer selbst entwickelte ein Faible für Okkultismus, Spiritismus und Chirologie. Allerdings, und das scheint mir zunächst wie ein Widerspruch, erwähnt Laura auch, dass der Name Sigmund Freud in ihrem Elternhaus nicht geduldet wurde. Ob es nun ein Trend der Zeit war oder seine ausgeprägte Fantasie, die in August Wärndorfer das Interesse an diesen übernatürlichen Welten erweckten, das weiß ich nicht. Aber was deutlich auffällt, ist die mehrmalige Erwähnung seiner »heilenden Hände«.

Auch meine Kindheit ist von der Erinnerung an solche Hände geprägt. Ob bei Magenschmerzen auf dem Bauch oder bei Fieber auf der Stirn, die warme Hand meines Vaters war nicht nur gleichbedeutend mit dem Gefühl, beschützt zu sein, es lag – und liegt – darin etwas, das wirklich Leiden lindern kann. Kürzlich fragte ich August nach dem Tod seiner Mutter Laura im Jahr 1984. Sie starb an Angina Pectoris, einer Krankheit des Herzens, und bekam in den letzten Stunden ihres Lebens nur schlecht Luft. August erinnert sich, dass er seiner Mutter damals die Hände auf die Schultern legte. Zwischen ihren schweren Atemzügen entspannte sie sich etwas und sagte dankbar seufzend »du hast die Hände meines Vaters«.

August Wärndorfer war seiner Zeit sicherlich ein gutes Stück voraus. Alles, was ich über ihn und das Verhältnis zu seiner Tochter weiß, macht das deutlich. Und es bringt für mich Farbe in eine Zeit, die ich sonst nur von schwarz-weißen Fotos kenne. Mehr noch, ich kann mir ganz lebhaft vorstellen, wie das Leben des August Wärndorfer in der Zeit gewesen sein könnte, als seine Tochter Laura zur Welt kam.

HERBST

Ana

August Wärndorfer zuckt zusammen, die Karten, mit denen er sich Patiencen legend die Zeit vertrieben hatte, fallen ihm aus der Hand. Nach langen bangen Stunden tönt plötzlich eine kräftige kleine Stimme durch den Flur des alten Herrenhauses. Wie lange hat er hier gesessen und darauf gewartet. Wie oft war er auf und ab gegangen, zwischen Tisch und Kommode, hie und da über eine der glatten Oberflächen seiner geliebten Möbelstücke streichend, wie um sich zu erden. Dann wieder ein gellender Schmerzensschrei seiner geliebten Connie, der die gespannte Stille im Haus zum Beben brachte. Mehrmals – wenn er es nicht mehr ausgehalten hatte, sie so leiden zu hören – hatte er hastig das Haus verlassen und war an der gegenüberliegenden Spinnerei vorbei durch den stetigen Oktoberregen gelaufen, der sein Gemüt etwas beruhigte. Aber kaum hatte er einmal das Wehr der Triesting, eines kleinen Flusses auf dem Gutsbesitz, erreicht, trieb ihn die Sorge zurück in die Stube. Hatte er etwas verpasst? War etwas passiert? Erst als er die ruhige Stimme des Doktors hörte, der endlich mit dem Rad durch den Regensturm gekommen war, konnte er sich wieder setzen, den Kartenstapel von Neuem aufnehmen und eine weitere sinnlose Reihe vor sich auf dem Tisch ausbreiten.

Aber jetzt ist da unmissverständlich eine neue Stimme zu hören. Empörung ist das Erste, das August bei ihrem Klang in den Sinn kommt. Aber es ist die Selbstverständlichkeit in dieser Empörung, die in ihm tiefe Beruhigung auslöst. Er hat das Gefühl, endlich selbst wieder Luft holen zu können. Ja, das ist das empörte Krähen eines gesunden Kindes, da ist er sich instinktiv sicher. Und er versteht die Empörung. Schließlich wurde dieses Kind in einen für seine Verhältnisse unverschämt großen Raum hineingeworfen, dem es sich noch schutzlos ausgeliefert fühlen muss. Freudestrahlend stürmt die Schwester herein. »Es ist ein Mädchen, Herr Direktor«, ruft sie und fügt dann etwas gefasster hinzu: »Mutter und Kind geht es gut, Herr Direktor!«

August streckt den Rücken. Er bedankt sich bei der jungen Frau. Nervosität zeigt einen Mangel an Selbstbeherrschung, davon ist er überzeugt, und so lässt nichts an seinem Äußeren seinen inneren Aufruhr erahnen. Bei den Geburten seiner Kinder der ersten Ehe und auch bei der Geburt seines jetzt zweijährigen Sohns Richard war er nicht zu Hause gewesen. Seine eigene Mutter hatte ihn dazu angehalten, sich dieser Sache nicht auszusetzen, und er kann sie nun etwas besser verstehen. Aber Connie hatte ihn darum gebeten, diesmal da zu sein, und er stellt fest, dass er die Aufregung und Intensität der letzten Tage nicht missen möchte. Aus dem Gilet zieht er seine Taschenuhr. Es ist spät. Die Maschinen in der Baumwollspinnerei stehen seit Stunden still. Seit bald fünfzehn Jahren leitet er das Unternehmen seines Vaters Samuel Wärndorfer, und das Geschäft läuft gut. Aber interessiert hat es ihn nie besonders. Als er sich vor einigen Jahren eingestanden hatte, dass er zu viel Zeit damit verbrachte, den Erwartungen seiner Eltern gerecht zu werden, nahm sein Leben eine deutliche Wendung. Er befreite sich aus einer standesgemäßen, aber lieblosen Ehe mit einer strengen Frau, und es gelang ihm, nicht nur sich selbst, sondern aller Welt einzugestehen, dass er sich in die Gouvernante seiner beiden Kinder nicht nur verliebt hatte, sondern sein Leben mit ihr verbringen wollte. Es war die unbändige Unternehmungslust von Connie, die ihn immer wieder aufs Neue überraschte und beeindruckte, und wenn er sie singen hörte, vergaß er alles um sich herum. Und so hatten Connie und er entgegen allen Widersprüchen 1912 geheiratet. Sie hatte sich, trotz des großen Altersunterschieds von einundzwanzig Jahren, für ihn, der schon über fünfzig Jahre alt war, entschieden und England, ihre Heimat und ihre Familie hinter sich gelassen, um zu ihm nach Wien zu kommen. Seine Mutter hatte innerlich vor Wut geschäumt, das wusste er, aber gerade darin lag auch ein Funken Reiz. Bis heute hatte er es keinen Moment bereut, dass er Connie, der hellen Frau mit dem schönsten Hals aller Zeiten, den gebührenden Platz in seinem Leben eingeräumt hatte.

»Sie hat gelacht«, sagt Connie leise, mit Blick auf das kleine Bündel in ihrem Arm. »Ihr ganzes Gesicht hat gelacht, als sie mich gesehen hat.« Ihre Stimme ist voller Liebe, und August erinnert sich daran, dass eines der vielen Dinge, die ihm an dieser Frau von Anfang an ungemein gefallen hatten, dieser bezaubernde britische Akzent war. Der Anblick ihres erschöpften Gesichts, um das sich die langen hellbraunen Haare auf dem Kissen ausbreiten wie ein Goldrahmen, erfüllt ihn mit tiefer, warmer Liebe. Das Bündel in ihrem Arm bewegt sich im Schlaf, eine kleine Faust hält den Finger von Connie fest umschlungen. Die winzige Stirn liegt in Falten, sogar noch im Schlaf hat seine Tochter einen eigensinnigen, fast wütenden Ausdruck, der August zum Schmunzeln bringt. Während er das kleine Gesicht betrachtet, erwacht in ihm unbändige Neugier.

Es ist Herbst im Jahr 1915, und der große Krieg, der auch zwischen den Heimatländern der Eltern von Laura Beata tobt, spielt an diesem Abend in dem Herrenhaus der Baumwollspinnerei Wärndorfer in Günselsdorf bei Wien ausnahmsweise keine Rolle.

EIN UNGEWÖHNLICHER URGROSSVATER
August

Ludwig Zwieback, so lautete der Name meines Urgroßvaters, dem Vater von Ella. Er war eine Koryphäe auf dem Gebiet der Warenkunde, k. u. k. Hoflieferant und anscheinend ein genialer Kaufmann.

»Am 22. März ist der durch seine kaufmännisch erlesene Gediegenheit, durch seine seltene Herzensgüte und Bonhomie bekannte Chef des Großhandlungshauses Ludwig Zwieback und Bruder in Wien, Budapest und Graz, Herr K & K Kommerzialrat Ludwig Zwieback, plötzlich verschieden«, heißt es in der Illustrierten Zeitschrift für die vornehme Welt: *Sport & Salon*. Dort heißt es auch, dass er mit zärtlicher Liebe an seinen drei Töchtern hing, die ihn abgöttisch verehrten. Ludwig Zwieback war auch in Folge seiner Jovialität und Lebenslust ein gern gesehener Gast in den Wiener Salons und zählte durch seinen umfassenden Wohltätigkeitssinn zu den edelsten Freunden der Armen und Hilfsbedürftigen. Und dann hatte er auch noch drei Töchter!

Ich hatte also einen jovialen Urgroßvater. Ob das ein wichtiges Erbstück ist, das ich bisher unterschätzt habe? Diese Jovialität? Was bedeutet dieses altmodische Wort eigentlich? Bisher hätte ich es mit einer bestimmten Art von Fröhlichkeit beschrieben. Einer Art Leichtigkeit. Doch beim schnellen Nachschlagen erfahre ich, dass jovial im Zusammenhang mit Jupiter steht und damit eine herablassende Freundlichkeit gemeint ist. Eine irgendwie gnädige Freundlichkeit. Also bezeichnet Jovialität die Freundlichkeit, die ein Herr seinem Knecht, seinem Diener entgegenbringt? Auf diese Art jovial möchte ich dann wieder doch nicht sein, flache Hierarchien sind mir lieber. Aber mal abgesehen von der Frage, ob mein Urgroßvater lediglich von oben herab freundlich war, und ganz egal, was man von dem Begriff »wohltätig« halten mag – eins ist anscheinend Tatsache: Ludwig Zwieback hatte drei Töchter, und einer von ihnen, meiner Großmutter Ella, vermachte er sein Kaufhaus, im Vertrauen, dass sie es in seinem Sinne weiterführen würde. Zur damaligen Zeit muss es durchaus aufsehenerregend gewesen sein, einer Frau ein solches Riesenimperium anzuvertrauen, und es zeugt für mich von großer Stärke und vielleicht sogar von einer frühen Form von Feminismus, auch wenn Urgroßvater Ludwig dieses Wort fremd gewesen sein dürfte.

EINE UNKONVENTIONELLE FAMILIE
Ana

August Wärndorfer hatte im Jahr 1905 nach einer Gouvernante gesucht. Die sollte für ihn einen »englischen Haushalt« führen und sich um die zwei Kinder kümmern, die er mit seiner Frau, der jüdisch-ägyptischen Adrienne Margueritte Hakim, hatte. Er hatte ein großes Faible für die Lebensart der Engländer, und so wurden mit der Suche nach der Gouvernante zwei englische Damen beauftragt, die als Betreuerinnen in einem Heim der *Religious Society of Friends* in Wien tätig waren. Lilly Bugbird und Emmy Page waren Quakerinnen, also Angehörige einer englischen religiösen Gruppe, die an das »Licht Gottes in jedem Menschen« glauben und sich bemühen, die Erniedrigung und Diskriminierung von Individuen und Gruppen zu verhindern. Ich finde es interessant, dass August, der selbst aus einer säkular-jüdischen Familie stammte, ausgerechnet in diesem Kontext nach Erzieherinnen für seine Kinder suchte. *Unter den schützenden Flügeln* der zwei oben genannten Damen lernte August Wärndorfer also Connie Byatt aus Sussex kennen, die sich mit etwa zwanzig Jahren auf die Stelle bewarb und eingestellt wurde. Es war durchweg außergewöhnlich und spricht von viel Unternehmungslust, dass eine junge Frau in dieser Zeit eine solche Lebensentscheidung traf und schließlich allein die lange und komplizierte Reise von England nach Österreich auf sich nahm. Laura schreibt: *In meiner Jugend hielt ich meine Mutter für einen fragilen Menschen, für naiv und schutzbedürftig. Jetzt weiß ich, dass sie in der Tat stark, tapfer und zielbewusst war.* Connie muss eine bemerkenswerte Frau gewesen sein, und so ist es kaum verwunderlich, dass August Wärndorfer sich unsterblich in sie verliebte. In einer Familienanekdote, die von Lauras Schwester Betty in ihren Memoiren festgehalten wurde, heißt es zudem, dass August Wärndorfer seine Ehefrau Adrienne Hakim so unangenehm fand, dass er eine Ziegelwand in ihrem Zimmer einbauen ließ, um sie von sich fernzuhalten. 1911 ließ er sich endlich von ihr scheiden, was eine unfassbare Schande für eine Frau dieser Zeit bedeutete. Aber August wollte Connie, das Kindermädchen, heiraten.

Laura schreibt: *Meine Mutter hatte den Mut und die Kraft, gegen den Widerwillen und gegen die Empörung ihrer Familie, ihre Hand einem Mann zu schenken, der in den Augen ihrer Familie ein Ausländer war, der zu allem um 21 Jahre älter war als sie, der sich von seiner ersten Frau, mit der er zwei Kinder hatte, scheiden hatte lassen.* Connie Byatt, die eigentlich gerne Gesang studiert hätte, heiratete mit ihm einen wohlhabenden, weltmännischen und modernen Mann. Sicher genoss sie das Leben mit ihm, einem echten Kavalier der Jahrhundertwende, und sie verlebten glückliche Jahre. Überhaupt müssen die beiden ein besonderes Liebespaar gewesen sein. *Meine Mutter und mein Vater lebten (…) in verständnisvoller, stiller Verehrung und Liebe.* Diese Aussage Lauras und jedes weitere Detail, das ich über ihre Beziehung finden kann, fügen sich wie Puzzleteile in ein schönes Bild. So finde ich beispielsweise heraus, dass sie gemeinsam mit einem Professor von der Technischen Hochschule Wien mit dem Bau von Modellen für einen Segelflieger experimentierten. August stellte das Gerüst aus Holz her, und Connie überzog es mit dünner Seide. Außerdem züchteten sie auf ihrem großen Grundstück in Günselsdorf besondere Hühner- und Kaninchenarten, sie fischten gemeinsam in der Triesting, dem kleinen Fluss auf dem Landgut, und die Bienenstöcke schenkten ihnen eigenen Honig. Während des Kriegs wurden die Kaninchen zwar aus Mangel an Nahrungsmitteln geschlachtet, aber ihr Pelz, aus dem Mäntel und Hüte gemacht wurden, hielt die ganze Familie noch viele Jahre lang warm.

August Wärndorfer begeisterte sich außerdem für die zu der Zeit aufkommenden Automobile, in deren Bau er viele Millio-

64

nen investierte. Er erstand ein »Gräf und Stift«-Automobil, worüber Laura schreibt: *Das war damals bereits sein zweites Automobil, denn er war sehr sportlich*, eine Aussage, die mich natürlich sehr amüsiert. Richtig begeistert bin ich aber von einer anderen Anekdote: Mit seiner jungen englischen Ehefrau fuhr er 1912, also kurz vor Beginn des Ersten Weltkriegs, in diesem Automobil spazieren. *Die beiden ließen dabei demonstrativ vorne links am Fahrzeug die schwarz-gelbe Flagge von Österreich und rechts den Union Jack des verfeindeten Großbritannien flattern.* Es gibt ein Bild , das diese Szene wunderbar bestätigt.

August und Connie bekamen drei Kinder. Richard »Ricky« Arthur (1913–2002), meine Großmutter Laura Beata (1915–1984) und Konstanza Elisabeth, die »Betty« gerufen wurde (1917–2018).

AUSSAGEKRÄFTIGE GLIEDERUNG
Ana

Ihr Vater war für Laura sicher ein Fixpunkt im Leben. In ihrem Buch wird das durch die vielen Details, die zärtlichen und bewundernden Worte und nicht zuletzt auch durch die Anzahl der ihm gewidmeten Seiten deutlich. Sie beschreibt auch einige Details aus dem Leben des Vaters vor ihrer Geburt, streift die standesgemäße erste Ehe mit Adrienne Hakim, die sie als Kinder wohl nicht zu Gesicht bekommen durften. *Das Verbot war derartig streng, dass wir glaubten, sie sei eine Hexe.*

Auch ihrem Onkel Fritz (Friedrich), den sie offensichtlich bewunderte, widmet Laura in ihren *Einhundertzwanzig Jahren* ein Kapitel. Er prägte als Mäzen und Mitbegründer der »Wiener Werkstätte« ihren eigenen Kunstgeschmack mit. Persönlich lernte sie ihn nicht kennen, denn er floh im Jahr 1913 vor den Verantwortungen seiner Familie in die USA. Im selben Kapitel erzählt Laura auch von ihrer Tante Lise (Elise), einer ebenfalls sehr spannenden Persönlichkeit. Diese Lise wird Laura später in New York Ludwig Zirner vorstellen, ihrem zukünftigen Mann.

Es ist auffällig, wie spät Lauras Mutter in ihren Aufzeichnungen auftaucht. Dann aber widmet sie ihr ein langes Kapitel, aus welchem auch Bewunderung und Respekt sprechen. Aber den Stellenwert des Vaters, den erreicht die Mutter ganz offensichtlich nicht. Und auch die Geschwister spielen im Buch keine besondere Rolle. Weder über die jüngere Schwester Betty noch über den älteren Bruder Ricky verliert sie viele Worte. Auch die ältere Halbschwester Lise kommt kaum vor. Nur Wau, der ältere Halbbruder, wie Lise aus der ersten Ehe ihres Vaters, lag Laura wohl am Herzen, wenngleich sie auch ihm nur eine kurze Seite in ihrem Buch einräumt. Dass Laura alle Geschwister in ihren Erzählungen höchstens am Rande erwähnt, spricht für sich, und natürlich frage ich mich, warum das so ist. Laura ist wie ich eine Zweitgeborene, und ich glaube, dass die Geschwisterfolge eine starke Prägung im Leben hinterlässt. Aus meiner eigenen Familiengeschichte wären meine Brüder und meine Schwester jedenfalls überhaupt nicht wegzudenken, so viele lustige und wütende, traurige und liebevolle geschwisterliche Kindheitserinnerungen teile ich mit ihnen. Es erwacht in mir eine Vermutung, die mir noch mehr Rätsel aufgibt: Fand Laura einige Familienmitglieder einfach nicht wichtig genug, um sie in ihren *Einhundertzwanzig Jahren* aufzunehmen?

Ruhig, der Reihe nach, ermahne ich mich, und anstatt mich wieder in Lauras Buch zu vertiefen, fahre ich zu meinen Eltern. Dort steht auf dem Speicher angeblich eine Kiste mit Dokumenten, Briefen und anderen Dingen, die Laura aufbewahrt hat und die mein Vater damals nach ihrem Tod dort verstaut hat. Vielleicht finde ich dort mehr über die Geschwister heraus.

SCHIFFSKOFFER LZ
August

Die Speichertreppe ist aus schwerem Fichtenholz, und sie herunterzuklappen ist relativ mühsam, man hört dabei die Federn vibrieren, die das Herunterlassen etwas erleichtern sollen. Die Konstruktion stammt aus den 1960er-Jahren, so wie das ganze Haus. Der Speicher ist niedrig, und man muss gebückt gehen, wenn man sich darauf bewegt. Das nervt, zumal man sich als groß gewachsener Mensch immer wieder den Kopf an den Dachbalken stößt. Der Dachboden ist nicht zum Stehen gedacht und schon gar nicht zum aufrechten Gang, eine Qual für Menschen mit Rückenschmerzen. Doch am Ende des Speichers steht ein etwas in Vergessenheit geratener alter Schiffskoffer aus Elefantenhaut. Auf dem Deckel des Koffers sind noch die Buchstaben »LZ« zu erkennen. Wien, New York, der Mittlere Westen der Vereinigten Staaten und wieder zurück nach Wien, das sind die Stationen dieses Schiffskoffers, der jetzt in Bayern steht.

1938 wurde der Koffer vom Diener meines Vaters gepackt. Der Diener hieß Johann, und er packte damals alles in den Koffer hinein, wovon er glaubte, dass es dem Ludwig Zirner, seinem Herrn, das Überleben nach der Immigration in die Vereinigten Staaten erleichtern würde. Enteignet durch die Nazis waren mein Vater und meine Großmutter bereits, das Hauptvermögen, das Kaufhaus in der Kärntner Straße 11–15, das Maison Zwieback, die Weihburggasse 4, ein Haus in Mauer bei Wien und Grundstücke außerhalb Wiens, Vasen, Möbel, Gemälde, schlicht alles, was irgendwie wertvoll zu sein schien, war arisiert worden. Aber ein paar Habseligkeiten und Wertgegenstände waren noch übrig geblieben, und Johann hoffte, dass mein Vater die Sachen nach seiner Ankunft in New York zur Not verkaufen könnte. Im Koffer befanden sich zum Beispiel ein Frack, ein Smoking, einige Hemden, Manschettenknöpfe, ein Seidenschal, ein Chapeau Claque, eine Holzkiste voller Silberbesteck und ein Porzellanservice. Das Service trug das Monogramm »ZZ« für Zirner-Zwieback. Es wurde auch noch ein zweiter Koffer gepackt, der allerdings nicht mehr den Weg zurück nach Wien gemacht hat.

Langsam öffne ich den Koffer, in der Hoffnung, Spuren der Vergangenheit zu finden, Spuren meiner Großmutter Ella, und stelle fest: Er duftet nach meiner Mutter! Nach Laura Zirner, geborene Wärndorfer, die seit fünfunddreißig Jahren tot ist. Der Koffer verströmt den Duft ihrer Kleider und Handtaschen und ihres Parfums: Estée Lauder Azzurée.

IM KOFFER AUS ELEFANTENHAUT
Ana

Der Speicher in meinem Elternhaus ist niedrig, und es ist ziemlich kalt hier oben. Hinten, in einer dunklen Ecke steht dieser große altehrwürdige Überseekoffer mit den großen Schnallen. Angeblich ist er aus Elefantenhaut. Laura selbst erwähnt ihn in ihrem Buch. *In unsere kleine New Yorker Wohnung ließ Ludi 1942 – ich weiß nicht mehr woher – eine Holzkiste bringen. Die Kiste war vier Jahre zuvor von seinem Diener Johann in Wien verpackt worden.* Mit klopfendem Herzen und so vorsichtig, wie es eben geht, zerre ich das schwere Ding in die Mitte des Speichers, direkt unter die Dachluke, durch die etwas Tageslicht fällt.

Die Schnallen klemmen. Als ich schließlich den schweren Deckel zurückklappe, strömt mir sofort dieser ganz besondere Geruch entgegen, bei dem mir augenblicklich der Begriff *sophisticated* einfällt. Laura. Man könnte ihn vermutlich auch schnöde als den Geruch alter Dinge bezeichnen, die lange in einem Koffer gelegen haben. Aber dafür liegen zu viele Erwartungen, Fragen und auch Neugier in der Luft. Da sind alte edle Ledertaschen und Handschuhe, vergilbtes Papier, schwarz-weiße Fotos. Dokumente, kleine Andenken und bestickte Taschentücher. Aber auch ein Hauch von Parfum, der die Jahre überdauert hat. Alles zusammengenommen, eröffnen sich vor mir die staubigen Schatten von etwas Kostbarem, das zwischen den edlen und teuren Objekten liegt, die zumindest damals sicherlich als geschmackvoll galten.

Vorsichtig nehme ich einen Ordner heraus und öffne ihn. Darin finde ich kleine Kuverts, mit handschriftlichen Notizen darauf. »Je 1 Repro S. W., je 1 Vergr. 18x24 matt, ohne Rand, Retusche Augengläser.« Es wird schnell deutlich, dass es die Anweisungen für die Kopien der Bilder sind, die Laura in ihr Buch für uns geklebt hat. Das muss also kurz vor ihrem Tod gewesen sein.

In einem anderen Ordner finde ich Fotos von Menschen, die ich noch nicht zuordnen kann. Ob das wohl Lauras Geschwister sind? Oder ihre Eltern, als sie jung waren? Hastig packe ich sie ein und schleiche mich fast aus dem Haus, denn ich will durch ein Gespräch mit meinen Eltern nicht in der gespannten Stimmung unterbrochen werden, in die mich mein neuer Fund versetzt hat. Ich fahre wieder nach Hause in meine Wohnung. Hier ist der Boden inzwischen fast vollständig mit alten Dokumenten und Fotos bedeckt. Grelle Haftnotizen ordnen ihnen Jahreszahlen zu. Ich lege den Stapel dieser undefinierten alten Fotos links vor die Balkontür, direkt neben meinen Schreibtisch. Hier beginnt meine Chronologie unter der Haftnotiz mit dem Jahr 1915 gleich mit einer Lücke. Erst unter dem Zettel mit der Zahl 1928 liegen die ersten Dokumente. So geht es weiter bis vor die Schlafzimmertür, wo ich beim Jahr 1938 ankomme. Dann folgt wieder eine Lücke mit einem großen Fragezeichen. Aber dazu später.

In der Küche, zu deren Schwelle das Jahr 1953 liegt, mache ich mir einen großen Cappuccino und klettere damit über die Jahreszahlen zurück zu meinem Schreibtisch. Ich will versuchen, die erste Lücke von 1915 bis 1928 zu füllen.

LAURAS GESCHWISTER

Ana

Lauras jüngere Schwester Betty wurde als Konstanza Elisabeth Wärndorfer im Oktober 1917 in Wien geboren. Ich finde einen Nachruf auf sie, die am 10. Januar 2018 im Alter von hundert Jahren gestorben ist. Leider habe ich mich vor ihrem Tod nie ausführlich mit Betty unterhalten, was ich jetzt natürlich bereue, denn sie hätte mir sicher viel über Laura erzählen können. Glücklicherweise kann mir ihre Tochter, Lauras englische Nichte Teresa, einiges über sie erzählen.

Bettys ganzes Leben war von sozialem Engagement geprägt, und sie setzte sich insbesondere für Kinder ein. Sie lebte nach dem Anschluss von Österreich an Hitlerdeutschland mit ihren Eltern in Schottland, wo sie zunächst als Au-pair und dann als Lehrerin tätig war.

Nach 1945 wollte Betty herausfinden, wie der Krieg die Kinder und Jugendlichen in Deutschland geprägt hatte, was ich umso bemerkenswerter finde, da ich weiß, dass ihre eigene Entwurzelung ja eben durch die Deutschen verursacht wurde. Ihre Weitsicht, von Hitlers Regime nicht auf alle Deutschen zu schließen beziehungsweise explizit vom Leid der Kinder unter dieser Herrschaft und dem Krieg berührt zu werden, beeindruckt mich. Und nicht nur das, sie wurde auch gleich aktiv, trat der *American Army of Occupation in Germany* bei und gründete mit einer Kollegin eine Spielgruppe für Kinder. Hier beobachtete sie die positiven Veränderungen, die durch Spiele und Gespräche ausgelöst wurden. Als Deutschsprachige wurde sie zudem bald im Geheimdienst eingesetzt. Auch später, als sie wieder in England lebte, kümmerte Betty sich weiterhin um Kinder aus schwieri-

72

gen Verhältnissen und entwickelte pädagogische Konzepte mit musik- und kunsttherapeutischen Elementen. Ihre Organisation *Play for Life* beschäftigte sich damit, Spielzeug für Kinder zu entwickeln, das nicht genderspezifischen Klischees (Kriegsspielzeug für Jungen und Puppenküchen für Mädchen) entsprach, sondern Respekt und Kreativität vermitteln sollte. In dieser Funktion wurde Betty zu Konferenzen, auf Panels, ins *House of Lords* und sogar zur UN und zur UNESCO eingeladen.

Ich bin von der Lebensgeschichte meiner Großtante fasziniert und wundere mich, dass Laura auf das Leben ihrer Schwester in ihrem Buch überhaupt nicht eingeht. Sie hätte doch stolz auf die Jüngere sein können, oder? Ihre Tochter Teresa allerdings vertraut mir an, dass sie unsicher ist, wie viel sich Betty und Laura überhaupt über ihre (beruflichen) Lebensinhalte austauschten. Fragend schaue ich zu Lauras Porträt über meinem Schreibtisch. Ich habe die Hoffnung, dass sie mir selbst etwas über ihr Verhältnis zur kleinen Schwester verrät. Es wirkt fast, als würde sie leicht genervt die Augen verdrehen. »Mein Schwesterchen war einfach ein bisschen angepasster, sie hat sich immer dem gefügt, was die Eltern wollten, hat es klaglos hingenommen, und dieses soziale Engagement, na ja ...« Wieder nehme ich das leicht Spöttische in Lauras Ausdruck wahr. Mich ärgert das ein wenig, denn ich finde Betty durchaus bewundernswert, und ich merke, wie sich meine Stirn in Falten legt, während ich meiner Großmutter in die Augen gucke. Ja, sie hängt da oben in ihrem hohen Rahmen, aber meinen Respekt für ihre Schwester, den kann sie mir nicht nehmen.

In ihrem Buch schreibt Laura, dass ihr Bruder Ricky über Betty früher gesagt habe, dass sie bestimmt eine Nonne werde. *Sie stand endlos lang nicht vom Abendgebet auf, blieb mit der Stirne aufs Bett gelehnt auf den Knien. Ich glaube, dass sie schon damals mit tieferen Gedanken befasst war, die sie niemandem mitteilte.* Ich finde, dass auch dieser Satz etwas abschätzig klingt, aber vielleicht unterstelle ich ihr hier auch etwas.

Die sehr unterschiedlichen Schwestern hatten im Erwachsenenalter wohl ein unausgesprochenes Einverständnis, sich gegenseitig respektvoll und durchaus auch liebevoll, aber ohne weiteres Interesse zu behandeln. Sie sahen sich selten, es gab nur drei Besuche in England und zwei Treffen am Grundlsee. Auch Briefe der beiden Schwestern aneinander sind rar. Es liegt also nahe, dass die Beziehung der beiden einer der Gründe ist, warum Laura über Betty so wenig schreibt.

Auch als ich beginne, mich mit Lauras älterem Bruder Richard, Ricky genannt, zu beschäftigen, wandert mein Blick immer wieder von den Aufzeichnungen über ihn hinauf zu Lauras Porträt, welches wieder einmal den Ausdruck verändert zu haben scheint und nun irgendwie erschrocken und leicht verbissen auf mich hinabblickt. Ricky war sicherlich mit Abstand der Politischste in der Familie Wärndorfer. Seine austrofaschistische Gesinnung bezeichnet Laura in ihrem Buch als *odios und unverständlich*. Überhaupt erscheint es mir, als hätte es zwischen den beiden keine besonders liebevolle oder herzliche Geschwisterbeziehung gegeben.

Glücklicherweise kann ich auch mit Rickys Tochter sprechen, die ebenfalls Laura heißt und in Kanada lebt. Wir verabreden uns zu einem Videotelefonat, das von Anfang an sehr vertraut und lustig ist. Sie erzählt mir eine Geschichte aus der Kindheit ihres Vaters. Angeblich vergaß Laura einmal ihren Regenschirm in der Tanzschule Elmayer, wo die Geschwister die klassischen Tänze lernten. Ricky wurde von der Mutter losgeschickt, um den Regenschirm abzuholen. Dem Jungen war es jedoch so peinlich, dieses Mädchending offen durch die Stadt zu tragen, dass er sich den Schirm ins Hosenbein steckte und damit ungelenk nach Hause stakste.

Seine Tochter Laura weiß auch um die politische Gesinnung des Vaters, wenngleich er selbst darüber niemals sprach. Tatsächlich verschwieg er seinen beiden Kindern bis ins Erwachsenenalter, dass er gebürtiger Österreicher war. Das liegt offensichtlich daran, dass er durch den Anschluss Österreichs an Hitler-Deutschland traumatisiert war: Damals wurde er als Anhänger Schuschniggs von den Nazis verhaftet, konnte später fliehen, hat aber nach 1938 nie wieder ein Wort Deutsch gesprochen und offenbar nie wieder das Bedürfnis verspürt, nach Österreich zurückzukehren. Er nahm sogar den Mädchennamen seiner Mutter an, um als Byatt ein »echter Engländer« zu sein, nachdem sein Patriotismus in Österreich zertrümmert worden war. Er heiratete eine Engländerin, Mary Leslie Coogan, die wohl *more british than the british* war, womit gemeint ist, dass sie sehr streng war. Wenn ich mir Fotos von ihr ansehe, kann ich mir das gut vorstellen. Das Paar wanderte 1952 nach Kanada aus und bekam einen Sohn, der ebenfalls Patriot wurde und im englischen Militär diente, und eben Laura, die Tochter, mit der ich telefoniere. Erst für die Beerdigung seiner Schwester, meiner Großmutter Laura, reiste Ricky 1984 noch einmal nach Österreich. Er starb im Jahr 2002 achtundachtzigjährig in Toronto.

Was die Halbgeschwister angeht, die aus der ersten und standesgemäßen Ehe des Vaters mit Adrienne Hakim hervorgingen, so gab es da Marie Fanny, die bald nach ihrer Geburt im Jahr 1897 verstarb. Die zweite Tochter Nora muss eine sehr starke Persönlichkeit gewesen sein, und mein Vater erinnert sich an sie als seine Lieblingstante. Sie war 1899 geboren worden und wanderte 1919 nach New York aus, wo sie über dreißig Jahre lang als Lehrerin tätig war. Mit ihrem Mann, einem Professor für *International Relations* an der New York University, bereiste sie die Welt. Nach seinem Tod 1968 meldete sie sich mit neunundsechzig Jahren ehrenamtlich für den Peace Corps und war im Alter von weit über achtzig Jahren noch mehrere Jahre im afrikanischen Lesotho aktiv. Sie starb 1988 in NYC.

Und dann gibt es noch Wau, den Liebling der Familie. Über seine Lebensgeschichte liegt ein ganzer Stapel an Dokumenten auf meinem Wohnzimmerboden. Allerdings erst bei der Heftnotiz mit der Jahreszahl 1938. Ich entschließe mich also dazu, mich mit seiner Geschichte erst ausführlich zu beschäftigen, wenn ich zu dieser Zeit vorgedrungen bin.

DIE KROATISCHEN WÄLDER
August

Die bekannte Redewendung »vor lauter Bäumen den Wald nicht sehen« erhielt für mich 2009 eine ganz besondere Bedeutung. 1904 kauften mein Großvater Kommerzienrat Alexander Zirner und seine Frau Ella in Kroatien siebenundvierzig Hektar Wald. Holz galt damals als eine gute Investition, auch heute ist es doch noch eine recht wertvolle Ressource. Das Interessante an der Geschichte dieses Waldkaufs ist Ellas Idee, die dahintersteht: Sie wollte in der Nähe der Wälder um den Kurort Daruvar ein Ferienlager für ihre Angestellten errichten. So schön der Gedanke eines Ferienlagers gewesen sein mag, war es Pech für die Familie Zirner-Zwieback, dass die Wälder im Laufe des Ersten Weltkriegs vom serbisch dominierten Königreich Jugoslawiens usurpiert wurden. Dann kam der Zweite Weltkrieg, und die Wälder wurden von der Ustaša-Regierung usurpiert, kurz darauf marschierten die Nazis ein – auch sie usurpierten die Wälder natürlich, selbiges taten die Kommunisten und zu guter Letzt noch die demokratische Republik von Kroatien... Also nicht ein doppelter, sondern ein fünffacher Rittberger der Enteignungen!

Irgendwann, es muss im Jahr 2010 gewesen sein, stand ich sogar in den Grundbüchern von Daruvar als Eigentümer der Wälder und einiger anderer kleiner Grundstücke, darunter auch ein kleiner Weinberg. Doch wie kam ich überhaupt zu dem Wissen, dass ich kroatische Wälder mein Eigen nennen durfte?

In besagtem Jahre 2010 erhielt ich eine E-Mail von einem Mann, der auch Zirner heißt und irgendwo in Norddeutschland lebt. Er wollte mich darauf aufmerksam machen, dass er den Namen Zirner-Zwieback im Internet gefunden hätte und in diesem Zusammenhang auf einen Artikel stieß, in dem es hieß, dass kroatische Grundstücke die Besitzer wechseln sollten. Viel mehr ließ sich nicht herausfinden, da alles, was er im Internet zu dieser Angelegenheit finden konnte, natürlich in kroatischer Sprache war. Ich ließ den Eintrag kurzerhand übersetzen, und dabei stellte sich heraus, dass Wälder in der Nähe von Daruvar in Kroatien versteigert werden sollten, weil die Besitzerin Ella Zirner-Zwieback oder etwaige Nachfahren sich nicht gemeldet hätten. Natürlich hatte sie sich nicht gemeldet, sie war ja schon seit vierzig Jahren tot. Doch immerhin war ich noch am Leben und durchaus so was wie ein Erbe, auf jeden Fall aber ein Nachfahre! Die Vorstellung, durch Holz zum Millionär zu werden, gefiel mir, und so meldete ich mich bei der zuständigen Behörde. Da sich schnell herausstellte, dass die Sache nicht einfach werden würde, reiste ich mit einem Rechtsanwalt und einem Geodäten nach Daruvar, um »meinen« Wald zu besuchen. Nach vielen Gesprächen und einigem Papierkram wurde ich tatsächlich als Erbe und Nachfolger der Ella Zirner-Zwieback in die Grundbücher eingetragen. Ich jubilierte, als ich es schwarz auf weiß hatte: Ich war Eigentümer von siebenundvierzig Hektar kroatischem Wald! Lauter Eichen und Ulmen, wertvolles Hartholz. Eureka! Der Reichtum kehrt endlich zurück in die Familie, den Stammbäumen sei Dank!

Gut gelaunt spazierte ich über den Marktplatz zum Katasteramt, denn es schien mir angebracht, dass ich für meine Wälder künftig Steuern zahlte. Warum auch nicht? Wer so viel Wald besitzt, kann sich auch die Steuern leisten. Ich wähnte mich zu Recht einen reichen Mann. Ich hinterlegte im Katasteramt also meine Personalien und eine Kopie des Grundbucheintrags, woraufhin eine sehr attraktive kroatische Beamtin mich verführerisch anlächelte und mit starkem kroatischem Akzent fragte: »Sie sind August Zirner?«

»Ja.«

»Dann sind Sie ein reicher Mann.«

Keine Frage, dass ich ihr am liebsten sofort einen Heiratsantrag gemacht hätte! Tatsächlich wäre das wahrscheinlich das Beste gewesen, denn dann hätte ich wenigstens eine Kroatisch sprechende Vertraute gehabt. Was im Laufe der nächsten drei Jahren passierte, war dann, ehrlich gesagt, ziemlich frustrierend. Ich war zwar Eigentümer von siebenundvierzig Hektar Wald, jedoch keineswegs Besitzer. Schritt für Schritt luchsten mir die kroatischen Gerichte meine Wälder und Grundstücke wieder ab – entgegen europäischem Recht!

Im *Verzeichnis über das Vermögen von Juden nach dem Stand vom 27. April 1938 in Wien* wird mehr oder weniger bestätigt, dass Ella und Alexander Zirner ursprünglich sogar hundertfünfzig Hektar Wald gekauft hatten. In der Akte steht aber auch, dass sie 1921 vom jugoslawischen Staat enteignet wurden. Die Wälder wurden dann zwangsbewirtschaftet, jedoch ohne Ertrag. Jedenfalls wird es so behauptet. Sie unterliegen der Gemeinde Badljevina und umfassen circa fünfhundert Joch, das entspricht nach heutigen Maßstäben hundertfünfzig Hektar. Jetzt, nachdem es eine fünffache Usurpation der Wälder gegeben hat, frage ich mich, wo sind die übrigen hundertdrei Hektar von den hundertfünfzig Hektar geblieben? Rechnen kann ich, doch meine Kraft war aufgebraucht.

Und plötzlich glaube ich, es klingeln zu hören, also laufe ich zum weißen Wandtelefon und hebe ab. Wieder ist's Ella am anderen Ende, sie schreit mich an: »Du musst um die Wälder kämpfen, die waren eine wichtige Investition unserer Familie. Nicht nur Geld sollte das Holz bringen, sondern die Gegend sollte für unsere Mitarbeiter, unsere Angestellten und Diener ein Ort der Erholung sein. Die Wälder gehören jetzt dir! Du musst um sie kämpfen! Stell dir doch nur mal vor, du hättest hundertfünfzig Hektar Wald in Kroatien. Du müsstest nur noch die Arbeit machen, die dir gefällt, nur noch die Filme drehen, die dir gefallen, nur noch die Theaterstücke spielen, die gut inszeniert sind. Den ganzen Tag könntest du Flöte üben. Musik machen! Besorge dir einen anderen Anwalt, einen besseren. Gehe noch mal vors internationale Schiedsgericht. Es ist eine Schande, dass uns die Wälder so oft weggenommen wurden. Kämpfe, Enkel! Kämpfe, Enkelsohn! Kämpfe! Wo bleibt die geschichtliche Gerechtigkeit, wenn du nicht um die Wälder kämpfst?«

»Ella? Omama? Mütti? Grand Mére? Bist du es wirklich? Fuck, das gibt es doch nicht!«

»Was heißt das? Fuck?«

»Pardon, Ella, ich bin etwas überfordert. Ich spreche kein Kroatisch und kenne mich nicht wirklich mit Wäldern aus. Ich habe nur acht Klafter Ulmenholz am Wegrand gesehen und mir sagen lassen, das hätte einen Wert von circa neuntausend Euro.«

»Euro? Was ist das?«

»Das ist die heutige Währung.«

»Wir rechnen in Kronen. Also eigentlich inzwischen in Dollar.«

»Was? Bist du jetzt in New York? Wo bist du, Ella?«

»Am anderen Ende der Leitung, du Traumtänzer.«

»Ich bin kein Traumtänzer!«

»Doch, weil du deiner Großmutter hinterhertelefonierst. *Mon dieux.* Junger Mann, willst du nun Verantwortung für geraubtes Eigentum übernehmen oder nicht? Du brauchst nur einen guten Förster, der dich berät, und du musst gelegentlich Anwesenheit bei der Gemeindeverwaltung in Daruvar zeigen.«

»Ja, da gibt es eine sehr schöne, sehr verführerische Beamtin.«

»Na also, fängt doch schon mal gut an. Daruvar ist ein sehr schöner Kurort in der Nähe von Pécs in Ungarn, da, wo dein Großvater herkommt. Du musst kämpfen! Enttäusche mich nicht, wie es dein Vater getan hat. Er hat nur seine Musik, seine Opernschule, seine Studenten im Sinn gehabt. Er hat mir überhaupt nicht beigestanden, als es darum ging, unser Imperium 1956 wiederherzustellen. Er hat mich im Stich gelassen.«

»Vielleicht hat er sich um mich gekümmert? Immerhin hat er meinen ersten Ton auf dieser Welt wahrgenommen.«

»Was meinst du damit? Wovon sprichst du?«

»Na ja. Ich wurde 1956 geboren, damals, als ihr mit den Wiener Gerichten um die Restitution des Maison Zwieback gekämpft habt. Vielleicht war ihm meine Geburt wichtiger als euer Geschäft. Gleich nach meiner Geburt hat er gehört, wie ich ein Es geschrien habe, das war mein erster Ton auf dieser Welt.«

»Ein Es? Das war dein erster Ton? Ludi hatte natürlich absolutes Gehör. Das weiß ich noch. Es, *incroyable*, eine herrliche Tonart! Überhaupt war Ludi ein hochbegabter ...«

»Ella? Großmama? Mütti? Hallo? Bonjour? Hello?«

Es kam keine Antwort mehr. Stattdessen erreichte mich kurze Zeit später eine Postkarte von Ella. Sie stammt aus dem Jahr 1910. Das Foto auf der Postkarte ist vor einem Caféhaus in Portoré, einer Hafenstadt in Kroatien, aufgenommen. Mein vierjähriger Vater lächelt frech in die Kamera, neben ihm sitzen Ella, seine Geschwister Renée und Hans Erich sowie zwei Gouvernanten. Die Kinder tragen alle Matrosenanzüge.

Die Karte ist an Kommerzienrat Alexander Zirner, Kärntnerring 3 adressiert. Auf der Rückseite steht in Ellas feiner, aber schwer leserlichen Handschrift:

»My dearest Mollchen, Hoffe dich glücklich und wohlbehalten daheim angelangt. Auch wir freuen uns schon sehr, nach Hause zu kommen. Wir reisen morgen Nachmittag ab und kommen gegen 7 Uhr Früh an. Kinderchen haben sich gottseidank

recht gut erholt, wie auf nebenstehendem Bild, das auf einem Schiffsausflug nach Portoré gemacht wurde, zu ersehen ist. Küsse auch von Renée.«

Wie hat Kommerzienrat Alexander Zirner wohl auf Ludis freches Lächeln reagiert?

DIE ERINNERUNG IST DAS PARADIES, AUS DEM MAN NICHT VERTRIEBEN WERDEN KANN

Ana

Im Herrenhaus gegenüber der Baumwollspinnerei in Günsels-dorf bei Wien verbringt Laura Beata Wärndorfer die ersten Jahre ihres Lebens, die ihr ein paar lebhafte Erinnerungen schenken. Alles ist enorm groß, es gibt unzählige Zimmer. Der knarzende Dielenboden des langen Flurs hat ein paar beeindruckende Astlöcher, in die Laura krabbelnd gern kleine Körner und alle möglichen Flusen hineinbugsiert. In dem Zimmer, in dem ihr Kinderbett steht, wogen die weißen Vorhänge im Wind, und zwischen den bauschenden Bäuchen trifft sie manchmal ein glei-ßender Sonnenstrahl, der sie zum Lachen bringt. Am wohligsten ist es, wenn die helle Gesangsstimme ihrer Mutter erklingt. *All things bright and beautiful, all creatures great and small, all things wise and wonderful, the Lord God made them all.*[*] Die Mut-ter ist einzigartig und wunderschön, dieser Eindruck verstärkt sich, obwohl – oder weil – Laura ihre Mutter tagsüber kaum zu Gesicht bekommt. Aber allabendlich sitzt sie an ihrem Bett, und alle Welt verschwindet hinter ihrem weißen Tüllkleid mit den rosalichen Pünktchen und dem strahlenden Licht, das um ihre rundliche Gestalt mit den hellblauen Augen scheint. Es ist nicht schwer, in der Gewissheit einzuschlafen, dass sie am nächsten Morgen aus den Augenwinkeln wieder die leichten, fast tänzeri-schen Schritte sehen wird, die sich dem Bett nähern, und dann das liebe Gesicht, das wie eine Sonne über ihr aufgeht. Ein Duft

---

[*] Deutsch: Alle Dinge hell und schön, alle Geschöpfe groß und klein, alle Dinge weise und wunderbar, der Herrgott hat sie alle gemacht.

von Lavendel hüllt sie ein und ist für Laura seither für immer mit dem Morgen verbunden.

An manchen Sommertagen kommt Papa früher heim. Wenn sie ihn über die Wiese auf das Haus zuschreiten sieht, rennt sie los. Er ist wie ein Magnet, sie muss zu ihm, so schnell, noch schneller, als ihre Füße es können. Sie stolpert, und ein Ruck geht durch ihren kleinen Körper, von den Füßen über die Wirbelsäule hinauf bis zum Kopf, als die Nase schon im Gras landet: »Papa!« Alles dreht sich noch, da sind schon diese zwei großen warmen Hände zur Stelle, die sie rechts und links unter den Armen fassen und in die Luft heben, als könnte sie fliegen. Der wohlige Geruch, eine Mischung aus Tabak und Rasierwasser, wie es ihn nur bei ihrem Papa geben kann, hüllt sie ein. Die Nase steckt sie unter die Weste, da, wo sie bei der Schulter eine kleine Falte macht, wie immer.

»Na na, da hat wohl jemand zu viel Energie«, lacht Papa August. »Da müssen wir doch Abhilfe schaffen.« Und schon marschiert er mit ihr in Richtung des Beckens oberhalb des Wehrs an der Triesting, dem kleinen Fluss auf dem Besitz der Wärndorfers. Juhu, es gibt also wieder eine Schwimmstunde! Es dauert keine Minute, bis Laura im Wasser ist, angetrieben von der Furcht, der Vater könne es sich doch noch anders überlegen. Wenn sie sich jetzt vom Boden abstößt, droht ihr Kopf unterzutauchen, worauf sie schnell wieder mit den Füßen nach dem sicheren Boden unter Wasser sucht, nur um sich gleich wieder abzustoßen. Nicht nur der Körper schwankt, auch innerlich wogt es in ihr zwischen Angst und Euphorie hin und her, was so spannend ist, dass sie es ungeduldig wieder und wieder tut. Dazwischen liegt dieser kurze wunderbare Moment der Schwerelosigkeit, den sie jetzt deutlich spüren kann und der sie anspornt. Mehr davon, mehr! Sie hat kaum Geduld zu warten, bis ihr Papa das Taschentuch aus der Weste gezogen und diagonal gefaltet hat, um es ihr dann um den nackten Körper zu binden. So kann er sie halten, und die Kipppunkte zwischen vorn und hinten liegen nun so nah beieinander, dass sie die Schwerelosigkeit öfter spürt. Der Vater ermahnt sie, Arme und Beine zu bewegen. »Ruhig, Laura, ruhig!« Seine tiefe wohlige Stimme wirkt Wunder, und das Wissen, dass ihr nichts passieren wird, auch wenn sie den Boden unter ihren Füßen nicht mehr sehen kann, lässt sie kühner mit Armen und Beinen ausholen. »Gut so, gut so, weiter, und ruhig bleiben. Atmen, Laura, atmen nicht vergessen.« Laura prustet und paddelt, ruhig ist das nicht, das weiß sie schon, aber egal. Papa ist ja da. Bloß nicht aufhören.

Doch immer häufiger kommt August Wärndorfer erst spät nach Hause. Laura weiß, dass sie eigentlich schlafen soll, und drückt fest die Augen zu, damit niemand merkt, dass sie lauscht. Aber die Ohren kann sie nicht schließen, und so hört sie seine Stimme, die jetzt ganz anders klingt. Rau und müde und traurig. Sie hört nur einzelne Fetzen seiner Sätze, es kommen Männer darin vor und Blut. Mit dem anderen Tonfall des Vaters kommt eine Stimmung in das große Haus, die ein ziehendes Loch in Lauras Bauch reißt, das sie nicht verstehen kann. Irgendetwas ist da draußen, das Papas Stimme verändert, und Laura hat keinen sehnlicheren Wunsch, als dass dieses Etwas verschwinden möge.

DIE REALITÄT AUSSERHALB DES PARADIESES
Ana

Zu Beginn des Ersten Weltkriegs ist Lauras Vater schon über fünfzig Jahre alt und damit für den Kriegsdienst zu alt. Er fährt aber für das Rote Kreuz Krankenwagen, und so sehr er sich bemüht, muss es für den sensiblen Menschen doch unmöglich gewesen sein, die Schreckensbilder vor der Haustür des Herrenhauses abzustreifen.

Andererseits, wer bin ich in dieser Generation in Friedenszeiten, dass ich versuche, ein Verständnis für das Leben in dieser Epoche aufzubringen? Unweigerlich stelle ich mir den Spagat vor, den mein Urgroßvater zwischen dem Wunsch, ein harmoniereiches und liebevolles Familienleben aufrechtzuerhalten, und dem Trauma des Krieges, mit dem er tagtäglich konfrontiert wird, leistet. Und eine Tatsache, die Laura in ihrem Buch festhält, lässt auch mich nicht los: *Zwanzig Jahre später, (...) im Zweiten Weltkrieg hätte er keinen Krankenwagen chauffieren dürfen.* Dafür war er den Nazis zu jüdisch.

Schon während des ersten großen Krieges schrumpft das Vermögen der Familie von Jahr zu Jahr, und August Wärndorfer muss schweren Herzens nach und nach seine gesammelten Kunstschätze verkaufen, um den Alltag der Familie bestreiten zu können. Während des Krieges wird die Produktion in der Spinnerei auf Watteerzeugnis umgestellt, um für die Pflege der Kriegsverletzten zu sorgen und auch, weil August Wärndorfer so den Angestellten, deren Wohlergehen dem Direktor sehr am Herzen liegt, weiterhin Arbeitsmöglichkeiten bieten kann.

Lauras Mutter Connie Byatt, Engländerin und damit Angehörige des Feindes, hält während der ganzen Zeit an ihrer Religion, ihren Sitten und Manieren fest, und wenn sie von England redet, sagt sie »*home*«. Selbst während des Krieges spricht sie nur ihre Muttersprache und sammelt mit *stoischem Humor*, wie Laura betont, Abzeichen und Zeitungsartikel, in denen die Worte »Gott strafe England« vorkommen.

1919 schließlich übersiedelt die Familie von Günselsdorf nach Wien. Im selben Jahr besiegelt der Vertrag von Versailles nach dem Waffenstillstand des Vorjahres das Ende des Krieges. Aber die Schuld ist dem Deutschen Reich und seinen Verbündeten zugewiesen worden, was weitreichende Auswirkungen hat. Körperlich und psychisch versehrte Soldaten werden aus der Armee entlassen und kehren in Massen nach Wien und in die weitere Heimat zurück. Diese jungen Männer machen auch August Wärndorfer große Sorgen. Sie haben den Krieg verloren, haben mitansehen müssen, wie ihre Freunde und Kameraden starben, und sie haben kein Geld. Er versucht, ihnen zu helfen, und engagiert sich in der *Quaker Aid Mission*, die eine Dependance in Wien hat.

Von Wiederaufbau und Neubeginn ist nach dem Krieg lange noch nichts zu erkennen. Im Gegenteil. In der Stadt herrscht nach einer katastrophalen Missernte und fehlenden Lebensmitteltransporten ein fürchterlicher Mangel. Es gibt bald keine Kohle mehr zum Heizen, und auch sonst fehlt es an allen Rohstoffen für ein gesundes Leben. Die meisten Schulkinder gelten als unterernährt, viele Menschen sterben an Tuberkulose und der Spanischen Grippe.

Ganz anders Laura, die trotz der Verluste, die auch die Familie Wärndorfer verzeichnen musste, in einer privilegierten Situation lebt. Zusammen mit ihren Geschwistern und der Mutter verbringt sie den Jahreswechsel 1919/1920 in England. *Während der Überquerung des Ärmelkanals 1919 saß ich innerhalb des pelzgefütterten Capes, auf dem Schoß des englischen Offiziers, der meine*

Mutter und ihre Kinder nach England begleitete, und ich erinnere mich an das Gefühl des Wohlbehagens. Wie weit weg für sie das Leid ihrer Altersgenossen in Wien zu dieser Zeit war, zeigt sich auch darin, dass sie den Aufenthalt in England lediglich mit den Worten begründet, dass *die Ernährung von Kindern in Österreich in der Nachkriegszeit schwierig war.*

Für mich ist kaum vorstellbar, dass Laura und ihre Geschwister in diesen Jahren so abgeschirmt von den Folgen des Ersten Weltkriegs lebten. Dass Lauras Kindheitserinnerungen keinen Funken Kriegsahnung enthalten, mag daran liegen, dass sie zu Kriegsende erst vier Jahre alt war. Aber bei genauem Lesen von Lauras Texten entsteht zwischen den Zeilen eine weitere Vermutung. Darüber, was ihr Vater in der Nachkriegszeit tat, schreibt Laura, sie habe das *sicher nie gewusst.* Es ist jene sonst untypische Vehemenz, dieses *sicher* und das *nie,* woraus mir der Eindruck entsteht, dass Laura entweder das Gefühl hatte, dass sie es eigentlich hätte wissen müssen, und sich daraus einen Vorwurf macht, oder dass sich darin zum ersten Mal etwas zeigt, das ihre ganze Generation geprägt hat: der Schutzmechanismus des Verdrängens.

MANIEREN UND VERDRÄNGUNG
August

Verdrängen ist so ein gewaltiges Wort. Es ist wirklich fast schon gewalttätig. Aber die Gewalt der Verdrängung bekommen wir jeden Tag in abgesplitterter Form zu spüren. Auch wenn es viele Menschen gibt, die der Meinung sind, dass Verdrängen als Überlebensstrategie notwendig ist, macht diese vermeintliche Notwendigkeit doch auch krank. Zu der Zeit, als Laura noch ein Kind war und Ludwig schon ein junger Mann, schrieb Hugo von Hofmannsthal 1921 ein Theaterstück, das vielleicht mit der Familie Wärndorfer/Zirner-Zwieback einiges zu tun hat, es heißt: *Der Schwierige.*

Laura und Ella waren mit Sicherheit starke Frauen. Auch bei Hofmannsthal gibt es eine starke Frau, sie heißt Helene. In dem Stück formuliert sie etwas, das vielleicht ein wenig Verständnis für das »Gesellschaftliche« im Leben von Ella und Laura bringen kann; für die Bälle, die Salons, die Begeisterung für den Wiener Eislaufverein, das »gesellschaftliche« Tun und Treiben eben und auch ihren Drang, sich über das gemeine Volk zu erheben. Ella und Laura fühlten sich der High Society zugehörig. Nicht zuletzt das Großbürgerliche war es, was ihnen gefiel.

»Die Ungeschicklichkeit, die ihn so liebenswürdig macht, der timide Hochmuth, seine Herablassung, freilich ist alles ein Versteckspiel, freilich lässt er sich mit plumpen Händen nicht fassen – die Eitelkeit erstarrt ihn ja nicht, durch die alle andern steif und hölzern werden – die Vernunft erniedrigt ihn ja nicht, die aus den Meisten so etwas Gewöhnliches macht – er gehört nur sich selbst.«

Wenn ich an meinen Vater Ludwig denke, sind die Worte der

Helene in dem Stück so treffend, dass ich mir wünschen würde, ich hätte sie über meinen Vater geschrieben. Ich habe meinen Vater als sehr höflichen Menschen in Erinnerung. Er hat in Amerika Frauen zum Schmelzen gebracht, weil er ihnen in alter Wiener Gewohnheit die Hand küsste. Er hat der Mutter von Freunden von mir, die netterweise zwei Tage auf mich aufgepasst hatte, mit einem Handkuss gedankt. Er hat meiner Kindergärtnerin während eines Festumzugs mitten auf der Straße die Hand geküsst, einfach aus Begeisterung, dass sein Sohn ihren Kindergarten besuchen darf. Die umstehenden Eltern und Verwandten empfanden das als höchst fragwürdig, doch er hat das einfach gemacht. Heute mag das künstlich wirken, aber mein Vater hat nicht darüber nachgedacht. Er war eben ein höflicher Mensch.

Das Pochen auf Einmaligkeit, auf Individualität, auf das Besondere eines jeden Menschen und die Wertschätzung des »Schwierig«-Seins sind möglicherweise auch durch das Aufkommen des Nationalsozialismus verletzt worden. Das Wort *schwierig* ist in Verruf gekommen, dabei heißt es doch nur kompliziert, und kompliziert sind wir doch hoffentlich alle.

Helene sagt über die Motive ihrer eigenen Höflichkeit und das ihr vorgehaltene artige Benehmen: »Ich bin nicht artig: Ich spür' nur, was in den Leuten vorgeht, und das belästigt mich – und da reagier' ich dagegen mit *égards**, die ich für die Leute hab. Meine Manieren sind nur eine Art von Nervosität, mir die Leute vom Hals zu halten.« Möglicherweise ist es genau diese Art von Benehmen, von Höflichkeit und Wohlerzogenheit, die es unseren Eltern und Großeltern schwer machte, offensiv auf die sich anbahnende historische Katastrophe rechtzeitig zu reagieren, und die sie letztlich ins Verdrängen stürzte.

---

* Deutsch: Rücksicht

UNVERORTET ODER IMMER IM EXIL

Ana

Schon in ihrer frühen Kindheit entsteht ein weiteres wichtiges Vorzeichen in der Partitur von Lauras Geschichte: der eindeutig transnationale Lebensstil einer Reisenden. Darin setzt sie gleichzeitig einen Weg fort, den schon ihre Vorfahren, zuletzt ihre Mutter mit dem Weg von England nach Österreich, beschritten hatten. Auch wenn nach dem Ersten Weltkrieg nicht die jüdischen Vorfahren der Grund sind, Österreich zu verlassen, so beginnt hier in ihrem Leben doch das, was im jüdischen Kontext später als Diaspora zusammengefasst wird. Neben der durchaus positiven und aufregenden Weltgewandtheit bedeutet dieser Lebensstil auch eine immer wiederkehrende Entwurzelung, eine stete Unruhe. Wenn dieses Leben in Transit nicht gar Heimatlosigkeit ist, so bedeutet es zumindest eine konstante Sonderstellung.

Zuerst widerfährt Laura diese Sonderstellung durch ihre Sprache. Als Kinder einer Engländerin in Wien, erzogen von ebenfalls englischsprachigen Nannys, ist das Deutsch der Wärndorferkinder nicht akzentfrei. Das führt beispielsweise dazu, dass sie für die erste Klasse an der Schule in Wien nicht aufgenommen werden. In ihrer Zeit in England hingegen gibt es Probleme, weil sie einen deutschen Namen haben.

Ich finde einen Aufsatz mit dem Titel *Foreign Canadians*, den Laura Anfang der Vierzigerjahre nach ihrer Flucht aus Wien in Toronto geschrieben hat. *Sehr vage erinnere ich mich daran, dass meine Eltern zueinander sagten »vielleicht ist es so am besten«. Wir hatten in der Schule in Wien Schwierigkeiten gehabt, weil unser Deutsch nicht als perfekt anerkannt wurde, nur weil wir*

einen leichten englischen Akzent hatten. Wir wurden während des
Kriegs geboren und unternahmen in den Sommerferien des Jahres
1923 eine weitere Reise nach England. Uns war bewusst, dass wir
anders waren als unsere kleinen englischen Cousinen und Cou-
sins, wie wir eben auch in Wien anders waren als unsere Spielka-
meraden. Aber als man uns sagte, dass wir am Strand in South-
borne alleine spielen sollten, haben wir nicht verstanden warum.
Natürlich wollten manche der Eltern nicht, dass sich ihre Kinder
mit kleinen Kreaturen aus dem Ausland vermischten. Als wir in
Wien älter wurden, fanden wir es spannend, halb halb zu sein, die
Kinder eines österreichischen Vaters und einer englischen Mutter.

Die Frage nach dieser Unverortetheit meiner Familie beschäftigt mich auch persönlich, weil ich mich fragen muss, inwiefern
sie – zumindest an manche Nachfahren – vererbt wird. Ohne
traumatische Gründe oder Ereignisse als Auslöser in meinem
Leben vorweisen zu können, habe ich selbst nie die Verwurze-
lung oder Heimatverbundenheit empfunden, die ich von vielen
meiner Freunde, gerade aus meiner oberbayerischen Umgebung,
gut kenne. Als Schulkind habe ich mich bei Klassenfahrten oder
Sommeraufenthalten über die Kinder gewundert, die vor Heimweh weinen mussten. »Heimweh« – das war damals für mich
der Inbegriff eines Mangels in meinen eigenen Gefühlen. Später habe ich verstanden, dass an dieser Stelle in meinem Leben
schon früh etwas anderes stand, das ich vereinfacht mit »Fern-
weh« beschreiben kann. Ich meine damit aber nicht nur die
romantische Sehnsucht nach dem Reisen in der Freizeit. Vielmehr ist es bei mir ein Gefühl, nicht bleiben zu wollen oder gar
zu können. Es macht mich zu einem ungeduldigen Menschen
und hat schon bis heute zu einem Leben mit vielen, teils internationalen Umzügen geführt. Von klein auf war da außerdem
ein starkes Gefühl, nicht ganz hineinzupassen in eine Region,
eine Kultur, ein Land. Diesen Zustand von außen bestätigt zu
bekommen, kenne ich nur zu gut. Bei mir ist der Radius dieses
Sich-fremd-Fühlens mit den Jahren größer geworden. Als Kind
war es zunächst das Anders-Sein als Tochter von Schauspielern. Die Eltern der anderen Kinder hatten »normale« Berufe,

die nicht dazu führten, dass man sie im Fernsehen, Kino oder auf Theaterbühnen sah. Als Jugendliche war es das Anders-Sein als Waldorfschülerin und als Intellektuellenkind auf dem Land. Die anderen Jugendlichen waren beispielsweise in Sportvereinen fest verankert, ich sehnte mich nach dem »echten Leben«, das es in meiner damaligen Vorstellung nur in der Großstadt geben konnte. Als ich in München wohnte, wollte ich nach Berlin, als ich in Berlin lebte, zog es mich nach New York. Als ich in meinem Leben dort angekommen war, begann ich, mich nach Deutschland zu sehnen, und kaum war ich wieder dort, wollte ich erneut weiterreisen.

Und so komme ich immer wieder zurück zu der Frage, die man mir bei Bedarf als anmaßend ankreiden möge: Ist die Diaspora, die doch im Altgriechischen einfach *Zerstreuung* oder *Verstreutheit* bedeutet, vielleicht sogar ein genetisches Element in Familiengeschichten? Ist sie ein Aspekt, der sich in meinem Leben deshalb in einer, freilich der Zeit gemäßen Form Bahn brechen muss?

SCHULZEIT

Ana

Ich erinnere mich an meine Kindheit in der großen Wiener Wohnung – jedes Zimmer mit Antiquitäten möbliert und dekoriert –, die reich dotierte Wärme unserer Umgebung. Die Elegance, der Wohlstand, die tatsächlichen Mittel zum Leben verschwanden im Zusammenbruch der Nachkriegszeit. Von Jahr zu Jahr wurden die Kunstschätze weniger – ein Stück nach dem anderen wurde verkauft, die Wohnung wurde kleiner.

Lauras Vater hatte aufgrund seines Erbes immer Geld gehabt und nie arbeiten müssen. Im Sinne einer Berufslehre oder eines Studiums hatte er keine Bildung, die ihn darauf vorbereitet hätte, Geld verdienen zu müssen. Als August Wärndorfer in den Zwanzigerjahren immer mehr seiner Güter verkaufen muss, ist er schon über sechzig Jahre alt.

Die Gründe für den Verlust des Familienvermögens liegen nicht nur in der Nachkriegsdepression und den Folgen der Wirtschaftskrise. Es sind auch die horrenden Schulden, die August Wärndorfers Bruder Fritz durch sein großzügiges Mäzenatentum der Jugendstilbewegung und Mitbegründer der Wiener Werkstätte angehäuft hat und die seit Jahren zurückgezahlt werden müssen. Laura erinnert sich mit großem Mitgefühl: *Für die Schmerzen, die mein Vater erlitten, für die Erniedrigung, die er gefühlt haben muss, möchte ich ihn noch heute mit Trost und voll Dankbarkeit umarmen.*

Während ich in meiner Recherche mehr und mehr über die Nöte der normalen Bürger in der entbehrungsreichen Nachkriegszeit lerne, wird mir noch deutlicher bewusst, dass es bei Familie Wärndorfer nie im materiellen Sinne existenziell geworden ist. Ihre Situation war eher deshalb verzweifelt, weil sie mangels Erfahrung kaum wussten, wie man ein einfacheres Leben lebt.

Auch wenn von dem materiellen Reichtum des Vaters in Lauras Schulzeit schon fast nichts mehr besteht, seiner Tochter erscheint er weiterhin nobel. *Um meinen Vater strahlte unverwüstliche Patina*, schreibt sie. Nach wie vor legt er viel Wert auf seine äußere Erscheinung und trägt die eleganten Kleider, auch wenn sie schon abgewetzt sind, mit Würde. Laura erinnert sich genau, wie ihr Vater das tägliche Ritual der Einrichtung seiner Taschen zelebriert: *In der Außentasche des Sakkos das Taschentuch, und innen die Brieftasche; in der Hosentasche trug er ein beträchtliches Taschenmesser, mit verschiedenem Werkzeug versehen; im Gilet die Uhr mit Kette, einen goldenen Zahnstocher im Elfenbeinetui, eine abgerundete Schere und eine Lupe; das Monokel, welches an einer schwarzen Schnur um seinen Hals hing, steckte auch in seiner Tasche, falls er es nicht im Auge trug.*

Mich rührt dieses Ritual, und ich finde es in seiner Sehnsucht nach Stabilität sehr nachvollziehbar. Aber für mich spricht daraus die Verdrängung des tatsächlichen Verlusts seines Vermögens: Anhand dieser Rituale hält sich mein Urgroßvater möglicherweise an der guten Vergangenheit fest. Glücklicherweise ist Lauras Mutter Connie – vorher von Bediensteten umsorgt – hier pragmatischer. *Sie war absolut kein Snob – ich glaube, dass sie den Begriff gar nicht kannte*, erinnert sich Laura, und so kann ich mir gut vorstellen, wie sie spart, kocht, putzt, näht und pflegt. Glücklicherweise gibt es zudem Unterstützung von der Familie aus England. In den Jahren nach dem Krieg wartet die Mutter zu Weihnachten sorgenvoll auf den Briefträger, da sie hofft, dass dieser die Geldüberweisung aus England bringen würde, die sie braucht, um der Familie ein Fest zu bereiten.

Ich komme nicht umhin zu denken: »Na ja, immerhin konnte sie noch einkaufen, immerhin gab es ein Weihnachtsfest.« Aber das Empfinden von Verlust, Armut und Not ist wohl subjektiv, und so will ich mich bemühen, hier nicht zu werten.

Während die Mutter also mit ihren alten englischen Ledertaschen zur Großmarkthalle läuft, um günstiger einzukaufen, gehen Laura und ihre Geschwister zur Schule. Allerdings nicht in eine öffentliche, dafür ist schließlich ihr Deutsch angeblich nicht gut genug. So werden sie das erste Schuljahr mit ihrem Bruder zusammen zu Hause von einem Privatlehrer unterrichtet, der sich bemüht, den Wärndorferkindern ihren Akzent abzugewöhnen. Am Jahresende müssen sie in der evangelischen Schule am Karlsplatz in Wien eine Prüfung ablegen, was natürlich jeweils mit großer Aufregung verbunden ist.

Ich erinnere mich an das Gefühl peinlichster Unzulänglichkeit, als meine Ungeschicklichkeit in der Lösung meiner Aufgabe meinen Eltern berichtet wurde, schreibt Laura, darauf folgen vier Zeilen akribisch überkringelte Buchstaben. Ich fühle mich davon herausgefordert. Obwohl ich einen Funken schlechten Gewissens empfinde, mache ich mich mit detektivischer Akribie, mit Bleistift, Haftnotizen und sogar mit einer Lupe an die Arbeit. Ich durchleuchte die Seite mit meiner Schreibtischlampe und entziffere Buchstabe für Buchstabe, Wort für Wort, was Laura hier geschrieben hat, bevor sie es doch geheim halten wollte oder als für ihre Enkel ungeeignet befand.

Ich hätte eine behängte Wäscheleine zeichnen sollen, was mir nicht gelungen ist. Damals hat wohl niemand bedacht, dass ich, als Stadtkind, noch nie eine Wäscheleine gesehen hatte.

Ich muss grinsen. Mich amüsiert es, dass Laura dem Unkenntlichmachen dieser Information so viel Gekringel gewidmet hat. Warum sollten wir das nicht wissen? Weil es zu viel über ihren privilegierten Lebensstandard aussagt, der ihr plötzlich unangenehm ist? Ist ihr wirklich nicht bewusst, dass dieser ohnehin aus ihrem Text spricht? Und warum sollte man als Stadtkind denn keine Wäscheleine kennen? Zeigt sich darin möglicherweise Lauras Unverständnis für jede normaler situierte Familie? Und dass für Laura der Wohlstand ihrer eigenen Kindheit so selbstverständlich war, dass sie sich gar nicht vorstellen konnte, wie es anders gewesen wäre?

Eine spätere Textstelle in ihrem Buch lässt noch eine weitere Interpretation zu. Laura beschreibt darin das luxuriöse Puppenhaus mit den antiken Möbeln, das ihre Schwester und sie besaßen. Sie genossen diesen Luxus aber nicht, vielmehr sehnten sie sich nach den Spielsachen, die sie sich bei *gewöhnlichen Kindern* vorstellten. *Solche die nicht so wie wir, unter der Anleitung der Mutter, die Haare vom Hausfriseur geschnitten bekamen.* Vielleicht also war ihr der Wohlstand schon als Kind unangenehm, und sie wollte diese Unterschiede zu anderen Kindern mit der Erzählung der Wäscheleine einfach nicht in der Vorstellung ihrer Enkel manifestieren.

Okay, genug. Ich werte schon wieder. Und vermutlich überinterpretiere ich auch. Ich komme eben doch nicht umhin, meine Großmutter kritisch zu hinterfragen. Aber vielleicht ist das ja gar nicht so schlecht, denn wer will schon eine unreflektierte Hymne auf die unbekannte Großmutter hören, das wäre sicher bald zum Gähnen. Außerdem ist es doch nur natürlich, dass man sich innerhalb einer Familie kritisiert, warum sollte man da bei den Vorangegangenen eine Ausnahme machen?

Ich blättere weiter durch das Buch und erfahre, dass Laura für die zweite und dritte Klasse der Volksschule zunächst die Privatschule Gunesch besuchte und erst dann in die öffentliche Schule in der Hegelgasse eingeschult wurde, wo ihre Begeisterung für das Geschichtenschreiben und Illustrieren ihren Anfang nahm.

ONKEL FRITZ

Ana

Schon früh zeigte Laura einen Hang zu allem Künstlerischen, sie liebte es, zu malen, und begeisterte sich für klare Muster und eindrückliche Formen. Sie begann sich in dieser Zeit auch für die Werke der Wiener Werkstätte zu begeistern: *Die Bilder ihres Schaffens erschienen mir grandios und frisch und inspiriert und unübertroffen.* Woher diese Vorliebe kam, ist leicht zu ermitteln, schließlich war Fritz Wärndorfer ihr Onkel.

Der 1868 geborene kleine Bruder von Lauras Vater August heiratete wie dieser zunächst standesgemäß, aber lieblos und trennte sich später nicht nur von der Frau, sondern auch von den Lasten seiner bürgerlichen Erbschaft.

Fritz ging zur Zeit der Jahrhundertwende ganz in der Wiener Künstlerszene, namentlich in der Wiener Secession auf. Gustav Klimt gehörte zu seinem Freundeskreis, in dem er vor allem als großzügiger Mäzen der Szene auftrat. Gemeinsam mit dem Grafiker Kolo Moser und dem Architekten Josef Hoffmann gründete er 1903 die Wiener Werkstätte, und er gehörte zu den bedeutendsten Kunstförderern der Zeit. Er selbst blieb dabei mehr ein Anhänger denn ein aktiver Künstler, was er 1902 in einem Brief an Hoffmann selbst sehr direkt zusammenfasst: »Ich komme mir vor, wie ein an eurem Fett gemästetes Schwein. Macht aber nix.«

Onkel Fritz' Gabe, originäre Werke zu entdecken, war wirklich bemerkenswert. Es ist anzunehmen, dass er dies von seiner Mutter lernte, die in Wien auch als »die Frau, die Ibsen mag« bekannt war, und deren Haar, *wenn offen, bis zum Boden fiel.*

Als ich die Hintergründe zur Wiener Werkstätte recherchiere, stoße ich auf Überraschendes: Auf Wikipedia wird Fritz Wärn-

Ex Libris meines Urgroßonkels Fritz Wärndorfer

dorfer als »Industrieller« bezeichnet. Das hätte ihm sicher missfallen, denke ich. Dann blättere ich eine Seite weiter in Lauras Buch und lese die Worte: ... *was hätte meine Großmutter gesagt, wenn sie heute in all den Berichten über die Wiener Werkstätte die Behauptung lesen müsste, dass Fritz Wärndorfer ein Bankier gewesen ist?* Ich schlucke. Ja, was hätte *meine* Großmutter gedacht, wenn sie wüsste, dass ihr bewunderter Onkel heute als Industrieller bezeichnet wird? Es berührt mich, dass Laura und ich, zwei Generationen voneinander entfernt, denselben Gedanken teilen.

Wien, vor dem Kriegsbeginn 1914 noch fest in der Hand der Habsburger Monarchie, war eine Weltstadt mit kultureller und wissenschaftlicher Bedeutung. Das aufstrebende gebildete und vermögende Bürgertum gefiel sich im Mäzenatentum. Es war die Zeit des Liberalismus, in der das kosmopolitisch erzogene jüdische Bürgertum als tragende Säule der Hochkultur galt. Es ging nicht um den Gewinn oder Erfolg des Mäzens selbst, wie man das heute aus dem Bereich der Kulturförderung kennt, vielmehr stand die Idee oder die Person im Zentrum der Absicht, der es galt, mit finanzieller oder materieller Unterstützung zum Durchbruch zu verhelfen.

Es ist anzunehmen, dass Fritz Wärndorfer viele, teils bedeutende Zeichnungen und Bilder von Gustav Klimt besaß, so die berühmte *Pallas Athene* und auch einige der kontroverseren Arbeiten des Künstlers, wie *Die Hoffnung*, welche das Profil einer schwangeren jungen Frau zeigt. Fritz' Sammlung, die 1905 noch als »Schubladen voller Zeichnungen, Entwürfe und andere Dokumente verschiedener Künstler«* bezeichnet wurde, ist verloren gegangen.

Es war die Mutter, selbst eine energische Verehrerin der Moderne, die ihren erstgeborenen Sohn, den älteren Bruder von Fritz, Lauras Vater, dazu anhielt, die Baumwollspinnereien der Familie zu verkaufen, um die Schulden des Bruders zu begleichen. Dieser war vor diesen Schulden 1913 oder 1914 in die USA geflohen, oder – wie es an anderer Stelle heißt – wurde von seiner Familie dorthin abgeschoben. August Wärndorfer musste die Direktion der letzten verbliebenen Baumwollspinnerei in Günselsdorf übernehmen. Auch das tat er, wenngleich es seinen eigenen Vorstellungen von einem guten Leben keineswegs entsprach.

Laura lernte ihren Onkel Fritz nie persönlich kennen. Er war schon vor ihrer Geburt emigriert und starb 1939 in Pennsylvania. Laura kam aber erst 1941 von Kanada in die USA. Fritz spielte trotzdem eine prägende Rolle in Lauras Leben, die stets eine große Bewunderung für die Werke der Wiener Werkstätte empfand. *Die Bilder ihres Schaffens erschienen mir grandios und frisch und inspiriert und unübertroffen.*

Eine Zeit lang glaubte ich, dass Laura selbst aktiv in der Wiener Werkstätte mitgearbeitet hat. Ich dachte, dass sie dort auch den Anhänger einer Halskette entworfen hatte, den ich heute sehr gerne trage. Auch wenn für mich insbesondere zählt, dass meine Großmutter Laura diese Kette getragen hat, war ich enttäuscht, als mein Vater mir vor einigen Jahren erzählte, dass die Kette von einer bekannten Schmuckschmiede aus New York stammt. Inzwischen ist mir natürlich klar, dass die Wiener

---

* Aus dem Magazin *Alte und Moderne Kunst* 1981, Heft 177

Werkstätte lange vor Lauras Zeit aktiv gewesen ist und spätestens 1932 schon als bankrott galt. Da war Laura gerade einmal siebzehn Jahre alt.

Mir selbst gefallen nur wenige der Objekte, die von der Wiener Werkstätte hergestellt wurden. Besonders das Geschirr, die Vasen und kleinen Skulpturen aus glänzendem Glas finde ich hässlich und kitschig und stehe darin wohl eher dem Geschmack meines Urgroßvaters nahe.

Es bleibt die Tatsache, dass die Förderung der Kunst und die Gründung der Wiener Werkstätte durch meinen Urgroßonkel Fritz maßgeblich zum Bankrott meiner Familie aufseiten der Wärndorfers beigetragen haben. Natürlich spielten auch die Wirtschaftskrise und die Inflation eine Rolle. Aber ich hatte bisher immer geglaubt, dass es die Nazis gewesen wären, die sie enteignet hätten.

Mir kommt ein erleichternder Gedanke: Wenn Fritz nicht all das Familienvermögen in die Wiener Werkstätte und andere kulturelle Einrichtungen in Wien gesteckt hätte, dann wäre ihr Vermögen früher oder später doch bei den Nazis gelandet. Dann lieber die Kunst. Denn von der ist heute noch viel da in Wien. Und einige der Institutionen, die jetzt aus öffentlicher Hand verwaltet werden, hätten ohne das finanzielle Engagement jüdischer Privatiers, wie meines Großonkels, damals überhaupt nicht gegründet werden können.

Heute kann man die jüdischen Namen von Spendern insbesondere in den Katalogen US-amerikanischer Kunstmuseen finden. Denn mein Urgroßonkel Fritz war nicht der Einzige, der sein selbstloses Gönnertum und sein ehrliches Interesse an der zeitgenössischen Kunst mit ins Exil genommen hat. Diese Einstellung zur selbstlosen Förderung von Kunst, an deren Stelle in Europa heute ein mangelhaftes Förderungssystem steht, ist ein Verlust, an den wir im Kontext der Shoah wohl eher selten denken.

UNIKUM
Ana

Die Algen müssen richtig im Wasser wogen, findet Laura, während sie in großzügigen Schwüngen den grünen Buntstift über das Papier zieht. Sie hört das gedämpfte Rauschen einer Welle, und das Geräusch jagt ihr einen kleinen Schauer über den Rücken. Den Boden der Unterwasserlandschaft, die sie heute malen sollen, hat Laura schon mit dem obligatorischen Sand ausgestattet, mit dem auch alle anderen Mädchen um sie herum das Bild angefangen haben. Auf dem Blatt vor ihr klammert sich ein knallroter Seestern an einen schwarzen Felsen. So einer, wie sie ihn in der Sammlung von Onkel Horace in England gesehen hat. Dort stehen im Regal in seinem Kontor alle möglichen Unterwasserkuriositäten, die er von seiner Zeit als Gouverneur und Oberbefehlshaber von Trinidad mit nach Hause gebracht hat. Laura versucht, sich zu erinnern, was da noch war. Genau! Ein stacheliger Kugelfisch darf nicht fehlen, und Laura wählt für ihn ein düsteres Olivgrün, lässt sein Maul weit offen stehen und schenkt ihm noch ein paar scharfe Zähne. Hatte der getrocknete Kugelfisch bei Onkel Horace Zähne? Egal. Gruselig und düster soll er sein, so wie Onkel Horaces Geschichten aus den fernen Ländern. Das ist die Hauptsache. Laura macht eine Pause und betrachtet ihr Werk, während eine weitere Welle ihre Unterwasserlandschaft und direkt darauf ihren Rücken streift und die kleinen Haare in ihrem Nacken zum Prickeln bringt. Was so eine Welle unter Wasser wohl mit langen Haaren macht? Laura erinnert sich, wie sie im letzten Sommer in England schwimmen war und ihre Haare unter Wasser so wunderschön glatt und seidig aussahen. Sie hatte dann die kleine Schwester Betty damit beauftragt, ihr ein paar Zweige in die Haare zu stecken, so, wie sie sich die Meerjungfrau aus dem Andersen-Märchen vorstellt, das ihnen die Mutter vorgelesen hatte. Als die Mama sie mit den Zweigen im Haar am Strand entdeckt hat, hat sie geschimpft, dass sie sich wieder einmal nicht »*ladylike*« verhalte, obwohl sie doch bei Onkel Horace zu Besuch seien. Onkel Horace hat mal von einer Leiche erzählt, die in Trinidad... Was, wenn sich die Haare einer Frau in so einem Seestern verfangen und dann... Laura zuckt ein bisschen zusammen, aber wohlig ist ihr dabei trotzdem. Eine Leiche. Das ist genau das, was hier fehlt. Eine Wasserleiche. Und nackt soll sie sein. Sie nimmt den rosalichen Stift und fügt eine langhaarige Frau in die Landschaft, die Augen geschlossen, die Lippen blau. Gräulich und wunderhübsch zugleich, findet Laura, und schon hört sie leise ein melodisches Wehklagen zwischen den Algen.

»Wärndorfer!« Laura wird von der lauten Stimme aus dem Wasser gerissen und erschrickt. Die Lehrerin steht direkt hinter ihr und schaut auf ihr Bild. »Du bist ein Unikum!«, ruft sie aus. Es ist, als würde sie damit in Lauras Kopf einbrechen. Alle Mädchen haben sich zu ihr umgedreht, und alle sehen ihre nackte Unterwasserfrau und fangen an zu kichern. Laura legt schnell die Hand auf ihre Wasserleiche. Das gibt bestimmt wieder Ärger. Ein Unikum, ist das etwas Schlimmes? Gibt das eine schlechte Note?

Nach der Stunde will Laura nur noch so schnell wie möglich nach Hause. Papa muss das wissen, ihn kann sie fragen, da ist sie sich sicher. Nur Mama soll lieber erst mal nichts mitbekommen, es könnte sonst sein, dass sie wieder so enttäuscht ist. Als Laura hastig den Ring überquert, hupt ein Auto, und sie erschrickt. So schnell ist sie noch nie die Johannesgasse hinuntergelaufen, und sie nimmt sich nicht einmal die Zeit, beim Wiener Eislauf-Verein anzuhalten, wie sie es sonst immer tut auf dem Heimweg von der Schule. Im steinernen Treppenhaus nimmt sie zwei Stufen auf einmal, und dann öffnet sie leise die schwere Eingangstür der Wohnung. Laura huscht am Salon vorbei, in dem die Mutter sich mit einer Freundin unterhält, und klopft endlich am Ende des

Flurs an die halb geöffnete große Tür. Da sitzt der Papa an seinem geliebten antiken Schreibtisch, wie immer ein Buch in den Händen. Seine langen Finger wollen gerade umblättern, aber er hält mitten in der Bewegung inne und schaut zu ihr. »Papa, kann ich dich was fragen?« Laura ist noch ganz außer Atem. Seine Augen blitzen, er hebt die Augenbrauen und lächelt. »Die Lehrerin hat etwas zu mir gesagt, und ich weiß nicht, ob es etwas Schlimmes ist. Sie hat gesagt, ich bin ein … Unikum.« Da lacht der Papa, laut und herzlich. Warum lacht er? »Mein Mäderl, meine liebe Laura. Ein Unikum, sagt sie? Na, da hat die Lehrerin sicher recht. Aber keine Sorge, das darfst du ruhig als Kompliment auffassen.«

ENDLICH UNFUG
Ana

Zur Aufnahmeprüfung am Gymnasium – es ist das Jahr 1927 –
wiederholt sich die Szene der Einschulung in der Grundschule.
Laura und ihre Schwester Betty werden aufgrund ihres englischen Akzents nicht zugelassen. Erneut werden sie drei Jahre
lang zu Hause unterrichtet und müssen zweimal im Jahr die »Pri-
vatistenprüfung« ablegen. Der Hauslehrer ist streng und erzählt
es der Mutter immer gleich, wenn Laura irgendetwas ausgefres-
sen hat, ihre Kleidung nicht ordentlich trägt oder ihre Hausauf-
gaben nicht sorgfältig gemacht hat. Die Mutter sagt dann seufzend zu ihr: » *When children are little, they step on their mother's
toes, when they are big, they step on their mother's heart.*«* Aber
was meint sie nur damit? Laura versteht zwar, dass sie ihre Mutter offensichtlich verletzt hat, aber das war doch gar nicht ihre
Absicht! Überhaupt fühlt sie sich in dieser Zeit unverstanden
und eingesperrt. Sie leidet unter der ständigen Beobachtung
durch die englische Nanny, die später von einer französischen
Gouvernante abgelöst wird. Nur die Sonntage, die sind eine
willkommene Abwechslung, denn da versammelt die Mutter die
Familie liebevoll um sich im Salon. Der Vater hat dort für seine
Frau einen Kamin nach englischem Muster bauen lassen, und
gerade im Winter ist er zum Herzen der Wohnung geworden,
an dem sich alle wärmen. Im Negligé aus chinesischem Brokat
sitzt Connie dann auf ihrem blauen Fauteuil beim Kamin und
ist so wunderschön, dass Laura sich gar nicht sattsehen kann.

---

* Deutsch: »Wenn Kinder klein sind, treten sie ihrer Mutter auf die
   Zehen, wenn sie groß sind, treten sie ihr aufs Herz.«

Sie liest ihnen Märchen vor, und Betty und Laura lieben es, sich bei den teils schaurigen Geschichten zu gruseln oder sie später in ihrer Vorstellung auszumalen. Ricky macht sich manchmal einen Spaß daraus, die kleinen Schwestern zu ärgern, indem er spätabends in ihr Zimmer schleicht und sie erschreckt, indem er so tut, als sei er eines der bösen Wesen aus den Märchen.

Sonst sitzt Laura am liebsten am Fenster. Von dort aus blickt sie sehnsüchtig auf die Traungasse hinunter, wo andere Mädchen in kleinen Grüppchen durch die Straßen laufen. Die kennen sich alle aus der Schule, in die Laura nicht gehen darf. Und dann kommt auch noch dieser grässliche Friseur, um den Kindern nach genauen Vorschriften der Mutter die Haare zu schneiden. Mehr als einmal steht Laura vor einem solchen Termin mit einer Schere vor dem Spiegel und ist drauf und dran, sich selbst die Haare abzuschneiden, um ihre Mutter zu ärgern. Diesmal aber wirklich! Nach dem ersten wütenden Impuls lässt sie jedoch die Schere sinken und ärgert sich dabei ein bisschen über ihre eigene Inkonsequenz. Doch als sie wieder beim Eislaufen ist und die Haare so lustig durch den Wind fliegen, da ist sie doch froh, dass sie ihre Haare behalten hat.

Endlich, Laura ist dreizehn Jahre alt, kommt die Erlösung: Sie wird am »Gymnasium zur Förderung Christlicher Frauenbildung« angenommen. Auch wenn der Name der Schule anderes vermuten lässt, so bedeutet es für Laura nicht nur den lang ersehnten Austausch mit Gleichaltrigen, sondern auch die Freiheit, sich fern der elterlichen Beobachtung auszuprobieren, ihre Wirkung auf andere zu entdecken und auch dem Reiz des Verbotenen, dem Ungehorsam und allen möglichen Streichen nun ausführlich Zeit und Energie zu schenken. Laura erinnert sich in ihrem Buch: *Für mich war 1928 ein herrliches Jahr, denn ich konnte plötzlich all die möglichen und unmöglichen Spitzbübereien, die man mit gleichgesinnten Jugendlichen unternehmen kann, mit intensivem Einsatz nachholen. Meine arme Mutter wollte die Klagen der Lehrerinnen nicht glauben.*

Den Sommer 1928 verbringt die Familie Wärndorfer in der Steiermark. Hier, in dem idyllischen Örtchen Murau an der Mur, zwischen bunten Blumen, Volksmusik und Kaiserschmarrn, kurz vor ihrem vierzehnten Geburtstag, verliebt sich Laura zum ersten Mal. Der auserwählte Knabe heißt Otto, und er verbringt seine Ferien ebenfalls mit den Eltern dort. So kommt es, dass die zarte Liebe bei den gemeinsamen Spaziergängen der Familien erblüht. Sie gehen nebeneinander, ihre Bäuche sind voller Schmetterlinge, und jedes Mal, wenn Laura seinen Blick auf sich spürt, werden ihre Knie ganz weich. Sie kann sich nicht erklären, was es ist, aber an Einschlafen ist abends ebenso wenig zu denken wie daran, Otto aus ihren Gedanken verschwinden zu lassen. Sie näht für ihn ein Kragenschachterl, und als sie es ihm am Nachmittag bringt, schenkt er ihr ein Körbchen voll Paradeiser. Schweigend stehen sie voreinander, sie wissen nicht, was sie sagen sollen, und sind sogar etwas erleichtert, als der große Bruder von Otto sich über sie lustig macht und sie einen Grund haben, wieder auseinanderzugehen. Doch kaum sieht sie ihn nicht mehr, beherrscht Otto wieder ihre Gedanken, sodass sie auch beim Abendessen mit den Eltern ganz abwesend wirkt und sich dafür wieder bei der Mama entschuldigen muss. Mit dem Finger malt sie seinen Namen auf die Tischplatte. Otto. Otto. Otto.

Den Höhepunkt ihres jugendlichen Liebesglücks erreichen die beiden, als sie beim Trachtenfestzug in Murau als Pärchen gehen dürfen. Ihre kleine Schwester Betty staunt nicht schlecht und sehnt sich selbst danach, einmal so erwachsen zu sein wie die Laura, die in ihrem Dirndl so hübsch aussieht. Doch das Liebesglück ist nicht von Dauer, denn der Sommer neigt sich dem Ende zu, und als die Familien nach Wien zurückgekehrt sind, stellt sich heraus, *dass unsere Familien aus Gründen der Gesellschaftsordnung nicht miteinander verkehren konnten – und ich weinte.*

Ich bin mir fast sicher, dass in diesem Leid der unerfüllten Liebe auch ein kleines bisschen Genuss lag. Aber es ist nicht ganz klar, welche Gesellschaftsordnung hier genau den Umgang verboten hat. Wenn er wirklich Otto hieß – was unwahrscheinlich ist, weil ich mir das ausgedacht habe –, dann war er vielleicht aus einer kaisertreuen Familie, und ein weiterer und womöglich außerhalb des Urlaubs öffentlich sichtbarer Umgang mit den intellektuellen Wärndorfers, denen Adel und Monarchie ein Graus waren, verbot sich naturgemäß. Wahrscheinlicher ist allerdings, dass sich hier schon deutlich der Antisemitismus zeigte, den Laura nicht beim Namen nennt.

Als sich die wirtschaftlich schwierige Lage der Familie Wärndorfer 1929 weiter zuspitzt, müssen die Eltern, denen die Hochschulbildung ihrer Kinder sehr wichtig ist, eine schwere Entscheidung treffen. Sie können das Schulgeld für die privaten Schulen nicht mehr aufbringen und sind gezwungen, Betty, Laura und Ricky aus dem Gymnasium zu nehmen. Sie sollen nun auf die günstigeren Gewerbeschulen gehen, wo sie für einfachere Berufe, in denen sie schneller finanziell auf eigenen Füßen stehen können, ausgebildet werden. Besorgt steht die Mutter im Herbst 1929 am Fenster und wartet darauf, dass Lauras Bruder Ricky von der Reifeprüfung der Technischen Gewerbeschule nach Hause kommt. Sie hat ein kleines Geschenk für ihn, sorgfältig in ein glatt gestrichenes altes Stück Geschenkpapier eingewickelt, das sie ihm zur Feier überreichen will. Als sie hört, dass er durchgefallen ist, nimmt sie ihn tröstend in den Arm. Die Enttäuschung über sein Scheitern ist augenblicklich von Mitgefühl abgelöst worden, denn sie weiß, wie schwer die Umschulung für ihren Sohn ist. Lauras Schwester Betty, die große Begabungen zeigt und für die ein gutes Studium wirklich viel bedeutet hätte, nimmt den Schulwechsel hin und fügt sich, auch wenn die Enttäuschung groß ist, den Umständen. Allein für Laura, die an die Graphische Lehr- und Versuchsanstalt wechselt, ist der Übergang ganz unproblematisch. An ihre gesamte Schulzeit habe sie nicht eine betrübte Erinnerung, schreibt sie. Im Gegenteil: *Ich verlegte einfach meine Lebenslust von einem Institut zum anderen; ich hatte damals weder da noch dort den Trieb mich zu verbessern; ich erwartete, da wie dort, lustige Mitmenschen und, sicherlich unerklärlicherweise, einen persönlichen Erfolg.*

Aber Laura entdeckt in dieser Zeit auch beruflich ihr Talent und ihre Bestimmung. An der Graphischen Lehr- und Versuchsanstalt lernt sie Formen und Techniken für den Ausdruck ihrer starken ästhetischen Überzeugungen. Sie beschäftigt sich mit Kalligrafie und Lithografie, entwirft, zeichnet und druckt, und das mit Erfolg. Obwohl sie offensichtlich weder eine pflegeleichte noch strebsame Schülerin ist, kann sogar die Mutter hin und wieder über Lauras Übermut lachen. *Umso freudiger waren dann ihre und meine Tränen, als ich ihr von meinem Schulabschluss mitteilen konnte, dass ich beide Preisausschreiben gewonnen hatte – zwei erste Preise für Plakatentwürfe.* Und so hat ausgerechnet Laura schon ganz bald ihre ersten bezahlten Jobs, sicherlich sehr zur Erleichterung ihrer besorgten Eltern.

DER LETZTE SCHREI
Ana

Oh, welch eine Befreiung, diese neue Zeit an der Graphischen Lehr- und Versuchsanstalt! Fern der Hauslehrerinnen ist Laura nun sogar der biederen Strenge der Christlichen Mädchenschule im letzten Jahr entkommen. Endlich kann sie all die aufgestauten Sehnsüchte der Jahre daheim befriedigen, endlich ist sie von normalen Mädchen umgeben, die nicht alle aus reichen Elternhäusern kommen. Noch bevor die Glocke das Ende des Schultags verkündet, ist sie in Gedanken draußen und stürmt, fern des kritischen Auges der Mutter, mit den anderen Mädchen durch die Stadt. In ihrer Vorstellung ist sie es dabei immer selbst, die wie eine Bienenkönigin ausfliegt und der die anderen Mädchen im Schwarm folgen.

Lauras Fantasie ist so groß, dass sich alles daraus, kaum hat die Glocke wirklich geläutet, ganz fließend in die Wirklichkeit überträgt. Die anderen Mädchen können der »Neuen« nicht widerstehen und nähern sich ihr zunächst zögerlich, aber doch fasziniert. Laura steht auf dem Pausenhof und kündigt an, sich den letzten Schrei im Maison Zwieback, dem ersten Modekaufhaus der Stadt auf der Kärntner Straße, ansehen zu wollen. Als sei damit nun wirklich alles gesagt, dreht sie sich daraufhin auf dem Absatz um und läuft los. Es ist die Selbstverständlichkeit ihrer Schritte, die alle Mädchen davon überzeugt, dass Laura auch allein, ohne sie zum Kaufhaus gehen wird. Sie sind sich gewiss, sie werden ganz Entscheidendes verpassen, das sie niemals werden aufholen können, wenn sie jetzt nicht mitgehen. Und es gibt nichts Schlimmeres, als auf dem Pausenhof am nächsten Tag nicht mitreden zu können. Keine Zeit, sich über das Für und Wider des Ausflugs abzustimmen. Lauras Schritte sind lang und zielstrebig, und sie verschwindet schon hinter der Ecke des Schulgebäudes.

Laura wird hingegen mit jedem Schritt, den sie sich von der Traube entfernt, unsicherer. Ob ihr die anderen auch wirklich folgen? Umsehen kann sie sich noch nicht, das wäre zu auffällig. Also setzt sie weiterhin – freilich nun etwas langsamer – einen Schritt vor den anderen. Schon, sie wird bis zum Modehaus gehen, aber ob sie sich auch traut, allein hineinzugehen? Sie denkt an die neue Kreation der italienisch-französischen Modeschöpferin Elsa Schiaparelli, die sie in einem Modemagazin entdeckt hat. Die will sie so überaus gerne sehen. Sie wagt einen schnellen Blick über die Schulter und legt erleichtert wieder einen Zacken zu, denn sie sieht den Mädchenschwarm hastig um die Ecke eilen. Laura trägt ihren Kopf jetzt wieder hoch erhoben, und ein Lächeln huscht über ihr Gesicht.

Am Maison Zwieback angekommen, scharen sich die Mädchen, die von dem Lauf durch die Stadt ganz ausgelassen sind, um Laura, die vor dem Schaufenster die ausgestellten Modelle kommentiert. Dann gehen sie zusammen, erfüllt von dem Genuss, etwas leicht Verbotenes, etwas ganz Erwachsenes zu tun, ins Innere des edlen Hauses. In feiner Bewunderung folgen sie Laura, die selbstsicher drinnen über den Stoff eines ausgestellten Mantels streicht, als wolle sie die Qualität überprüfen. Mit ihren kaum fünfzehn Jahren wirkt sie dabei auf die anderen Mädchen schon wie eine Frau, und keine hätte infrage gestellt, dass sie diesen Mantel auch tatsächlich tragen kann. Mit genussvoller Scham denken sie daran, wie ihre Mütter sicher ganz außer sich wären, wenn sie wüssten, wie sie hier die modernen Hosenkleider für Frauen bewundern.

Laura schaut sich die ausgestellten Kleidungsschätze ganz genau an. Besonders die Geometrie der neuen Schnitte gefällt ihr. Großzügig und bequem müssen die Modelle sein, bei denen der an der Schulter geraffte Stoff wirkt, als wäre er direkt am Körper drapiert. Am liebsten würde sie alles anprobieren, stattdessen prägt sie sich die Modelle ganz genau ein, um die Kleider später zu Hause nachzuzeichnen.

WAS HAT LAURA WÄRNDORFER IM MAISON ZWIEBACK WIRKLICH GESUCHT?

August

Der Barhocker von Alvar Aalto, der an der Theke in der Küche des Hauses meiner Kindheit stand, gleich neben dem weißen Wandtelefon, versinnbildlicht wie kaum etwas anderes den Geschmack meiner Mutter. Laura Wärndorfer liebte das Design Alvar Aaltos, der vom Bauhaus-Stil beeinflusst war. Funktion diktiert die Form; das heißt, Geschmücktes oder Verspieltes hat wenig Raum.

Ob Laura tatsächlich jemals die Kleidungsstücke von Elsa Schiaparelli, die sie im Jahr 1930 im Maison Zwieback bewundert hatte, nachgezeichnet hat, weiß ich nicht. Möglicherweise war es aber genau die Kreation von Schiaparelli, die Laura Jahre später in eine ganz andere Stilrichtung trieb. Diese hatte 1936 den Reißverschluss in die Haute Couture eingeführt. Ebenfalls in den 1930er-Jahren machte sie das sogenannte Dianadekolleté gesellschaftsfähig, bei dem eine Schulter entblößt war. Laura hingegen liebte schlichte Abstraktion.

Die Vorstellung, dass Laura im Maison Zwieback die Schaufenster studiert hat (auf Englisch würde man *windowshopping* sagen), gefällt mir. Das Maison Zwieback war kein Kaufhaus für den kleinen Geldbeutel, und Laura und ihre Clique aus der Grafischen Gewerbeschule waren sicher ungewohnte Kundinnen. Wer weiß, ob sich nicht Laura und Ludwig Zirner schon damals kurz über den Weg gelaufen sind. Ludwig wäre vom zweiten Stock kommend, in welchem die Herrenabteilung untergebracht war, die prunkvolle Treppe hinuntergelaufen. Vielleicht wollte er mit einer der Damen aus der Schneiderei flirten, doch dann fiel ihm die dunkelhaarige, sportliche

Laura auf. Leider war sie umgeben von kichernden Mädchen, sodass eine Kontaktaufnahme gänzlich ausgeschlossen war. Vielleicht fanden die den eleganten, höflichen Verkäufer attraktiv, ein interessanter Junggeselle. Und Laura? Fand *sie* den eleganten Verkäufer attraktiv? Falls ein Blickwechsel stattfand, hätte der gesellschaftliche Unterschied am Ende eine Rolle gespielt? Merkte man Ludwig Zirner an, dass er nicht nur Verkäufer, sondern sogar Miteigentümer des Maisons war? Strahlte er den Charme eines großbürgerlichen Kaufhausbesitzers oder die Zerbrechlichkeit eines angehenden Musikers aus? Interessierten ihn Kunstgewerblerinnen von der Graphischen Lehr- und Versuchsanstalt?

Fakt ist, dass zwölf Jahre vergehen mussten, bis meine Eltern sich in New York tatsächlich begegnet sind. Flucht und Vertreibung aus Wien ließen beide »reif« füreinander werden. Ich bin sicher, dass das Heimweh nach Wien einen wichtigen Teil der Anziehung zwischen meinen Eltern ausmachte. Die Sehnsucht nach einer irgendwie gemeinsamen Vergangenheit.

»Ach diese Stadt ist nicht zum Alpenglühen da,
Sondern sie lebt, wie ich, längst in Diaspora.«
Robert Schindel *

---

* Textauszug aus: Robert Schindel, *Ein Feuerchen im Hintennach. Gedichte 1986–1991* © Suhrkamp Verlag Frankfurt am Main 1992. Alle Rechte bei und vorbehalten durch Suhrkamp Verlag Berlin.

IM RAUSCH DER GESCHWINDIGKEIT
Ana

»Ein bisschen Vermännlichung, ein bisschen Schnelligkeitsdusel der Zeit und der neueste Sport, das Damen-Schnelllaufen, ist geschaffen. (...) Das junge Eis ist gebrochen, (...) denn wo im Sport Damen sind, da geht doch alles hin, wenn sie auch zufällig davonrennen.«[*]

Gymnastik und Eislaufen, Sportarten, zu denen ihr Vater Laura und Betty sehr ermutigt, bieten eine willkommene Abwechslung, bei der beide Schwestern große Leidenschaft entwickeln. Während Betty in der Gymnastik glänzt, ist Laura das Eis viel lieber, und auch der Bruder Ricky verbringt seine Freizeit gerne auf Kufen.

Ich besitze nur drei Fotos von Laura aus dieser Zeit und empfinde es als bezeichnend, dass sie auf allen Bildern eislaufend abgebildet ist. Auf einem Bild aus dem Februar 1930 trägt sie noch ein braves Kleid mit weißem Kragen, auf dem Kopf eine kesse Barettmütze, und sie

[*] Aus dem Artikel »Die Dame auf dem Rennschuh« in der Zeitschrift *Die Bühne*, 4. März 1926

zeigt eine elegante einbeinige Pose. Auffällig ist jedoch ihr Ausdruck, denn in ihren blitzenden Augen liegt nicht nur Stolz, sondern auch eine feine Koketterie. Die dürfte daher rühren, dass Lauras eigentliche Leidenschaft auf dem Eis der Geschwindigkeit galt.

In der Zeit zwischen den Weltkriegen führte die gesellschaftliche Modernisierung in der bürgerlichen Schicht zu einer Welle der Emanzipation. Immer mehr Frauen begannen in vorher von Männern dominierten Sportarten Fuß zu fassen. Das galt auch für den Eisschnelllauf, wo es meist Kunstläuferinnen waren, die sich nun von der Lust an der Geschwindigkeit mitreißen ließen. Das erste Rennen, bei dem nur Damen antraten, fand im März 1926 statt, und es kamen über dreitausend Zuschauer und Zuschauerinnen, um die jungen Frauen anzufeuern. Vermutlich war auch Laura unter ihnen, die bis dahin vor allem den beliebten Eiskunstlauf betrieben hatte, vom Wesen her aber sicher gut zu den Rennläuferinnen passte. Jedenfalls meldete die *Allgemeine Sportzeitung* vom 11. März 1927, dass Laura Beata Wärndorfer erfolgreich die Prüfung über die Meisterklasse im Eiskunstlauf abgelegt hat. In den frühen 1930er-Jahren emanzipierten sich die Sportlerinnen auch aus den unbequemen Kunstlaufröcken heraus und demonstrierten mit den modernen Hosen ihren starken Willen zum Leistungssport.

Zu diesen Frauen gehört auch meine Großmutter Laura, und ihre Freude muss enorm sein, als im Winter 1931/1932 endlich eine erste Schnelllauftrainingsgruppe für Mädchen und Frauen gegründet wird. Der Wiener Eislauf-Verein (W. E. V.) liegt nur einen Steinwurf von der Wohnung der Familie in der Traungasse entfernt, und so verbringt Laura fast täglich ihre Nachmittage dort. Lauras Vater, der den Sport liebt, sieht ihr stundenlang beim Trainieren zu. Und Laura ist gut. Bald gehört sie zu den besten Kurvenflitzerinnen im Verein. Wenn sie ganz schnell über die glatte Oberfläche fegt, spürt sie das Blut in ihren Adern pochen, und sie liebt die Gefahr, die in der Geschwindigkeit liegt. Weder ihrem Vater noch Laura selbst geht es dabei primär darum, zu gewinnen. *Vielleicht hätte ich öfter einen Sieg errungen, wenn ihm der Sieg etwas bedeutet hätte,* schreibt sie in ihren Erinnerungen. Aber ihrem Vater geht es bei den Eisschnelllaufrennen lediglich um den »ethischen Genuss« und um Ruhm und Ehre im Sinne der Wettkämpfe im antiken Griechenland. Den professionellen Sport als Beruf lehnt August Wärndorfer ab.

Aber Lauras Ehrgeiz wächst mit ihren Fähigkeiten. Nach dem Foto mit der mädchenhaften Pose zeigen die späteren Bilder eine andere Laura: Mit vier weiteren Eisläuferinnen, darunter ihre Freundin Grete Koronai, steht sie in einer Reihe auf der Schnellbahn des W. E. V. Die Frauen tragen jetzt Hosen und jeweils eine Armbinde und haben die Starthaltung eingenommen. Es ist der Moment unmittelbar vor dem Startschuss, aufgenommen bei der Österreichischen Meisterschaft im Eisschnelllauf am 1. Februar 1932. Sogar aus dem etwas unscharfen Schwarz-Weiß-Bild strahlt mir die Spannung des Moments entgegen. Im Rennen über tausend Meter scheint das Eis Funken zu schlagen, und die Leute am Rand jubeln. Dass die Frauen kaum ein gutes Gefühl in den Füßen haben können, sieht man ihnen nicht an: Zum Eisschnelllauf geeignete Schuhe gibt es für Frauen noch nicht, und so tragen sie bei knapp dreißig Kilometern pro Stunde die zu großen Männerschuhe ihrer Kollegen, die sie mit Socken ausgestopft haben. Das andere Bild ist während dieses Rennens aufgenommen: Laura führt. Aber auf den letzten Metern wird Laura noch überholt. Grete gewinnt, Laura verpasst um 0,3 Sekunden den dritten Platz. Sie jubelt mit Grete. Und beim nächsten Rennen am folgenden Tag nimmt Laura für den zweiten Platz die Silbermedaille mit nach Hause.

Neben vielen weiteren Vermerken über ihre sportlichen Erfolge auf dem Eis finde ich auch eine Eintragung über den *Friedrich Pollak Edler Von Parnegg-Wanderpreis,* den Laura 1932 in Wien gewinnt: tausend Meter in 02:15:20 Minuten. Beim Kostümfest, das der W. E. V. »trotz der traurigen wirtschaftlichen Verhältnisse« im Januar 1932 veranstaltet und bei dem sich »das echt Wienerische der guten Laune und des Frohsinns, der sich nicht unterkriegen lässt«[*], zeigt, macht Laura, kostümiert als »Ronny«, den zweiten Platz, wie das *Neue Wiener Journal* meldet.

Wenngleich ihr Vater im Sinne des altgriechischen Sportethos betont hätte, dass sie dabei »nur« Amateursport betrieben hat, so bin ich, die Enkelin, heute von Stolz darüber erfüllt, dass meine Großmutter in dieser Zeit als Frau Leistungssport betrieben hat. Sie war damit an einem kurzen euphorischen Aufschwung beteiligt, denn der Sport passte nicht in das Frauenbild der Nazis, die immer mehr Kontrolle übernahmen. Sie behaupteten, der Sport würde der Gesundheit der Frauen schaden und wäre unästhetisch. Auch die Familie Wärndorfer musste sich diesem Bild wohl fügen, denn im Mitgliederverzeichnis des Eislauf-Vereins von 1936/37 wird nur noch Ricky geführt. Anscheinend sind sie freiwillig gegangen, bevor sie dazu gezwungen wurden: Nach dem »Anschluss« im März 1938 werden alle Mitglieder, die keinen Ariernachweis erbringen können, aus dem W.E.V. ausgeschlossen. Die Mitgliederzahl des Wiener Eislauf-Vereins reduziert sich damit fast um die Hälfte. Während die besten Eisschnellläuferinnen Österreich in den Dreißigerjahren verlassen, gehören die Wiener Männer im Eisschnelllauf in der NS-Zeit bald der Weltelite an.

Mir hätten freilich keine politischen oder gesellschaftlichen Hindernisse im Weg gestanden, wenn ich als Jugendliche eine Karriere auf dem Eis angestrebt hätte. Habe ich aber nicht. Im Gegenteil. Mit einem zerknirschten Grinsen denke ich an meine Erfahrung auf dem Eis, an die harten Stürze und das Gefühl, unbeholfen und ohne jegliche Kontrolle zu schlittern. Kurz, ich kann überhaupt nicht eislaufen. Was ich allerdings kenne, ist die Lust an der Geschwindigkeit. Auch wenn ich in den letzten Jahren viel ängstlicher geworden bin, erinnere ich mich mit großer Freude daran, wie ich als Teenagerin mit dem Longboard Bergpässe heruntergerast bin und im Winter mit dem Snowboard

---

[*] *Neues Wiener Journal*, Sportblatt, 15. Januar 1932

persönliche Bestzeiten aufstellte. Der Rausch des Adrenalins, dieses Surren in der Luft, der Wind in den Haaren, die Euphorie der Grenzerweiterung. In der Lust an der Gefahr bin ich Laura ganz nah, obwohl sie diese siebzig Jahre vor mir erlebt hat. Auch wenn sie starb, als ich erst ein Jahr alt war, und sie mich doch kaum unmittelbar damit geprägt haben kann, kräftigt sich darin das unweigerliche Band zwischen uns beiden weiter.

STADT OHNE JUDEN
August

Auf Ellas Schreibtisch in ihrem Kontor im Maison Zwieback, zwischen schönen Vasen von Lobmeyer, Zigarettenetuis und silbernen, mit Bonbons gefüllten Dosen, liegt ein Buch. Der Prokurist Ignaz Diener hat es auf den Schreibtisch gelegt, damit sie es zur Kenntnis nimmt. Das Buch trägt den seltsamen Titel *Die Stadt ohne Juden – ein Roman von übermorgen*. Geschrieben wurde es im Jahr 1924 vom durchaus umstrittenen Hugo Bettauer. Ella hat schon von ihm gehört, hält jedoch nicht viel von ihm, schon allein, weil er vom jüdischen zum evangelischen Glauben konvertiert ist, und auch, weil seine journalistische Tätigkeit der Pornografie schlicht zu nahe kommt. Aufklärung ist wichtig, aber bitte mit Eleganz!

Die Stadt ohne Juden – was ist das für ein Titel? Und überhaupt, warum hat Ignaz Diener es hier für sie hingelegt? Ella bemerkt ein Lesezeichen zwischen den Seiten des Buchs und daneben eine kleine Notiz: »Verehrte gnädige Frau, geschätzte Leiterin unseres Hauses, lesen Sie doch bitte Seite 61, Kapitel zwei. Das Kapitel heißt: ›Loden – die große Mode‹.«

Ella liest noch am selben Abend das ganze Buch. Es ist eine Art Zukunftsroman, eben ein *Roman von übermorgen*, wie der Untertitel es nennt. Darin schildert Bettauer, wie sich Wien entwickeln würde, wenn alle Juden auswanderten, zur Auswanderung gezwungen würden. Besonders beeindruckt Ella die Rede, die der Autor dem Bundeskanzlers in den Mund legt:

»Mitbürger, ein ungeheures Werk ist vollendet! Alles das, was in seinem innersten Wesen nicht österreichisch ist, hat die Grenzen unseres kleinen, aber schönen Vaterlandes verlassen! Wir sind nun allein unter uns, eine einzige Familie, wir sind fürderhin auf uns und unsere Eigenart gestellt, mit eigener Kraft werden wir unser gesäubertes Haus frisch bestellen. Wiener und Brüder aus dem ganzen Bundesstaat! Wir feiern heute ein Fest, wie es noch nie gefeiert wurde. Wir werden der ganzen Welt zeigen müssen, dass Österreich auch ohne Juden leben kann, ja, dass wir eben deshalb gesunden, weil wir das Fremde aus unserem Blutkreislauf entfernt haben. Mitbürger, schwört es mir in dieser feierlichen Stunde in die Hand, dass wir alle nicht mehr schwelgend in den Tag hineinleben wollen, sondern arbeiten, arbeiten und nichts als arbeiten, bis uns die Früchte unserer Arbeit erblüht sind.«

Ella legt das Buch einen Moment zur Seite, sie fragt sich, ob sie den Humor des Romans vielleicht nicht richtig versteht. Ist das nur ein zynisches Spiel? Immerhin ist Hugo Bettauer für seine provokante Art bekannt. Aber ist das nicht doch ein zu heißes Spiel mit dem Feuer? Ella kennt natürlich den Wiener Antisemitismus, doch sie hält ihn für eine Spielerei und fühlt sich von ihm gänzlich unbehelligt. Und ihr Erfolg scheint ihr recht zu geben. Doch das von Ignaz Diener eingemerkte Kapitel gefällt ihr ausgesprochen gut, schließlich kommt sie darin vor! Überhaupt ist sie die einzige real existierende Wiener Persönlichkeit, die mit Namen in dem Roman erwähnt wird. Ihr Fehlen im Maison Zwieback wird beklagt. Denn in diesem Wien ohne Juden läuft das Kaufhaus gar nicht gut, ein Herr Habietnik führt es nun, der sich verzweifelt beschwert: »Ich versteh das nicht! Wir haben früher, wie die Juden noch da waren, doch auch eine Menge christliche Käuferinnen gehabt! Wo sind die denn hingekommen?«

Der Prokurist Smetana schlägt vor, in der Hoffnung, ihm eine gute Geschäftsidee zu präsentieren: »Wie wäre es, wenn wir ein paar Fenster mit Lodenstoffen, Lodenröcken und Flanellwäsche füllen würden? Und behaupten, das sei die hohe Pariser Mode?«

Doch Herr Habietnik ist ganz und gar nicht überzeugt: »Flanell und Loden, die große Pariser Mode! Sie, wenn das die Frau Ella Zwieback, die jetzt in Brüssel lebt, erfährt, so glaubt sie, dass wir in Wien alle zusammen verrückt geworden sind!«

Ella freut sich insgeheim, denn immerhin wurde in dem Roman der Stellenwert des Maison Zwieback gewürdigt. Interessant findet Ella auch, dass der Bettauer die Konditorei Zwieback erwähnt. Der scheint sich auszukennen mit ihren Plänen, dem Kaufhaus auch noch ein Caféhaus anzuschließen. Seit mehreren Jahren schon ist sie mit dem berühmten Architekten Friedrich Ohmann dazu im Gespräch. Bettauers Vorstellung, dass daraus eine Stehbierhalle mit heißen Würsten werden soll, findet sie sogar recht komisch.

Ella überlegt, ob sie sich nicht mit ihrem Ehemann Alexander treffen soll. Vielleicht kann sie ihm etwas aus dem Buch vorlesen. Aber abgesehen von geschäftlichen Themen gibt es zur Zeit wenig, worüber sie sprechen. Er ist ein Mann von »kristallklarer Lauterkeit«, wie die Leute sagen. Das Buch ist zu pessimistisch für ihn, und sein humoresker Stil hätte dem Kommerzienrat mit Sicherheit missfallen. Ella hätte jedoch gerne mit jemandem über das Buch gesprochen und seinen Realitätsgehalt diskutiert. Ob andere Familienmitglieder auch so düster in die Zukunft blicken? Ludwig, ihr jüngster Sohn, ist beim Skifahren am Feuerkogel.

Renée, die Tochter, ist frisch verheiratet und verbringt ihre Flitterwochen mit Hugo Erös von Bethlenfalva in Budapest. Und Erich, der Zweitgeborene? Er ist der Belesenste von allen. Bücher sind sein Ein und Alles. Na gut, Bücher und Opium. Wegen seiner Vorliebe für das Rauschmittel ist mit ihm momentan auch nicht viel anzu-

Ludwig Zirner beim Skifahren am Feuerkogel

fangen. Ella fühlt sich plötzlich sehr allein in ihrem Imperium. Doch dann hat sie eine Idee: Aus dem Maison Zwieback, aus dem Hauptsitz für Pariser Mode in Wien, soll ein Kaufhaus für alle werden. Mode soll bezahlbar sein, für jeden und vor allem *jede*! Natürlich ist sie stolz auf ihre Klientel, auf die über fünfzig adeligen Familien, die bei ihr einkaufen, doch das eine schließt das andere doch nicht aus! Ihre Werkstätten müssen umorganisiert werden, sodass sowohl Maßgeschneidertes als auch Stangenware im Kaufhaus erhältlich ist. Das ein oder andere müsste natürlich außer Haus angefertigt werden. Hauptsache, jedermann fühlt sich im Maison Zwieback willkommen. Geschmack ist schließlich keineswegs abhängig von Geld.

Und plötzlich ärgert Ella sich über den Roman, den sie gerade gelesen hat. Natürlich ist es ein skurriles, nahezu absurdes Gedankenspiel, sich Wien ohne Juden vorzustellen, aber warum wird sie als regelrechte Kaufhausbaronin dargestellt? Warum pocht Hugo Bettauer so sehr darauf, dass sie eine *jüdische* Kaufhausbesitzerin ist? Wieso erwähnt er mit keinem Wort, wie außerordentlich und außergewöhnlich es ist, als *Frau* so ein Riesenimperium zu führen? Ist er etwa neidisch auf ihren Erfolg? Klar, Ella ist Jüdin, aber das spielt doch keine Rolle in Bezug auf ihren Erfolg! Wenn sie überhaupt einen Vorteil hat, dann doch den, dass sie einer großbürgerlichen Familie entstammt. Für ihre Familie war Bildung und auch Musikalität immer ein wichtiger Teil des Lebens. Ihr Vater hat sie Klavier studieren lassen, ihre ganze Familie hat sie in ihrer musischen Begabung gefördert, und trotz alledem war Ella bereit, auf eine Laufbahn als Künstlerin, als Pianistin, zu verzichten; aus Liebe zum väterlichen Unternehmen. Ist es ihr Familiensinn, der sie besonders jüdisch macht? Sie hat ihren Vater eben geliebt! Sie hat Verantwortung übernommen! Sie hat ihre Begabung, ihr Talent und ihre Leidenschaft in die Kultivierung eines geschmackvollen Kaufhauses gesteckt. Warum nur ist es so wichtig, dass sie Jüdin ist? Jeder Einzelne, der in ihrem Kaufhaus arbeitet, vom Schneider bis zur Kassiererin, soll sich wohlfühlen. Ihr Herz schlägt eben für das Unternehmen! Doch es ist nicht zu leugnen, dass sie zwei Herzen in ihrer Brust spürt, auch die Musik wird dort immer einen Platz haben. Wie gerne hat sie vor zwei Jahren das Konzert für den Mittelstand gegeben. Monatelang hat sie für das Konzert geprobt. Das Klavierkonzert a-Moll von Edvard Grieg und natürlich Passagen aus der *Notre Dame* von Franz Schmidt, für Klavier gesetzt, hat sie aufgeführt. Ach, Franz Schmidt! Doch jetzt sitzt sie da und ist alleine mit ihren Erinnerungen.

Ella weiß natürlich von den Plänen ihres jüngsten Sohnes Ludwig. Er hat vor, nach dem Abitur am Konservatorium für Musik zu studieren. Ella ist hin- und hergerissen, ob sie die Idee gut findet. Sie kann schwer dagegen argumentieren, hat sie doch selbst dort studiert. Und Ludwig ist begabt. Das weiß Ella, und ganz im Geheimen liebt sie ihren Kuckucksjungen ganz besonders, aber das darf sie auf gar keinen Fall zeigen. Er spielt einfach wunderbar Klavier. Aber Ella muss einen Familienangehörigen in das Geschäftsleben stärker einbauen, und dafür kommt nur ihr Ludi infrage. Er arbeitet bereits regelmäßig nach der Schule als Verkäufer im Kaufhaus, genauso, wie sie es als junge Frau getan hat. Und sie hat beobachtet, dass er geschickt ist und eine höfliche Art im Umgang mit den Kunden hat. Mit großem Geschick verkauft er Herrenaccessoires und Anzüge. Das, was er selbst trägt, ist auch sehr geschmackvoll. Und bei den Frauen kommt er ebenfalls gut an, denn er ist sehr charmant, das muss sie zugeben. Doch was soll sie nun machen mit seinen Plänen zu studieren? Das Unternehmen benötigt seine uneingeschränkte Aufmerksamkeit und Energie. Hinzu kommt, dass sie natürlich weiß, bei wem er studieren möchte, und genau damit kann sie nicht umgehen. Denn Ludwig will bestimmt Klavier und Komposition studieren, und diese Fächer unterrichtet kein anderer als ihr alter Liebhaber Franz Schmidt. Der Mann, mit dem sie so leidenschaftlich und hingebungsvoll vierhändig Klavier gespielt hat. Die Vorstellung, ihren Sohn bei seinem leiblichen Vater studieren zu lassen, freilich ohne dass er selbst davon weiß, findet sie geschmacklos, *degoutant*. Zu viel Nähe soll nicht sein, sie ist ungustiös. Ella weiß, dass Franz Schmidt einzigartig ist in seinem Wissen um den Kontrapunkt und die musikalische Umsetzung von Ideen. Sie weiß, dass er jeden Schüler zum Blühen bringen kann. Ihr eigenes pianistisches Erblühen verdankt sie schließlich auch ihm. Einen besseren Meister kann es für ihren jüngsten Sohn nicht geben. Sie seufzt und blickt aus dem Fenster auf das dunkle Wien. Einerseits wünscht sie Ludwig alles Glück der Welt, andererseits will sie ihn zum Geschäftspartner machen. Ludwig ist fantasievoll, aber diese Fantasie soll er ins Geschäft investieren. Und er sollte dankbar sein, wurde er doch beim vierhändigen Klavierspiel gezeugt! Wer kann das schon von sich behaupten? Eine musikalischere Zeugung gibt es nicht, eine vierhändige Empfängnis... ein Kuckuckskind! Ein Schmidt-Zwieback! Ach, undankbarer Sohn! Doch er weiß ja nichts davon. Plötzlich fühlt sich Ella sehr einsam. Sie muss daran denken, wie sie ihren Ludi als Baby weggegeben hat. Sie überließ ihn damals einer Amme, die ihn stillen sollte. Als sie jedoch erfuhr, dass die Amme schon einmal ein Kind gestillt hatte, entließ sie sie. Ihr Sohn sollte nur Erstlingsmilch trinken. Ella liebt ihre Kinder, fast so sehr wie das väterliche Unternehmen. Aber die Kinder sind alle so seltsam eigenwillig. Entschlossen setzt sich Ella ans Klavier und beginnt zu spielen. Ludwig kann nicht bei Franz Schmid studieren, genau wie sie damals muss er sich auf das Geschäft konzentrieren.

Zwischen den Tönen des Klaviers wandern Ellas Gedanken zurück zu den Worten von Bettauer. Warum nur schreibt jemand einen Roman über eine Stadt ohne Juden? Was will dieser Mann mit einer solchen Zuspitzung der Realität vermitteln? Ist es eine Mahnung, eine Warnung? Kurzerhand verlässt Ella das Klavier und verstaut das Buch im hintersten Winkel ihres Regals.

Ella Zirner, geboren am 12.X.1878.
Ludwig Zirner, "   " 27.II.1907.
Kaerntnerstrasse 15.
W i e n I.

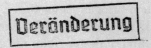

Wien, am 4.Dezember 1938.

An die
Vermoegensverkehrsstelle,
Strauchgasse 1.
W i e n I.

        Gegenueber dem Stande unseres Vermoegens vom 27. April 1938 geben wir weisungsgemaess folgende Veraenderungen bekannt:
        Mit Kaufvertrag vom 10.Juni und 22.Juli 1938 haben wir saemmtliche uns gehoerigen Liegenschaften,bez.Liegenschaftsanteile und zwar die Haeuser Kaerntnerstrasse 11,13,15,und das Haus in der Weihburggasse 4 an die Zentralsparkasse der Gemeinde Wien verkauft.
        Mit Kaufvertrag vom 9.und 18 Augugst 1938 haben wir die uns gehoerige Realitaet in Mauer bei Wien,Hauptstrasse 19, an die Oesterreichische Realitaeten A.G. verkauft.
        Der gesamte Verkaufserloes wurde weisungsgemaess zur Bezahlung der Hypothekarisch sichergestellten Glaeubiger und zur Befriedigung der Waren-Geld-und Wechselglaeubiger der Firma Ludwig Zwieback und Bruder,sowie zur Bezahlung der Reichs- und Gemeindesteuern verwendet.
        Zu diesem Zwecke wurde auf Grund des Genehmigungsbescheides des Staatskommissars in der Privatwirtschaft,Zahl 204.047/38 eine Treuhandstelle errichtet,welche die Auszahlungen an die Glaeubiger vorzunehmen hatte.Uns selbst ist hieraus kein Geld zugeflossen,da durch die Hoehe der vielfaeltigen Verpflichtungen der gesammte Verkaufserloes zur Bezahlung der Glaeubiger verwendet werden musste.
        Die unter kommissarischer Verwaltung stehende Firma Ludwig Zwieback und Bruder wird bis 24.Dezember d.J. liquidiert.
        Nach Bezahlung aller Verbindlichkeiten verbleibt uns ausser der Wohnungseinrichtung kein Vermoegen.-Die Felder in Esslingen bleiben zu Gunsten des Hypothekarglaeubigers L.Schoeffer verpfaendet.

DIE GESCHÄFTSFRAU
August

»*Vous êtes complètement impossible! Tu n'es pas mon fils!*[*] Ich bin entsetzt und sehr verletzt! So ein Benehmen kann ich nicht akzeptieren! Vergiss nicht, dass du mein Angestellter bist. Mein Geschäftspartner und Angestellter. Ich bin deine Chefin. Was bildest du dir eigentlich ein, mich vor versammelter Mannschaft, vor lauter guten, anständigen Menschen zu beschimpfen? Meine Geschäftsvorstellungen infrage zu stellen? Weißt du denn nicht, wie viel Zeit und Arbeit in meinen Ideen stecken? Wo bleibt dein Respekt, deine Höflichkeit? Eine Unverschämtheit! Noch einmal, du bist mein Angestellter! Und mein Sohn, was es nur noch schlimmer macht. Undankbarer Sohn! Was heißt das, unsere Mode ist zu teuer? Was heißt das, ich bin zu extravagant in meinen Vorstellungen? Du meinst also, wir müssen sparsamer einkaufen? So eine ahnungslose, uninspirierte Argumentation. Über Geld reden wir später. Wir sind das Maison Zwieback!«

Der so Beschimpfte – immerhin war er inzwischen nicht nur Angestellter, sondern auch Miteigentümer der Firma – weiß, dass die Suade bald zu Ende gehen wird. Er weiß, dass keine Widerrede helfen würde. Also lässt er alles über sich ergehen und denkt dabei an den bevorstehenden Abend, freut sich auf die Oper, die er dann besuchen wird. *La Bohème.* Er muss stillhalten, er muss warten, bis seine Mutter zu Ende geschimpft hat. Er weiß sowieso schon, wie das Ganze ausgehen wird. Er

---

[*] Deutsch: »Sie sind völlig unmöglich! Du bist nicht mein Sohn!«

wird die Kärntner Straße überqueren und im Blumengeschäft des wunderbar verständnisvollen Fräulein Berta Kammer, der Inhaberin der »Blumenträume«, vierundzwanzig rote langstielige Rosen kaufen. Dann wird er in die Büroetage zurückkehren und sie seiner Mutter bringen; und auf eine Visitenkarte wird er schreiben: »Für meine geliebte Mutter, ich bitte um Vergebung. Höflichst, Ihr Sie verehrender Sohn, Ludwig Ernst … der Ludi.«

Der Streit ist entbrannt, weil Ludwig, der eigentlich für die Herrenbekleidungsabteilung und für Herrenaccessoires zuständig ist, sich in die Damenmode eingemischt hat. Der Grund für diese Einmischung war weniger von modischem Bewusstsein geprägt, sondern eher, weil er weiß, dass die finanzielle Situation des Maison Zwieback »angestrengt« ist. Er kann und will einfach nicht einsehen, dass man nicht mit weniger teuren Stoffen und mit etwas weniger Aufwand die Damenwelt zufriedenstellen kann.

Ludwig liebt schlichte Eleganz, nicht zuletzt deshalb freut er sich so auf den Abend: Er wird sich umziehen, sein weißes Hemd und seinen aus schönem schwerem Pariser Stoff genähten Smoking anziehen, seine Glacèlederhandschuhe nehmen und in die Oper gehen. Anschließend wird er mit Hedy Kiesler soupieren, im »Weißen Rauchfangkehrer«. Hedy ist nach der Oper immer eine sehr willkommene Gesprächspartnerin. Ludwig empfindet ihre intelligenten Gespräche über eine Aufführung jedes Mal als äußerst anregend. Im Weißen Rauchfangkehrer verkehren viele Künstler, mit denen man sich unterhalten kann, nicht zuletzt deshalb begleitet ihn die schöne Schauspielerin, die später als Hedy Lamarr in Hollywood berühmt werden wird, so häufig dorthin. Sie ist noch jung, und die Grenzen der Schauspielerei scheinen ihr nicht wirklich zu genügen. Sie und Ludi mögen sich sehr gerne.

Nachdem sich Ludi von ihr verabschiedet hat, verbringt Ella den Abend über ihren Entwürfen. Sie will ein Kleid für Henny Hiebel entwerfen, die Schauspielerin, die sich La Jana nennt. Es ist eine Herausforderung, ihren Stil zu treffen, aber eine schöne Herausforderung. Am liebsten würde sie mit Fred Adlmüller darüber sprechen. Adlmüller ist ein toller Designer und frei in seinem Blick auf die Geschlechter. La Jana verkörpert ein Frauenbild, das Ella fasziniert. Sie ist begehrenswert, ohne ein Sexobjekt zu sein. Sie besitzt einen herrlichen Körper: knabenhaft gebaut, aber dennoch weiblich, schlanke Hüften, nur eine Andeutung von Busen. Sportlich. Es ist einfach ein Genuss, sie einzukleiden, auch wenn es freilich nicht ganz einfach ist. Figurbetont sollte das Kleid sein, aber wo wäre ein Muster angebracht und was für eines? Jugendstil und ein Hauch japanischer Stickerei vielleicht. Natur und Abstraktion. Feminin und fremdartig. Ella ist mit ihrer Skizze bald fertig und zufrieden. Morgen wird sie den Schnitt, die Stoffwahl und das Strickmuster bei ihrer Schneiderin in Auftrag geben. Als sie an den Werbeslogan denkt, der ihr heute auf dem Plakat eines konkurrierenden Modehauses entgegenprangte, schüttelt sie ärgerlich den Kopf. »Kleider machen Leute«, was für ein entsetzlicher Ausspruch! Wenn dann müsste es doch heißen »Leute machen Kleider«, aber auf solche Diskussionen will sich Ella gar nicht einlassen. Sie ist davon überzeugt, dass das Innere vom Menschen sich im Äußeren widerspiegelt und somit die Kleidung Ausdruck von Individualität ist. Diese Einstellung ist mit einer der Gründe, warum Ella so darauf bedacht ist, dass Kunden kommen und sich beraten lassen und am Entstehungsprozess der für sie geschneiderten Kleidung mitwirken. Maßschneidern heißt für sie »dem Charakter gemäß schneidern«. Wenn sie sich schon auf Stangenware, wie Ludi sie fordert, einlässt, dann möglichst vielfältig und raffiniert. Als Pianistin weiß sie, wie wichtig es ist, dass jeder Ton gehört und gespielt wird, und so sollte auch jeder Schnitt, jede Naht, jede Stoffart zum Klingen gebracht werden. Für Ella ist das »Gewöhnliche«, das »Populistische« schlicht geschmacklos. Ihr Verständnis von sozialem Engagement ist es, jeden Mitmenschen ernst zu nehmen. Ella kennt viel zu viele sogenannte süße Wiener Mädel, einfache junge Frauen, die viel klüger und viel differenzierter die Welt verstehen wollen als so mancher ihrer männlichen Geschäftspartner. Ihre Sympathie gilt der emanzipierten Frau. Der Weg zur Selbstständigkeit einer Frau ist auf vielen Wegen zu erreichen.

Es ist erst einundzwanzig Uhr, zu früh, um ins Bett zu gehen. Seit zwei Jahren ist Ella nun schon Witwe. Früher hätte sie ihren Ehemann Alexander aufgesucht und mit ihm das Tagesgeschehen noch einmal besprochen. Die Ehe wurde vom Respekt getragen, den sie einander gegenüber empfanden, nicht unbedingt von Liebe. Die beiden gemeinsamen Kinder Renée und Erich sind verheiratet und außer Haus. Und Ludwig, den sie durch Franz Schmidt empfing, ist nun ihr Geschäftspartner. Ihr Mann Alexander hatte stoisch akzeptiert, dass Ludwig nicht aus der Ehe stammt. Heute Abend hätte Ella seine Unterstützung bei der Zurechtweisung des Sohnes gut gebrauchen können.

Sie sieht schon ein, dass die Argumente ihres Sohnes, die Finanzen betreffend, nicht ganz unrichtig sind, aber sich davon beeinflussen zu lassen, fand sie uninspiriert. Die Zeit nach dem Ersten Weltkrieg ist nicht die der noblen Geschäftshäuser. Natürlich fehlt es den Leuten an Geld. Doch wer das Leben feiern will, der findet eine Lösung. Lebensart, Lebensstil, guter Geschmack... All das sind Eigenschaften, die auch eine finanzschwache Zeit überleben. Auch der Unsinn des aufkommenden Antisemitismus kann nur etwas Vorübergehendes sein. Die Tatsache, dass die NSDAP in Berlin an die Macht gekommen ist, ist natürlich beunruhigend, aber Deutschland ist fern und die deutsche Denkart ganz und gar fremd in Wien. Fred, zum Beispiel, Fred Adlmüller ist weit entfernt von Antisemitismus, und er ist Deutscher, na ja, immerhin Süddeutscher, Bayer. »Mein Gott«, denkt Ella, »Antisemitismus in Wien ist halt eine unappetitliche, aber harmlose Verspieltheit des Wiener Minderwertigkeitskomplexes. Und den gibt es seit Ewigkeiten. Wenn man tüchtig ist, kann einem nichts passieren. Wenn die Leute Qualität suchen, werden sie immer zu Zwieback kommen. Qualität und Geschmack sind eben stärkere Eigenschaften als dummes, völkisches Gerede.« Schließlich sind ihre Angestellten alle anständige, dem Unternehmen gegenüber treue Leute.

Fred Adlmüller will am Abend vorbeischauen, Ella freut sich

schon auf seinen Besuch. Ein junger begabter angehender Mode-
designer. Warum hat sie nur nicht ihn zum Sohn? Er hat großes
Talent und ist dabei noch wissbegierig. Ein Mensch, der sich ins-
pirieren ließ! Ella liebt es, mit ihm und auch mit den anderen
jungen kaufmännischen Talenten darüber zu sprechen, was es
denn für Eigenschaften sind, die Frauen zu etwas Besonderem
machen. In den Gesprächen darüber, wie eine Frau zu leben hat,
was für eine gesellschaftliche Funktion sie hat und worin ihre
Stärken bestehen, entstehen Ideen, die sich dann in der Damen-
kleidung ausdrücken können, die sie entwerfen. Für derartige
Themen ist Ellas Salon der richtige Ort.

Es klopft an der Tür. Fred Adlmüller tritt herein, verbeugt
sich höflich und sagt:»Verehrte gnädige Frau, darf ich bitten,
unsere heutige Unterredung zu verschieben? Ich habe das Glück,
an diesem Abend Karten für die Oper geschenkt bekommen zu
haben.«

Der Versuch des jungen Bayern, ein bisschen österreichisch
zu klingen, amüsiert Ella.»Na dann viel Vergnügen, Sie werden
dort sicher auch meinem Sohn begegnen.«

»Ja, verehrte gnädige Frau, selbstverständlich. Vielen Dank,
küss die Hände! Apropos, stellen Sie sich vor, Ihr Herr Sohn
hat mir gerade diesen Blumenstrauß übergeben, den ich Ihnen
überreichen soll. Ich bin so frei, darf ich eine Vase organisie-
ren?«

»Lieber Adlmüller, schauen Sie sich einmal um, alle Vasen
sind besetzt. Bringen Sie das Bouquet dem Dienstmädchen
Marianderl, die soll mir die Blumen in mein Schlafzimmer stellen, aufs Nachtkastl neben dem Bett.«

»Das anhängende Kuvert darf ich aber dalassen?«

»Bitte sehr, her damit, merci. Mein Sohn hat vermutlich ein
schlechtes Gewissen, *c'est ca, et bien*. Viel Vergnügen in der Oper,
was wird denn gegeben?«

»*La Bohème*.«

»Na schön, dann viel Vergnügen.«

Die Tür geht zu, und Ella sitzt wieder allein in ihrem Büro,
umgeben von Blumen und schönen Gegenständen, alten Uhren

Ella als ihr eigenes Model

und Gemälden von ihrem geliebten Wilhelm Viktor Krausz. Sie öffnet das kleine Kuvert, das Fred ihr von ihrem Sohn überreicht hat. Dort steht wie erwartet: »*Chère Maman, j'adore* und küsse deine Hände und bitte um Vergebung. Ich werde mich bessern.«

Ella erhebt sich und geht hinüber in den Salon, um ein bisschen an ihrem Bösendorfer zu sitzen, ein paar Stücke zu spielen und sich ganz dieser anderen Leidenschaft hinzugeben, die sie viel zu selten pflegt.

DER BÖSENDORFER
August

Der Anblick des Bösendorfers ist herrlich. Ach, wie viele glückliche Stunden hat sie schon an ihm verbracht. Im Herzen ist Ella immer Pianistin gewesen. Geschäftsfrau wurde sie aus Liebe zu ihrem Vater, aus Pflichtgefühl, hat in seinem Testament doch gestanden:

Erben meines gesamten wie immer Namen habenden Vermögens, beweglichen wie unbeweglichen, des Geschäftes und Fabrikunternehmens setze ich meine lieben drei Töchter Gisela, verehelichte Max Zirner, Malwinen, verehelichte Doktor Siegmund Kranz, und Ella, verehelichte Alexander Zirner, zu gleichen Teilen ein.
Meine liebe Tochter Ella hat mich seit einer Reihe von Jahren im Vereine mit ihrem Gatten treu und aufopferungsvoll in meiner Geschäftsführung unterstützt und besitzt überdies die große Fähigkeit, gemeinsam mit demselben und den Unternehmen befindlichen ausgezeichneten Hilfskräften das Unternehmen fortzuführen.
Meine liebe Tochter Ella hat darum als Alleininhaberin die Firma Ludwig Zwieback und Bruder in meinem Geiste, nach den Grundsätzen kaufmännischer Solidität und Umsicht, wie sie dieselben bei mir kennengelernt hat, vorzuführen.

Ella seufzt beim Gedanken daran und streicht sanft über die Tasten. Schon als junges Mädchen war sie eine hochbegabte Pianistin gewesen. Im Jahr 1897 hatte sie einen Klavierwettbewerb gewonnen, da war sie gerade neunzehn. Ihr damaliger Klavierlehrer, Franz Schmidt, begleitete sie bis zu diesem Wettbewerb. Er stammte aus Pressburg und wuchs in ärmlichen Verhältnissen auf. Nachdem sein Vater Gelder veruntreut hatte, musste die Familie fliehen und landete schließlich in Wien, wo Franz sich bald als Klavierlehrer verdingte.

Wieder seufzt Ella, ein Lächeln umspielt jetzt ihre Lippen. Ja, sie hatte sich in ihren Klavierlehrer verliebt, so was kann passieren. Aber eine Beziehung zwischen den beiden war wegen des Standesunterschieds zwischen Ella Zwieback und Franz Schmidt natürlich undenkbar gewesen. Es war ein zu großes Namensgefälle, ein regelrechtes Standes-Decrescendo. Und für Mode hatte Franz Schmidt natürlich auch keinerlei Sinn gehabt. Eines Tages war Ella zum Unterricht mit einem recht extravaganten Hut erschienen, da hatte er sie ganz irritiert angeschaut und gefragt: »Was ist das denn für eine Erfindung?«

»Aber verehrter Professor, der Hut ist gerade sehr modern, modisch im zeitgenössischen Sinne. *Le dernier crie*, der letzte Schrei sozusagen.«

»Ach, dieser schreckliche Begriff ›modern‹. Mich interessiert das Wahre, nicht das Vorübergehende. Aber Sie haben schöne Hände, liebe Ella. Wollen wir uns jetzt um den Beethoven bemühen?«

In Gedanken immer noch bei den vertrauten Klavierstunden mit ihrem Franz Schmidt, regt sich in Ella der Wunsch, wieder einmal vierhändig Klavier zu spielen. Und weiter wandern ihre Gedanken zu einem Abend kurz nach dem Tod des Kommerzienrats im Jahr 1924, als sie mit »Ludi« das Wiener Konzerthaus besuchte. Es wurde ein Werk von Franz Schmidt uraufgeführt. Ein Werk, das er für diesen seltsamen einarmigen Pianisten Paul Wittgenstein komponiert hatte. Eine Auftragsarbeit. Die Wittgensteins sind natürlich sehr reich, aber warum Franz Schmidt so fasziniert von diesem Einarmigen war, verstand Ella nicht. Ging es ihm nur um das Geld, von dem er durch den Auftrag profitierte? Das Werk hieß »Concertante Variationen über ein Thema von Beethoven«. Kaum waren die ersten Töne erklungen, war Ella in Bewunderung für ihren alten Weggefährten und Liebhaber verfallen. So viel Gefühl und Originalität legten nur wenige beim Komponieren an den Tag. Er war ein Meister! Ihm war es gelungen, das zugegeben beeindruckende Spiel von Paul Wittgenstein durch das Orchester ideal zu ergänzen. Ihr ehemaliger Geliebter hatte so viel Mitgefühl für den einarmigen Interpreten. Ella zwang sich, ihre Sehnsucht zu unterdrücken. Und ihr Unbehagen, denn in diesem Moment hatte sie einen Entschluss gefasst: Sie würde Ludi gleich nach dem Konzert vor vollendete Tatsachen stellen. Stellen *müssen*. Ludi, den Künstler. Den begabten Pianisten. Trotz aller mütterlichen Einwände war er schließlich doch Schüler von Franz Schmidt geworden. Er studierte bei ihm Klavier und Komposition. Allerdings ohne je erfahren zu haben, dass sein Lehrer und geliebter Meister gleichzeitig sein Vater war. Doch für die Musik war nun keine Zeit mehr. Und so nahm sie ihren Sohn nach dem Konzert beiseite und sagte zu ihm: »Geliebter Sohn, manchmal müssen wir schwer an unserem Erbe tragen. Auch die Liebe zu unserem Unternehmen ist ein solches schweres Erbe, und ich habe meinem Vater aus Liebe geschworen, alles für seinen Erhalt zu tun. Ich muss dich bitten, mir in dieser schweren Zeit, nach dem Tod meines Mannes, beizustehen, auch in geschäftlicher Hinsicht. Du musst jetzt deine gesamte Kraft dem Maison Zwieback widmen. Auch wenn es dir schwerfällt, wird keine Zeit mehr für dein Studium auf dem Konservatorium bei deinem geliebten Meister Schmidt sein.«

Wortlos ließ Ludwig seine Mutter stehen und verschwand in der Nacht. Für ihn endete der Abend in den Armen von Hedy Kiesler. Am nächsten Tag drohte Ella mit Enterbung und Verbannung, und so wurde Ludwig gegen seinen Willen ihr Angestellter. Sehr bald avancierte er jedoch zum Geschäftspartner, und sie überschrieb ihm ein Viertel des Unternehmens.

Was hätte Ella auch tun sollen? Hätte sie ihm die Wahrheit sagen sollen? Ihm, Ludwig Ernst, dem beim vierhändigen Klavierspiel in der geräumigen Wohnung der Zwiebacks am Kärntner Ring 1, im Musikzimmer gezeugten Kind? Dem Kind, das

am 27.2.1906 geboren wurde? Dem Kuckuckskind, das in die
großbürgerliche Familie Zirner-Zwieback aufgenommen wurde?
Dem Kind, das 1956 mein Vater wurde?

KUCKUCKSVATERFREUDEN
August

Auf der Suche nach dem Wesen meiner Großmutter Ella Zir-ner-Zwieback lande ich immer wieder bei meinem illegitimen Großvater. Meinem Kuckucksgroßvater Franz Schmidt, von dem mein Vater so viele Jahre nichts wusste. Es muss im Jahr 1964 gewesen sein, als ein Pianist mit seiner Frau nach Urbana, Illinois, dem Ort, in dem ich aufgewachsen bin, kam, um meinen Vater aufzusuchen. Mein Vater war damals Professor für Musik und Leiter der Opernabteilung, und er hatte dem Mann ermöglicht, ein Klavierkonzert an der Universität zu geben. Ehrlich gesagt, organisierte er das Konzert ziemlich widerwillig, denn er wusste, dass der Pianist dem Prototyp eines alten Nazis entsprach. Dennoch lud mein Vater ihn und seine Frau zu uns ein. Der Name des Mannes war Friedrich Wüh-rer, und auch er war ein ehemaliger Schüler von Franz Schmidt, wahrscheinlich war das der Grund, weshalb er die Nähe zu mei-nem Vater suchte. Mein Vater war freilich völlig ahnungslos. Als er mit meiner Mutter Wührer und seine Frau Margaretha vom Flughafen abholte, begrüßten diese ihn mit den Worten: »Ja! Er ist es! Er ist es!« Immer noch hatte mein Vater keine Ahnung, wovon sie sprachen.

Erst beim Abendessen lüfteten die Wührers das Geheimnis und den eigentlichen Grund ihres Besuchs und erzählten mei-nem Vater, dass er der leibliche Sohn von Franz Schmidt sei. Mein Vater fiel wohl aus allen Wolken, immerhin war er zu dem Zeitpunkt bereits achtundfünfzig Jahre alt. Angeblich raunte er meiner Mutter ins Ohr: »Hau ich ihm eine rein oder sage ich danke schön?«

Immerhin war Franz Schmidt sein Lehrer am Wiener Konservatorium gewesen. Wenn man sich vorstellt, dass in den ganzen Jahren des Studiums der Komposition und Kammermusik ein unbewusster, unausgesprochener, ein in Schweigen gehüllter Faden die beiden Männer verband, kann man sich vorstellen, wie das für mein Vater gewesen sein muss. Hinzu kommt noch folgende Geschichte, die mein Vater selbst mir kurz vor seinem Tod anvertraute:

Im Jahr 1905 komponierte Franz Schmidt eine Oper, die er *Notre Dame* nannte. Angeblich schenkte er die handgeschriebene Partitur meiner Großmutter. Die band sie in Samt und bewahrte sie bei sich in der Wohnung auf. Irgendwann borgte sie sie meinem Vater, der gerne Partituren studierte, und so kam es, dass er die Partitur bei sich hatte, als 1938 die SA an seine Wohnungstür klopfte. Er wurde aufgefordert, die Partitur auszuhändigen, was er auch tat, jedoch nicht, ohne vorher eine Seite herauszureißen. Sie hängt heute in meinem Arbeitszimmer und ist mir eine wertvolle Erinnerung. Im Jahr 1964 jedoch, als mein Vater endlich die Wahrheit über seine Abstammung erfuhr, hing sie in Gold gerahmt über seinem Klavier, und eigentlich hätten die Wührers sie sehen müssen.

Für mich bleibt die Frage, wer die SA darüber informiert hatte, dass die Partitur in der Wohnung von meinem Vater lag. Friedrich Wührer war einer der wenigen Menschen, die wussten, dass Franz Schmidt sie meiner Großmutter vermacht hatte.

Ich hatte leider nie die Gelegenheit, mit meinem Vater darüber zu sprechen, was er für ein Verhältnis zu seinem Vater hatte. Fakt ist, dass er als drittes Kind im Hause Zirner-Zwieback aufgewachsen ist, als Sohn von Alexander Kommerzienrat Zirner, dem Ehemann meiner Großmutter. Anscheinend haben mein Vater und sein Ziehvater wenig miteinander gesprochen. Vielleicht empfand Alexander Zirner eine gewisse Abneigung gegen Ludwig, das Kuckuckskind. Mein Vater erzählte meiner Mutter einst, dass er nur eine Erinnerung an Kommerzienrat Zirner hat, nämlich wie er beim Frühstück Zeitung las. Gesprochen wurde nicht miteinander. Ich kann mir vorstellen, dass es

Eine Seite aus der Partitur der Notre Dame *von Franz Schmidt*

für meinen Vater schmerzhaft gewesen sein muss, an seinen Lehrer zurückzudenken, den er so geschätzt hat, und im Nachhinein zu erfahren, dass dieser sein leiblicher Vater war. Und jetzt muss ich mich damit anfreunden, dass dieser Franz Schmidt scheinbar auch mit mir irgendwie in Verbindung steht, weil er mit meiner Großmutter nicht nur vierhändig Klavier gespielt hat, sondern ganz nebenbei auch noch meinen Vater gezeugt hat.

VERLIEBTHEIT ALS DAUERZUSTAND
Ana

Einmal hörte ich zwei Kolleginnen flüstern, dass sie sich auf ein »Verhältnis« einlassen wollten. Zu Hause fragte ich meine Mutter, was denn »ein Verhältnis« sei? Ihr liebes Gesicht erstarrte vor Schreck über ihre mütterliche Pflicht, mich aufzuklären, und sie antwortete schnell, »it is intercourse between man and woman, dear«* *– und ich wusste weiterhin nichts. Bald hatte ich auch einen Liebsten, aber der belehrte mich nur in Kunstgeschichte.*

Für mich ist es kaum zu glauben, aber der Zustand von Lauras sexueller Unaufgeklärtheit hielt sich hartnäckig und über viele Jahre. Dass ich mir das so schwer vorstellen kann, liegt wohl daran, dass ich mich meiner jungen Großmutter in vielen Aspekten so nah und ähnlich fühle. So entgleitet mir manchmal das Bewusstsein für die historische Distanz von siebzig Jahren zwischen uns. Aber in Lauras Zeit war eine frühe sexuelle Aufklärung, wie ich sie erlebt habe, natürlich keinesfalls selbstverständlich. Während die Befreiung aus vielen Konventionen, Emanzipation und viele weitere Errungenschaften, von denen ich heute profitiere, schon vor meiner Geburt stattgefunden haben, liegt Lauras Jugend zwischen zwei Weltkriegen. Und zwischen der vorangegangenen und der heraufziehenden Katastrophe verliebt sich die junge und emotionale Frau, die später meine Großmutter wird, zahlreich und ein ums andere Mal mit schier unersättlicher Leidenschaft. Sie erzählt davon auf lebendige und mitreißende Weise.

---

* Deutsch: »Es ist Geschlechtsverkehr zwischen Mann und Frau, Liebes.«

Ich erinnere mich selbst daran, wie abgründig und dramatisch ich mich in demselben Alter in meine häufig wechselnde Verliebtheit stürzte, wenngleich das Zeugnis davon allzu sachlich wirkt: Auf einer Seite in meinem Tagebuch aus Teenagertagen habe ich den Namen des jeweils zu meinem Traummann Erkorenen aufgeschrieben und mit Herzchen versehen, nur um ihn bald darauf durchzustreichen und mit einem neuen Namen zu ersetzen.

Laura, deren Verliebtheit ebenfalls ein Dauerzustand war, schwärmt allerdings für Frauen und Männer gleichermaßen. Auch bei ihr ist jede Liebe naturgemäß existenziell, zumindest, bis sie von der nächsten abgelöst wird. Einmal ist es die Meisterin im Eiskunstlaufen: *Ich saß auf dem Schemel, der ihren Fuß zum Schuhe schnüren stützte, und ich himmelte sie an. Ich wollte für sie die Schlittschuhe oder ihre Pakete tragen. Ich träumte davon, einmal von ihr zum Tee geladen zu werden; einmal saß ich mit ihr an einem Tisch – wortlos vor Glück.* Doch die Meisterin ist schnell vergessen, als Laura ihrer Lehrerin für künstlerischen Tanz verfällt. So intensiv sind ihre Gefühle auch da, dass augenblicklich feststeht, dass auch sie Tänzerin werden muss. Das wiederum hält an, bis der oder die Nächste ihr Herz, natürlich im Sturm, erobert.

Bald tanzt Laura mit ihren Galanen bis in die frühen Morgenstunden. Sie wirbelt über die Bälle der verschiedenen Berufsgruppen und Clubs, durch die Palais und über die Feste, die Redouten in der Oper und im Musikverein. Den Frühsommer verbringt sie an der Donau, die sie *auf gefährliche Weise* überquert, wie sie schreibt. Stundenlang liegt sie mit den Freunden in der Sonne am Strand und kühlt sich immer wieder im Fluss schwimmend ab. Sie macht Ausflüge ins Grüne und stromert durch die Stadt, anstatt zur Schule zu gehen. Die Mutter seufzt, sie schimpft, sie droht mit Strafen, aber die Lenkungsversuche können Lauras Übermut nicht bremsen. Doch dann verpasst Laura eines Abends das gemeinsame Essen, und das ist den Eltern heilig. Es gibt ein Donnerwetter, und die Mutter macht endlich ihre Drohung wahr und verhängt einen Hausarrest.

Laura kann es kaum fassen, sie möchte schreien vor Wut. Denn in den Zeitraum des Arrests fällt auch die Feier im Wiener Eislaufverein, der Laura nicht zuletzt deshalb entgegenfiebert, weil dort auch der junge Trainer der neuen Eisschnelllaufgruppe für Mädchen und Frauen sein wird, in den sie gerade unsterblich verliebt ist. Die Mutter schafft es wirklich immer, all das zu verbieten, was Spaß macht, was Leben heißt, so findet Laura, und das sagt sie auch laut und deutlich, bevor sie aus dem Esszimmer stürmt. Nachdem sie sich in ihrem Zimmer etwas gesammelt hat, kommt ihr eine Idee. Sie wird sich rächen. Während sie ein paar Sachen einpackt, denkt sie voll Genugtuung daran, dass ihre Eltern bald spüren werden, was passiert, wenn man ihr so die Freiheit nimmt.

Sie schleicht sich am Esszimmer vorbei, wo sie aus dem Augenwinkel noch den geraden Rücken ihrer braven Schwester sieht, die gerade wieder einmal so vorbildlich schön isst, dass es Laura ein Graus ist. Ganz leise und vorsichtig schließt sie hinter sich die große Wohnungstür und huscht schnell die steinernen Stufen hinunter in den Innenhof. Unten schleicht sie sich aus dem Haus und ganz nah an der Hauswand entlang, damit man sie von oben aus den Fenstern der Wohnung nicht sehen kann. Erst als sie unter dem Torbogen hindurch und auf die Salesianergasse eingebogen ist, bleibt sie stehen und atmet durch. Die sollen mal sehen, wie das ist, wenn ich gar nicht mehr da bin, denkt sie, immer noch wütend, aber voll Lust an dem erregenden Abenteuer ihrer Flucht. Und nun? Wohin? Darüber hat sie noch gar nicht nachgedacht, wie ihr jetzt erst bewusst wird, und so läuft sie erst einmal am Kanal entlang durch den Stadtpark. Mit jedem Schritt, den sie sich aus dem Radius der Eltern entfernt, fühlt sie sich stärker und eigenständiger. Nach einer Weile stellt sie sich vor, wie ihre Eltern jetzt entdecken, dass sie nicht in ihrem Zimmer ist. Wie sie nach ihr suchen und rufen, und wie sie schließlich beginnen, sich Sorgen zu machen. Noch immer verschafft ihr diese Vorstellung bittersüße Genugtuung. An der Urania-Sternwarte angekommen, biegt sie nach links ab und läuft weiter am Donau-Ufer entlang. Vielleicht trifft sie ja die

Grete oder die Elsa. Aber niemand ist da, bald fühlt sie sich etwas einsam, und ihr wird langweilig, so ganz ohne Verabredung und so spät am Abend. Und als Laura schließlich ein paar Stunden von zu Hause fort ist, wächst ihr Bedürfnis zu wissen, wie sehr sich die Mutter schon ihre Heimkehr wünscht. Immer mal wieder schielt sie hinüber zu dem öffentlichen Telefonautomaten, und schließlich wirft sie ein paar Münzen ein. Die Stimme der Mutter klingt gar nicht so besorgt. Eher etwas überrascht. Und dann wird deutlich, dass sie noch gar nicht bemerkt hat, dass Laura überhaupt weg gewesen ist. Die Enttäuschung darüber ist groß, und ein bisschen verletzt ist Laura auch, denn offenbar hat sie gar nicht gefehlt. Auf dem Heimweg fühlt sie sich wie geschlagen, und nun hofft sie, niemandem zu begegnen. Nächstes Mal, da will sie aber länger wegbleiben, das nimmt sie sich fest vor. Am besten gleich über Nacht und dann vielleicht sogar noch bei einem Liebhaber, mit dem sie dann ein Verhältnis hat, wie ihre Mitschülerinnen das erwähnt haben. Darüber könnte sich die Mutter sicher richtig echauffieren.

In Wirklichkeit dauerte es noch ein paar Jahre, bis Laura ihre ersten sexuellen Erfahrungen machte. Sie beschreibt das in ihrem Buch so: *Dann, als ich neunzehn war, wurde ich verführt. Ein junger Mann, für den ich flammte, führte mich in die Junggesellenwohnung seines Onkels; ich hatte keine Ahnung, dass der Spaß, den wir dort miteinander hatten, mit Kinderzeugung zu tun haben könnte. Ich weiß nicht mehr wie und wann ich im Laufe der folgenden, für mich so lustigen Ereignisse, wirklich aufgeklärt worden bin.*

Insgesamt bleibt das Verhältnis zwischen Laura und ihren Eltern trotz des wilden Lebenswandels entspannt. Bezüglich der schulischen Laufbahn der Wärndorferkinder formuliert es Laura selbst einmal so: *Ich glaube, dass meine Eltern zu dem jugendlichen Selbsterhaltungstrieb ihrer Kinder Vertrauen hatten.* Welch goldener Wert dieses Vertrauen im Aufwachsen eines Menschen ist, durfte ich selbst erleben, denn auch meine Eltern hatten ein geradezu unerschütterliches Vertrauen in uns Kinder. Und das, obwohl wir immer wieder, auf ganz unterschiedliche Weise, den größtmöglichen Blödsinn fabriziert haben. Aber wenn ich jetzt sehe, wie meine Geschwister und ich im Leben stehen, freilich mit Macken und Kanten, aber doch in wachsender Stabilität, so bin ich dankbar. Und bestärkt in der Überzeugung, dass es genau dieses Vertrauen ist, das die Basis für die Selbstständigkeit und den Mut schafft, den es braucht, um den eigenen Lebensweg nicht nur zu finden, sondern ihn auch zu gehen.

DER BALL

Ana

Man ging zu Fuß auf den Ball und kehrte nach durchtanzter Nacht zu Fuß nach Hause zurück. Ich ließ mich von auserwählten Jünglingen hin und von anderen, neu erworbenen, nach Hause begleiten.

Laura ist mal wieder zu spät dran. Sie hastet die Treppe zum Unterrichtsraum hinauf, hält vor der Tür noch mal kurz an, um zu verschnaufen. Vielleicht gelingt es ihr ja, vom Lehrer unbemerkt auf ihren Platz in der hinteren Reihe zu huschen? Aber kaum hat sich die Tür ganz leise geöffnet, drehen sich zwanzig Köpfe zu ihr, der Lehrer legt die Kreide ab und ... was? Er lächelt. Und dann beginnt er auch noch zu klatschen! Und alle Klassenkameradinnen auch! »Gratulation, Wärndorfer«, sagt der Lehrer schließlich, und da wird Laura heiß und kalt. Die Ergebnisse des Wettbewerbs für den Plakatentwurf sind schon da? Ist das eine Eins auf dem dicken Blatt, das der Lehrer in die Hand genommen hat und mit dem er auf sie zukommt? Und tatsächlich, er überreicht ihr eine Urkunde:

```
Grafischer Wettbewerb der Seifenwerke Wien
                1. Platz
    Plakatentwurf von Laura Wärndofer
         Dotiert mit 85 Schilling
```

Der Lehrer schüttelt ihr die Hand. Laura versucht, die Blicke der Mitschülerinnen aus dem Augenwinkel zu interpretieren. Hier und da glaubt sie schon, ein bisschen Neid wahrzunehmen. Aber nur bei denen, mit denen Laura eh nicht verkehrt, wie sie erleichtert feststellt. Die Elsa jubelt. Sie weiß genau, woran Laura jetzt denkt: das Ballkleid. Jetzt kann sie es endlich kaufen, und dann können sie am Wochenende zusammen auf den großen Ball im Wiener Rathaus gehen! Am Freitag wird sie siebzehn Jahre alt, und ein besseres Geburtstagsgeschenk kann Laura sich kaum vorstellen. Seit Jahren nehmen ihre Geschwister und sie Tanzstunden bei Elmayer. Elsa hat schon im letzten Jahr ihre ersten großen Bälle besucht und sogar bei der Eröffnung vom Elmayer-Kränzchen im Palais Pallavicini mitgetanzt. Sie selbst hat den Vater seit Wochen wegen des Kleids belagert, aber er ist immer wieder ausgewichen, hat gelächelt und sie vertröstet, bis die Mutter unter vier Augen irgendwann das ausgesprochen hat, was Laura selbst nicht wahrhaben wollte: Es gibt einfach kein Geld für ein Kleid. Aber jetzt hat sie das Geld selber. Ihr ganz eigenes Geld. Was für ein märchenhaftes Glück! Laura ist in Gedanken schon beim Ankleiden. Und ob der Konrad – oder hieß er Karl? – aus dem Tanzkurs sie abholen würde? Ein schicker Kerl jedenfalls, mit dem man sich durchaus sehen lassen kann …

Auf dem Heimweg holt Laura das Kleid im Maison Zwieback ab, und stolz trägt sie die große Schachtel durch die Stadt. Zu Hause feiern sie am Nachmittag weiter, und es gibt sogar ein Glaserl Schaumwein. Vater und Mutter, aber auch Betty sind natürlich stolz auf sie. Und Einwände gegen den Ball gibt es ausnahmsweise mal auch keine. Nur Ricky, der große Bruder, ist ein bisschen angefressen, weil er sie auf den Ball begleiten muss, darauf besteht die Mama. Die Elsa hat noch eine Gardedame als Begleitung, aber bei den Wärndorfers mangelt es daran auch schon. Ob sie denn dann auch weitere Plakate für die Seifenwerke entwerfen würde, will die Mutter wissen. Welcher der jungen Männer sie denn abhole, fragt der Vater mit einem Augenzwinkern. Und Betty steht da und bewundert die Schwester, wie sie in dem modernen neuen Ballkleid, das lässig und elegant zugleich mit jedem Schritt mitschwingt, durch die Wohnung spaziert. »Aber kommt mir bloß nicht zu spät wieder«, versucht es die Mutter noch, aber da ist Laura mit Betty im Schlepptau

144

schon im Bad verschwunden, schließlich muss sie noch die passende Frisur probieren, und die Schwester soll ihr dabei helfen.

Am Samstag steht der Konrad vor der Tür, und er macht seine Sache gut. Vor der Mutter eine kleine Verneigung und ein Handkuss, schon hat er sie bezirzt. Aber kaum ist die Tür hinter ihnen ins Schloss gefallen, lässt er die Fassade fallen und lacht, und sogar Ricky, der sich nichts aus Bällen macht, sondern lieber mit seinen Freunden über Politik diskutiert, wirkt gar nicht mehr so griesgrämig. Zusammen sausen sie zur Elsa hinüber, die gerade vom Erich abgeholt wird, der die Eintrittskarten für alle dabeihat. Ricky verabschiedet sich, er geht zu einer politischen Versammlung. Sie haben vereinbart, sich dann im Hausflur daheim zu treffen, damit die Mutter nicht böse wird.

Mit den Freunden zieht Laura nun durch die Stadt, und die Jungs machen allerlei Blödsinn, über den Laura und Elsa herzlich lachen müssen. Beim Ballhaus angelangt, stecken sie die flachen Schuhe in Beutel und geben sie mit ihren Mänteln an der Garderobe ab. Als sie endlich ihre tollen geschlossenen Stöckelschuhe anhaben, ist die Eröffnung vorbei, und die Paare aus dem Publikum wirbeln ausgelassen über die Tanzfläche. Erst mal schauen sie sich um, und Erich und Konrad verlieren sie dabei bald aus den Augen. Das ist auch gut so, denn es sind ja noch so viele andere schöne Herren da. Es muss getanzt werden, was das Zeug hält. Die Männer dürfen sich da gerne abwechseln, findet Laura. Die Musiker sind gut heute, die haben richtig Schneid, und es geht nicht nur so langsam daher. Elsa findet ihn viel zu alt, wie sie ihr auch deutlich mitgeteilt hat, aber Laura gefällt dieser Alexander, denn er sieht nicht nur gut aus, sondern er hat auch einen Platz an einem Tisch und lädt Laura auf einen Champagner ein. Außerdem ist er Architekt, und beim Tanzen ist seine Führung doch beachtlich. Dann ist da aber noch dieser große Blonde, der ihr seit einiger Zeit schöne Augen macht und ein bisschen geheimnisvoll aussieht. Ja, den könnte man doch für den Heimweg erwählen. Aber da ertönt eine Polka, und Laura hält Ausschau nach Elsa. So eine Polka macht doch mit der Freundin zusammen auf der Tanzfläche am meisten Spaß.

Da ist sie ja, endlich. Und schon fegen die beiden über das Parkett, wobei Laura darauf achtet, sich immer mal wieder zu vergewissern, dass der große Blonde auch zu ihr schaut. Tut er. Als zuletzt wieder ein ruhiger Walzer kommt, stellt sie sich in seine Nähe, und natürlich fordert er sie zum Tanzen auf. Der Plan geht auf: Jetzt *muss* er sich geradezu bereit erklären, sie nach Hause zu begleiten. Alan heißt der große Blonde, und Laura nimmt sich fest vor, sich den Namen zu merken. Er spricht Englisch, und Laura ist froh über ihre Zweisprachigkeit. Es gefällt ihr, zwischen all den Deutsch sprechenden Menschen mit diesem Alan aufzufallen. Zudem ist er äußerst charmant, hilft ihr in den Mantel und hält ihr die Tür auf. Unterwegs erzählt er, dass er aus Kanada kommt und durch Österreich reist. Er kommt offensichtlich aus einer reichen Familie, irgendwas mit internationalem Handel, so genau hört Laura gar nicht zu. Er will wissen, was man denn in Wien noch unternehmen könne, und Laura gefällt sich in der Rolle der Stadtführerin. Zuletzt fragt er sie, ob sie ihm denn den Prater zeigen könne, von dem sie ihm erzählt hat, und sie willigt ein. Der Heimweg vergeht wie im Flug, und als sie in die Traungasse einbiegen, denkt Laura an die Worte des Vaters, »nur Dienstboten küssen sich im Hausflur«, und verabschiedet sich hastig. Ricky steht schon unten, sie ist schon wieder zu spät dran. Am genervten Bruder vorbei rast sie mit großen Sprüngen die zwei Stockwerke zur Wohnung hinauf.

146

KINDER DER DIASPORA
August

Während es Laura scheinbar immer wieder zu gesellschaftlichen Veranstaltungen und Bällen zog, ging Ludwig Zirner jeden Abend nach Geschäftsschluss in die Oper. Er erzählte mir einmal, dass er immer Stehplatzkarten nahm, sozusagen die billigen Plätze, weil man dort die Partitur aufschlagen und mitlesen konnte. Mein Vater war besessen von Partituren, und ich werde nie vergessen, wie er Orchesterpartituren direkt auf das Klavier übertragen konnte.

In Wien wurden sämtliche Opern natürlich in ihrer jeweiligen Originalsprache aufgeführt. Das war für meinen Vater kein Problem, denn er sprach sechs Sprachen. Meine Mutter Laura und ihre Geschwister waren durch ihre Eltern zweisprachig aufgewachsen mit allen dazugehörigen Problemen. Meine Mutter, ihre Geschwister, mein Vater, all diese Menschen waren letzten Endes durch ihre Vielsprachigkeit keine »reinrassigen« Wiener. Wie nennt man das untergehende Großbürgertum?

Laura sagte über Ella: »Im humanistischen Sinn war sie eine Sozialistin.« Doch was verstand meine Mutter unter Sozialismus? Kurzerhand greife ich zum weißen Wandtelefon und rufe Ella an: »Laura nennt dich eine Sozialistin, was sagst du dazu?«

»Wer?«

»Laura, meine Mutter.«

»Ach die... was meint sie damit?«

»Sie sagt, im humanitären Sinn bist du eine Sozialistin.«

»Natürlich, *pourquoi pas*, warum nicht? Liberté, Fraternité, Égalité. Verdanken wir den Franzosen. Warum, glaubst du, nennen wir uns Maison Zwieback?«

»Was heißt das? Nennst du dich nun eine Sozialistin oder nicht?«

»Mir ging es immer darum, dass meine Angestellten in einer guten Atmosphäre arbeiten. Ich war, glaube ich, immer sehr fair. Genügt dir das als Selbstdefinition? Du musst verstehen, die Zeit zwischen dem Ersten und dem ›Was dann kam‹-Weltkrieg war für alle eine wirtschaftlich sehr belastete. Das Geld war überall knapp. Aber ich habe immer wieder den Standpunkt vertreten, dass man auch preiswert qualitativ hochwertig produzieren muss. Qualität ist nicht immer nur eine Frage des Geldes. Dein Vater war diesbezüglich gelegentlich etwas zu streng mit mir, ständig war er der Meinung, dass ich zu teuer einkaufen würde, dem Luxus zu viel Bedeutung beimessen würde. Aber so war es nicht! Falls du es vergessen hast, du kannst es auch nachlesen! Ich habe in dieser schwierigen Zeit, im Jahr 1930, unser Unternehmen vor der Insolvenz gerettet. Vor dem Bankrott! Das macht mir kein Geschäftsmann so schnell nach! Und das dankten mir meine Angestellten bis zum Tag des Anschlusses. Ich hätte nie gedacht, dass Menschen von einem Tag auf den anderen sich so verändern können. Nicht nur ihre Blicke, ihr Benehmen war schlagartig erkaltet. Wie wenn es mich vorher nicht gegeben hätte! Sozialismus hin oder her, den Sozialismus haben die österreichischen Sozialisten umgebracht!«

»Ach, lustig, das sagt Thomas Bernhard auch.«

»Wer? Wieder einer deiner Theaterautoren? Aber auf jeden Fall, in dem Punkt hat er recht! Es müsste heißen Liberté, Fraternité, Égalité, Courage! Aber die ist Mangelware geworden. Ohne Courage nützt einem keine Fraternité. Leere Worte. Lies doch mal nach! Schau dir die Briefe an von meinen ›loyalen‹ Kollegen und Angestellten. Menschen, denen ich zu fairen Preisen Verkaufsflächen zur Verfügung gestellt habe. Damit sie ihre schöne Ware günstig verkaufen können! Diese loyalen Mieter haben von einem Tag auf den anderen behauptet, sie wären schon seit Jahren Verfechter des Nationalsozialismus gewesen. Solange sie bei mir verkauft haben, habe ich davon nichts gemerkt. Wir waren immer außerordentlich freundlich und höflich zueinander. Ich hätte nie gedacht, dass diese Menschen sich so schnell verändern. Die Menschlichkeit kann man auspusten wie eine Kerze!«

»Das tut mir leid, Großmama. Das war sicher schmerzhaft.«

»Schmerzhaft ist nur, dass wir alle so mit unserem Alltag beschäftigt waren und so sicher, dass uns nichts passieren kann, dass wir einfach das ganze Geschehen in Deutschland ignoriert haben. Ich habe Tag und Nacht gearbeitet. Dein Vater auch! Seine Hoffnung war die Oper, meine Hoffnung war ein gut funktionierendes Geschäft. Ich dachte, dass in einer kosmopolitischen Umgebung wie in Wien einem nichts passieren kann. Ich bin Kosmopolitin, nicht Sozialistin! Der Sozialismus ist etwas für kleine Leute.«

»Was soll ich denn meiner Mutter sagen, ach nein, ich verliere den Faden, meine Mutter ist schon tot, du bist schon tot.«

Ella hat eingehängt. Wie aus Trotz schreie ich aus vollem Hals: »Es lebe der Sozialismus!«

Ich kenne mich gar nicht mehr aus und habe das schreckliche Gefühl, dass »nicht wissen« die schlimmste Form der Verdrängung ist.

Aber vor allem muss ich mich damit auseinandersetzen, dass meine Mutter meine Großmutter für eine Sozialistin hielt. Ich erinnere mich, dass Freunde meine Mutter immer als »Salon-Kommunistin« beschimpft haben. Vielleicht ist da was dran. Salon. Salon! Der »Salon« ist doch eine Erfindung des Großbürgertums. Der soll zwar ein Ort der Begegnung sein, aber welcher Gesellschaftsschichten? Ich könnte schreien! Ich will raus aus diesem Kontext! Wo ist der Weg ins Freie? Ich will schreien: Ich bin ein Kind der Diaspora! Ich bin Recha! Ich bin ein Kind der Diaspora! Ich bin Recha, die Tochter von Nathan dem Weisen. Mit christlicher Mutter, muslimischem Vater und einem jüdischen Ziehvater! Ich bin das Produkt von Nathan!

Plötzlich ist Ella wieder am Apparat, ich höre ihre Stimme, die sagt: »Was ist denn los mit dir? Warum schreist du so? Na ja, du bist eben doch Schauspieler, das habe ich vergessen. Ist doch eigentlich ein schöner Beruf, oder? Schade, dass ich mich so wenig um das Theater gekümmert habe, aber na ja, ein paar

Schauspielerinnen habe ich ganz attraktiv eingekleidet. Ich gehe lieber ins Konzert, in den Musikverein, ins Konzerthaus.

Vielleicht interessiert es dich: Dein illegitimer Kuckucksgroßvater, der Franz, der hat den Max Reinhardt nach Wien zurückgeholt und ihn zum Gründer des Max Reinhardt Seminars gemacht. Hast du mir nicht erzählt, dass du dort Schauspiel studiert hast? Ach so nein, das hast du mir gar nicht erzählt... In den Sphären, in denen ich mich bewege, erfährt man so etwas. Jedenfalls war er von 1927 bis 1931 sogar Rektor der Akademie der Künste und damit auch Rektor des Reinhardt Seminars. Ja, Franz Schmidt hat dir sozusagen, ohne es zu ahnen, ein künftiges Nest gebaut, du Kuckucksei. Na dann, du Kind der Diaspora, deine Rückemigration nach Europa hat dich in die Fänge des Wiener Abgrunds zurückgeholt. Damit musst du jetzt zurechtkommen. Das hast du deiner Mutter zu verdanken!

Ich habe gehört, dass Schauspieler eine Neigung zum Übertreiben haben, aber ein Körnchen Wahrheit steckt in allem, was du geschrien hast. Zum Wohl, mein Enkel, Le Chaim, prosit, ich trinke ein Glas himmlischen Weins auf dich.«

IN LAURAS TOTEM WINKEL

Ana

Ich schaue als Enkelin mit der Distanz von über hundert Jahren und mit dem gesammelten Wissen der Geschichtschroniken auf die Zeit, in der meine Großmutter jung war. Sie hingegen schreibt: *Meine Jungmädchenzeit und meine Lebenslust wurden von der tiefen Depression der Vorkriegsjahre nicht berührt.*
Es fällt mir ausgesprochen schwer, Lauras vor Lebensfreude strotzende Schilderungen von Bällen und amourösen Tändeleien mit der politischen Geschichte, den bedeutsamen Umwälzungen dieser Zeit, zusammenzubringen.
Fakt ist, dass bereits in den späten 1920er-Jahren – als Laura unter der Anleitung der Mutter die Haare vom Hausfriseur geschnitten bekam – vor dem Hintergrund einer immer schwieriger werdenden wirtschaftlichen Lage eine politische Radikalisierung stattfand. Zunehmend polarisierten sich die Lager, und es bildeten sich paramilitärische Einheiten: Die Sozialdemokraten gründeten den Republikanischen Volksbund, der sie vor Rechtsradikalismus schützen sollte. Im rechten Lager entstand die Heimwehr, die zwar keine klare Parteibindung hatte, den Christlich-Sozialen aber durchaus nahestand. Bei einer Demonstration des Republikanischen Volksbunds gegen die Heimwehr im Januar 1927 gab es Tote und Verletzte. Die Rechten schossen auf die friedlichen und unbewaffneten Demonstranten der Sozialdemokraten. Im Juli desselben Jahres – kurz nachdem »Unikum Laura« eine Wasserleiche gezeichnet hatte – wurden die mutmaßlichen Täter freigesprochen. Daraufhin eskalierten die Demonstrationen, und es kam zum Brand des Justizpalasts in Wien. In der Folge bekamen die Austrofaschisten, die öster-

reichischen Nationalsozialisten, enormen Zuwachs. Besonders erfolgreich waren sie in der Steiermark, wo Laura sich im selben Sommer zum ersten Mal verliebte.

Das Land Österreich wurde von dem konservativen Kanzler Engelbert Dollfuß regiert. In Wien hingegen stellten seit 1920 die Sozialdemokraten den Bürgermeister. Sie unterstützten Reformen in der Sozial-, Gesundheits- und Bildungspolitik und prägten das Stadtbild mit umfangreichen sozialen Wohnungsbauten. 1933 begann Dollfuß, die demokratischen Strukturen aufzulösen, und 1934 wurde nach einem kurzen Bürgerkrieg auch der sozialdemokratische Bürgermeister Karl Seitz seines Amtes enthoben. Engelbert Dollfuß gründete nun seinen austrofaschistischen Ständestaat, der bis zum Anschluss an Nazideutschland 1938 als diktatorisches Regime erhalten blieb. Nach seiner Ermordung beim nationalsozialistischen Juliputsch 1934 wurde der bisherige Justizminister Kurt Schuschnigg zum Nachfolger von Dollfuß ernannt und als Kanzler eingesetzt.

Während also in Österreich, wie überall in Europa in den frühen Dreißigerjahren, die faschistischen Bewegungen wuchsen, und sich auch hier immer mehr Menschen den deutschen Nationalsozialisten anschlossen, war Laura beim Eislaufen.

Lauras Vater, August Wärndorfer, war ein Anhänger Mussolinis. Wie die Eltern Wärndorfer aber genau auf die politischen Wogen in dieser Zeit reagierten, ist aus Lauras Aufschriften schwer zu erkennen, und so muss ich mir einiges selbst zusammenreimen.

Nun mög mit Feenhänden
Sich Alls zum Besten wenden

So heißt es in einem Reim aus einem Gedicht aus dem Jahr 1936, das vermutlich Lauras Vater verfasst hat. Ich vermute, dass er wirklich auf *Feenhände* hoffte, sich also der Drastik der bevorstehenden Umwälzungen kaum bewusst war oder es zumindest nicht sein wollte.

Laura schreibt, dass sie und ihre Geschwister als Kinder in der Straßenbahn die Augen schließen mussten, wenn sie an

einem sozialistischen Gemeindebau vorbeifuhren. Es lässt sich
also ausschließen, dass sie Sozialdemokraten waren. Es wird
auch deutlich, dass sie den Kaiser ablehnten, wie eine Anekdote
belegt, in der Laura einen Bekannten mit nach Hause bringen
wollte, der ein Mitglied im Hause Habsburg war. Der Vater verneinte ihr den Wunsch mit den Worten »*Habsburger gehören auf
den Thron und nicht ins Haus*«.

Eine dezidierte politische Orientierung hatte Lauras Bruder
Ricky. So erschreckend mir das im ersten Moment schien, so
unzweifelhaft wird es, je mehr ich erfahre: Ricky schloss sich
erst der bewaffneten Heimwehr und später dem Elitekorps der
»Vaterländischen Front«, der österreichischen Nationalbewe-
gung unter Dollfuß, an. Er war also ein aktiver Austrofaschist,
was man allerdings nicht mit den deutschen Nationalsozialisten
verwechseln darf. Heute scheint es schwer, das auseinanderzu-
halten, man möchte denken, dass Nazis eben Nazis sind, egal,
welcher Nation sie angehören, aber damals wurden die Unterschiede mit großer Leidenschaft verteidigt. Die Anhänger der
Partei von Dollfuß, die sich zunächst an der Ausrichtung Mussolinis orientierten, waren glühende Gegner des deutschen Nationalsozialismus unter Hitler. Obwohl das »Deutschtum« betont
wurde und die Regierungspropaganda nicht müde wurde, von
Österreich als dem »besseren deutschen Staat« zu sprechen,
gebot der österreichische Patriotismus die Erhaltung eines
unabhängigen und freien österreichischen Staats. Auch wenn
Dollfuß' Nachfolger Schuschnigg immer stärker von deutschen Nationalsozialisten unter Druck gesetzt wurde, hielt er bis
zuletzt an der zunehmend utopischen Idee fest. Das zeigt sich an
seiner überstürzt für den 13. März 1938 angekündigten Volksbefragung über die Unabhängigkeit Österreichs, die er schließlich
absagen musste, um kurze Zeit später seinen Rücktritt bekannt
zu geben.

Dass Ricky, der ja jüdische Vorfahren hatte, überhaupt in
Schuschniggs Elitekorps aufgenommen wurde, hat mich zunächst
überrascht. Aber anscheinend war die Haltung der österreichischen Regierung hier zwiespältig. Juden konnten sich aktiv am

politischen Geschehen beteiligen, das Regime unternahm aber nichts gegen die antisemitischen Übergriffe der Bevölkerung, sodass diese sich weiter verschärfen konnten. Der Antisemitismus trat in verschiedenen Gruppierungen schon viel früher zutage, wie auch Wahlplakate von 1920 schon zeigten.

Aber das hat die Familie Wärndorfer offensichtlich noch nicht beunruhigt. Ich nehme an, dass sie sich selbst als »unjüdisch« empfanden und schlicht noch nicht ahnten, was kommen würde. Diese Sorglosigkeit scheint weitverbreitet gewesen zu sein. Stefan Zweig schreibt in seinem Buch *Die Welt von gestern* über die Wiener Intellektuellen im Jahr 1934: »Selbst die Juden sorgten sich nicht und taten, als ob die Entrechtung der Ärzte, Rechtsanwälte, der Gelehrten, der Schauspieler in China vor sich ginge und nicht drei Stunden weit drüben im selben Sprachgebiet. (...) Außerdem hatte jeder das Trostsprüchlein bereit: ›Das kann nicht lange dauern.‹«

Jedenfalls wird mir jetzt unmissverständlich klar, dass Laura keinerlei Interesse an Politik hegte. Ihre individualistische Einstellung verbot ihr überhaupt die Zugehörigkeit zu jeglicher Form von Vereinen, Cliquen oder eben politischen Verbindungen. Zugegeben, ich bin darüber ein bisschen enttäuscht. Aber meine leise Fantasie von Laura als engagierter Sozialdemokratin, die rauchend und diskutierend in linken Kneipen sitzt, wie viele ihrer (qua Nazis) »jüdischen« Zeitgenossinnen und -genossen, löst sich in der Vorstellung ihres betont sorgenfreien Jubellebens in den Tanzlokalen und auf den Bällen der frühen Dreißigerjahre auf.

EIN VIELSAGENDES PORTRÄT

Ana

Ich schaue mal wieder zu Lauras Porträt hinauf und frage mich augenblicklich, ob da wieder etwas Spott in ihrem Blick liegt, den ich jetzt, nach meiner kleinen Enttäuschung über die Erkenntnis ihrer politischen Inaktivität, persönlich nehme.

Nicht mit einem Wort erwähnt Laura in ihren *Einhundert-zwanzig Jahren* die Machtergreifung Adolf Hitlers in Deutschland am 30. Januar 1933, wenngleich sie sie, immerhin achtzehnjährig, sehr bewusst mitbekommen haben muss. Zudem ist ihr doch sicher im Nachhinein, beim Schreiben, klar gewesen, welch starken Einfluss dieses Ereignis nicht nur auf ihr eigenes Leben haben würde. Stattdessen finde ich einen Plakatentwurf von Laura für den Opernball in Wien am 26. Januar 1938 »unter dem Ehrenschutz des Bundeskanzlers Dr. Kurt Schuschnigg«.

Hier verstehe ich sie nicht. Oder ich verstehe die Zeit nicht. Wieder schaue ich zu Lauras Porträt hinauf, und jetzt sind es besonders der Trotz und der Lebenswille in ihrem Ausdruck, die mir auffallen. »Du kannst das eben nicht nachvollziehen, Ana. Ich wollte leben, nicht Politik machen«, scheint sie mir zu sagen. Wie als Bestätigung dieser Aussage fällt mir auf, dass Lauras Haare auf dem Bild nicht mehr ordentlich sind, sondern wie nach einem wilden Tanz schnell zurechtgesteckt wirken. Sie trägt einen Schal mit Fransen über der weißen Bluse mit den weiten Ärmeln, sicher eher ein unkonventioneller Stil für die Zeit. Ihre langen Hände hat sie rechts und links an ihr Gesicht gelegt, und ich werde das Gefühl nicht los, dass sie ganz bewusst eben nicht das Gesicht in die Hände legt, sondern die Hände ans Gesicht. Sie macht keine Mädchenpose, obwohl sie eine solche leicht ironisch zu zitieren scheint. Es ist, als würde sie ein Bild von sich selbst produzieren, mit dem sie all jene täuschen kann, die nicht genau hinsehen. All jenen gegenüber, die sie wirklich kennen wollen, gestattet sie aber, in ihrem Blick nach Antworten zu forschen. Und so stelle ich mir vor, wie Laura das politische Tagesgeschehen im Alltag aufgenommen hat. *Für mich besteht die Welt aus einzelnen Menschen,* schreibt sie. *Politische Verbindungen oder Patriotismus haben meine Beziehungen nicht berührt.*

Mir ist schon klar, dass damals nicht alles, was auf der Welt passierte, so transparent und sichtbar in ihrem Leben aufploppte, wie es mir heute die Apps auf meinen Monitoren mit ihren bunten Nachrichtenbildern suggerieren. Ich mache mir bewusst, wie viel leichter es damals war, sich von all dem Weltgeschehen fernzuhalten, indem man am Zeitungsstand einfach geradeaus schaute, anstatt stehen zu bleiben. Ich gestehe mir zudem ein, dass sich meine Großmutter damit, was wohl auch recht passend ist, in den Zeitgeist der Verdrängung und Ignoranz von allem Politischen einfügt, wie er offensichtlich die Köpfe der gehobenen Wiener Gesellschaft dieser Zeit vernebelte. Und doch komme ich nicht umhin, den Menschen mit dieser passiven Haltung den Vorwurf zu machen, für die Machtergreifung der Nationalsozialisten und das damit dämmernde Grauen eine Teilschuld zu tragen.

Für mich ist es leicht, mich mit der deutschen Geschichte auseinanderzusetzen. Ich habe das immer als Pflicht empfunden, aber niemals als Last. Sie war selbstverständlich für mich als deutsches Kind, und ich hatte auch nie das Gefühl, dass ich damit zu Unrecht belastet werde. Es will mir einfach nicht in den Kopf gehen, wie es damals möglich war, die Augen so vehement vor all dem zu verschließen, was unmittelbar um einen herum passierte. Lauras Porträt schweigt zu dieser Frage. Vielmehr scheint sie mir zurückzuwerfen: »Wer bist du, das zu verurteilen?«

Ich muss ihr insofern recht geben, als für mich doch ein gewisses Maß an politischer Sensibilität vielleicht nur deshalb so selbstverständlich ist, weil ich mit den historischen »Lehren«, die wir als Gesellschaft aus der damaligen Zeit ziehen können, aufgewachsen bin.

Lauras Lächeln bleibt genauso unklar wie zuvor, aber das Blitzen in ihren dunklen Augen verstehe ich jetzt als Anerkennung meiner Mühe. Davon motiviert, gehe ich noch einen Schritt weiter und sehe ein, dass vielleicht auch ich mir ein Zweig'sches »Trostsprüchlein« zurechtgelegt habe. Außer meine Kreuzchen auf die Wahlzettel zu setzen, gehe ich nicht aktiv gegen die auch heute wieder erstarkende rechte Politik vor, und womöglich nehme ich sie auch nicht ernst genug. Vielleicht erhebe ich mich sogar zuweilen in intellektueller Arroganz über die scheinbare Stumpfheit ihrer Protagonisten und muss angesichts des Sturms des Kapitols durch Trump-Anhänger einsehen, was für eine gefährliche Verharmlosung das ist. Meine Trostsprüchlein sind mein »historisches Wissen um die Gefahr«, mein »politisches Bewusstsein«, meine »tägliche Aufmerksamkeit« und mein »Glaube an die Demokratie«. Aber kann man damit irgendetwas wirklich verhindern? Werden sich meine Kinder und Enkel eines Tages fragen, wie es sein konnte, dass man so blind war angesichts all dessen, was um einen herum passierte?

Ein letzter Blick zu Laura macht dann doch wieder unmissverständlich klar, dass es sich nur um ein Foto handelt: Sie reagiert überhaupt nicht. Oder interessiert sie meine Selbstanalyse einfach nicht? Ich muss daran denken, wie ich selbst zum ersten Mal mit dem Thema Holocaust konfrontiert wurde. Ich war noch recht jung, vielleicht zwölf Jahre alt, und ich erinnere mich ziemlich genau an ein Buch, das ich damals las, und wie sehr mich der Inhalt beschäftigte. Interessanterweise fiel das wohl genau in die Zeit, in der auch mein Vater August begann, sich mit der deutschen Geschichte in dieser Zeit stärker auseinanderzusetzen. Ich frage ihn, ob er sich daran auch erinnern kann, und tatsächlich hat sich auch bei ihm diese Situation tief ins Gedächtnis gebrannt.

EIN AUSFLUG IN DIE ZWÖLFJÄHRIGE ANA

Ana

Es ist früh am Abend, Mama bringt gerade Leo ins Bett, der war wieder unausstehlich, hat ewig nicht aufgegessen. Ich verstehe nicht, warum die mit ihm nicht strenger sind. Aber klar, ist ja der Jüngste, der darf eben alles. Papa ist noch am Telefon. Ich bin froh über mein Zimmer, endlich mein eigenes. Alle Möbel in diesem Zimmer sollten weiß sein. Hell und ordentlich, wie ein Hotelzimmer. Ich nehme wieder das Buch in die Hand, das in der Stadtbücherei in der Abteilung für Dreizehn- bis Fünfzehnjährige stand. »Jugendromane«, das klingt sehr viel cooler als »Kinderbücher«. Ich bin zwar noch nicht dreizehn, aber die Bücher sehen interessanter aus. Eben nicht so ein Kinderkram. Es gibt da so eine Reihe Bücher, bei denen mir die Umschläge besonders gefallen. Hardcover, knalliges Orange, ernsthafte Bilder auf dem Cover. Gezeichnet, aber nicht so Comicquatsch. Ein bisschen wie bei Erwachsenenbüchern. Jedenfalls hat mich dieses Buch gereizt. Auf dem Cover ist ein Junge, der ziemlich zerrissen aussieht, aber irgendwie trotzdem gut. Älter als ich. Das Buch spielt im Krieg. Jedenfalls kommt Hitler vor, und der Junge mag ihn nicht, obwohl alle seine Freunde ganz begeistert von diesem Mann sind. So weit habe ich schon gelesen. Ich ziehe mir die Decke bis zum Kinn und vertiefe mich schnell wieder in die Geschichte aus dieser spannenden Zeit, in der alles ganz anders war als jetzt. Es ist so spannend, dass man immer wissen will, was auf der nächsten Seite passiert, und manchmal ärgere ich mich, dass die Schrift so klein ist und es deswegen so lange dauert, bis die nächste Seite kommt. Aber so ist das eben bei den Erwachsenenbüchern. Ich lese schnell.

Paule – so heißt der Junge – soll als Soldat eingezogen werden. Aber er will nicht. Er beschließt, aus der Wehrsportschule wegzulaufen, bevor er abgeholt wird. Er packt heimlich seine Sachen, schleicht sich aus dem Lager und steigt in den ersten Zug nach Innsbruck, den er kriegen kann. Von da aus geht es weiter Richtung Frankfurt, heim zum Vater. Doch bald schon wird er gesucht und muss immer wieder abhauen und sich verstecken. Aber irgendwann fangen sie ihn, und er wird ins Jugendgefängnis gesperrt, wo er geschlagen und beschimpft wird. Dass man so was mit einem Jungen macht, einem Kind, finde ich schwer vorstellbar, aber es ist so echt geschrieben, dass ich es richtig spüren kann. Man sagt Paule und den anderen Gefangenen, dass sie undankbar sind und Abschaum, den man erst mal wieder sauber polieren muss. Dass sie gesäubert werden sollen von ihren Flausen, von ihren dummen Ideen, ihrer falschen Gesinnung. Sie müssen draußen auf dem »Blutacker« robben, bis alles aufgerissen ist, aber Paule macht immer weiter, denn wenn er aufhört, schlagen und treten die Aufseher auf ihn ein. Dann muss er sich nackt ausziehen, und ihm wird einfach Jod über den wunden Körper drübergekippt. Ich habe einen Kloß im Hals, ich will einfach nicht glauben, dass Erwachsene so was mit Kindern machen. Ich muss aufhören zu lesen. Was für ein Scheißbuch, das ist doch auch nicht für Dreizehnjährige geeignet, das haben die falsch ins Regal gestellt. Kann das echt sein, dass die so was machen? Dass damals, als der Krieg war, mit Kindern so was gemacht wurde? Dass Krieg schlimm ist, das weiß ich ja, aber ich habe es mir nie so genau vorgestellt.

Es klopft an der Tür. Papa steckt den Kopf zur Tür rein, und ich sage, dass ich ihn was fragen muss. Der Kloß in meinem Hals ist ziemlich dick und tut weh. Papa setzt sich an meinen Bettrand, steckt die Hände zwischen die Oberschenkel, wie er es immer macht, wenn er zuhört und eigentlich gleich wieder weitermachen muss. Aber dann schaut er mich ganz ruhig an, und ich glaube, er merkt, dass das jetzt wichtig ist. Ich zeige auf das Buch. »Da steht, dass die im Krieg Kinder zu solchen brutalen Sachen gezwungen haben...«, fange ich an und merke, dass ich gleich weinen muss. Papa legt eine Hand auf die Decke, dort, wo mein Bauch ist, das tut gut. Aber auch weil ich jetzt aufgebe, das Weinen zurückzuhalten.

»Was meinst du?«, fragt er und schaut ernsthaft interessiert. Ich erzähle von Paule und was ihm widerfährt. Papa hört zu, ich glaube, er wusste auch nicht, dass sie damals so was gemacht haben. Obwohl er ja erwachsen ist. Aber er kann mir das sicher erklären. Irgendwie will ich, dass er sagt, dass es ja nur ein Buch ist. Ein Jugendroman eben. »Wie kann es sein, dass so was erlaubt war? Wie können die das tun? Mit Kindern?«

August schaut mich an, irgendwie sieht er traurig aus und ein bisschen ratlos. Er nimmt meine Hand in seine und schaut irgendwo an mir vorbei. Ich glaube, er überlegt, was er jetzt sagen soll. Ich glaube, er fragt sich, was jetzt so was erziehungsmäßig Richtiges wäre, was man als Vater in so einer Situation zu seiner Tochter sagen soll. Aber dann schaut er mir in die Augen und sagt einfach nur: »Ich weiß es nicht.«

Er bleibt eine ganze Weile einfach sitzen, und wir sagen beide nichts. Ich weine ein bisschen und bin froh, dass ich nicht im Krieg lebe. Dabei gibt es ja auch heute Krieg. Irgendwo auf der Welt ist jetzt Krieg. Ich werde wütend. Alles in mir drin ist so voll von Wut, dass ich kaum noch Luft kriege. Ich bin wütend, dass Krieg überhaupt passieren kann, warum sollte das denn bitte jemand wollen? Wie kann man denn wollen, dass Kindern wie Paule so was passiert? Ich bin so unendlich wütend auf die Erwachsenen, weil sie einfach nicht nachdenken. Weil sie aus irgendeinem Grund denken, Krieg würde ihnen was bringen, dabei kann Krieg doch nur wehtun! Wieso können sie nicht einfach damit aufhören, wenn doch so glasklar ist, dass es für niemanden gut ist? Ich finde, jeder sollte was dagegen machen, dass es Krieg gibt. Wie kann man überhaupt irgendwas anderes machen, solange es Krieg gibt? Wie kann man sich mit etwas beschäftigen, seine Zeit damit vergeuden, etwas Sinnloses zu tun, wenn man stattdessen etwas dafür tun könnte, dass es Frieden gibt?

»Papa?«

»Ja?«

»Wie kann man eigentlich Schauspieler sein, wenn es so viele wichtige Sachen zu tun gibt auf der Welt?«

Als ich das gesagt habe, bereue ich es sofort. Irgendwas daran war falsch, glaube ich. Papa ist fast zusammengezuckt, oder jedenfalls hat sich etwas in ihm bewegt, was wehgetan hat. Ich spüre das, auch wenn ich gar nicht so genau weiß, was das war oder warum es wehtun sollte. Aber dann lächelt Papa. Ich hasse das, wenn er über was lächelt, was ich gesagt habe. So ein verständnisvolles Lächeln, wie Erwachsene das immer haben, wenn sie am liebsten einfach sagen würden »Das verstehst du halt noch nicht«, aber wissen, dass das nicht pädagogisch wertvoll ist. Deswegen machen sie so auf verständnisvoll. Jetzt bin ich noch wütender als vorher.

HOGANS HEROES
August

Ich war immer gerne zu Hause, und ich glaube, dass ich viel von der Entwicklung meiner Kinder mitbekommen habe. Ich bin ein Familienmensch, auch wenn ich den Begriff immer abgelehnt habe. Die Normalität von Familienleben genoss ich, wobei ich die Dynamik in meiner Familie als alles andere als normal bezeichnen würde. Es sei denn, man einigt sich auf den Begriff des ganz normalen Wahnsinns. Aber ich liebe den Wahnsinn und vermutlich daher auch meine Familie. Es gibt allerdings immer wieder Phasen, in denen man sich als Eltern große Sorgen macht. Ich erinnere mich da zum Beispiel an eine Situation mit Ana. Über Tage blieb sie stundenlang alleine in ihrem Zimmer. Sie weinte und wollte in Ruhe gelassen werden, niemand durfte ihr Zimmer betreten. Es war ein weißes Zimmer. Die Wände, die Möbel, alles darin war weiß gestrichen. Doch trotz aller Helligkeit war das Zimmer in diesen Tagen in dunklen Schmerz gehüllt. Wir Eltern wussten nicht, was los war, vermuteten Liebeskummer. Ich weiß nicht einmal mehr, wie alt Ana damals war, aber Liebeskummer wäre infrage gekommen. Nach zwei weiteren Nächten der Trauer und Kontaktverweigerung wurde es zu schwer, sie in Ruhe zu lassen; ich klopfte hartnäckig an ihre Tür und betrat das Zimmer. »Ana, was ist denn? Erzähl doch, so geht es nicht weiter, deine Eltern machen sich Sorgen!«

Ana antwortete mit völlig hoffnungsleerer Stimme: »Wie konnte es passieren?«

»Was denn, Ana?!«

»Das, was auch deinem Vater und deiner Mutter passiert ist.«

»Was meinst du denn, Ana?«

»Na das, wovon du in Wien immer erzählst, die ganze Geschichte mit dem Nationalsozialismus.«

»Ach so … Ana …«

»Wie konnte das passieren?«

Sie hatte gerade das Buch *Paule Pizolka oder Eine Flucht durch Deutschland* von Arnulf Zitelmann gelesen, in welchem es um einen sechzehnjährigen Jungen geht, der nicht an Hitlers Krieg glaubt. Die schlimmste Zeit macht er im Jugend-KZ Moringen durch. Dort erkennt er, dass nur die Gedanken frei sind.

Plötzlich wurde mir klar, dass ich über das ganze Ausmaß des Schreckens der NS-Zeit nicht wirklich Bescheid wusste und vor allem, dass ich es keinem meiner Kinder erklären konnte. Das war der Moment, in dem ich begriff, dass ich dem Abgrund des Holocausts weder als Jugendlicher noch als Erwachsener gewachsen gewesen wäre. Jetzt endlich konnte ich ahnen, warum meine Eltern sich so schwer damit taten, mir zu erklären, warum sie nach Amerika ausgewandert waren und warum ich dort aufwuchs. Ihre Verletzungen und Kränkungen waren natürlich nicht zu vermitteln! Ich begriff, dass auch ich, eine Generation später, nicht in der Lage war, die richtigen Worte zu finden. Denn auch für mich war es doch unerklärlich.

Als Kind und Jugendlicher in Amerika verbrachte ich oft den Abend vor dem Fernseher, denn dort gab es unendlich viele Serien, die ich mit großer Freude sah. *Lassie* zum Beispiel, dessen Höhepunkt für mich jedes Mal das Ende jeder Folge war, wenn die Collie-Hündin mit heraushängender Zunge ihre linke Vorderpfote zum Abschied hob. Oder Mister Ed, das sprechende Pferd: »*A horse is a horse, of course, of course, and no one can talk to a horse of course. That is of course, unless the horse is the famous Mr. Ed.*«[*] Auch die *Beverly Hillbillies* schaute ich mit Genuss, denn ich hatte mich in die blonde Tochter der Familie Clampett, Elly May, verliebt. Sie raufte wie ein Junge und trieb

---

[*] Deutsch: »Ein Pferd ist ein Pferd, natürlich, natürlich, und niemand kann mit einem Pferd sprechen, natürlich. Es sei denn, das Pferd ist der berühmte Mr. Ed.«

ihre Oma schier in den Wahnsinn. Elly May war der Inbegriff einer schönen (und vollbusigen) unschuldigen Blondine, eine Hillbilly eben. Unglücklicherweise wurde blond und unschuldig damit eine Zeit lang zu einem *love interest* für mich. Und natürlich sollte die Liebe nicht unbedingt von einem fiktiven Fernsehcharakter inspiriert werden. Elly May habe ich trotzdem nie vergessen. Doch die Serie, die vermutlich am prägendsten für mich war und mein politisch-historisches Weltbild prägte, war *Hogan's Heroes*, zu Deutsch *Ein Käfig voller Helden*.

Hogan's Heroes spielt in einem fiktiven Kriegsgefangenenlager für abgeschossene Flieger der alliierten Streitkräfte im Zweiten Weltkrieg. Die Gefangenen – Amerikaner, Engländer und Franzosen – schaffen es, in ebenjenem Lager ein Netzwerk von Widerstandskämpfern aufzubauen. Unter einem Stockbett befindet sich eine Leiter, die in ein Tunnelsystem führt, welches das Lager (wohlgemerkt kein KZ) mit der Außenwelt verbindet. Die Gefangenen schaffen es, die Lagerleitung – bestehend aus Oberfeldwebel Hans Georg Schultz und Kommandant Wilhelm Klink – an der Nase herumzuführen und somit ihr Spionagenetzwerk geheim zu halten.

Die Serie war in den Jahren 1965 bis 1971 in den Vereinigten Staaten sehr erfolgreich. Später lief die Serie auch in Deutschland, allerdings wurden die Deutschen so synchronisiert, dass sie noch dämlicher erschienen als im Original.

Da meine Eltern mit mir nicht über die Gründe ihrer Immigration und auch nicht über die Abgründe des Zweiten Weltkriegs und der Shoah sprechen wollten, war die Serie gewissermaßen mein Aufklärungsunterricht in Bezug auf den Holocaust. Aus heutiger Sicht ist das besonders grotesk. Drei der Schauspieler in der Serie waren selbst Opfer der Nazis und des Antisemitismus und in die Vereinigten Staaten geflüchtet: Den Kommandanten spielte kein anderer als Werner Klemperer, der Sohn des berühmten Dirigenten Otto Klemperer, der in weiser Voraussicht schon 1933 in die USA ausgewandert war. Werner Klemperer diente, wie mein Vater, von 1942 bis 1945 als Soldat in der US-Armee. Oberfeldwebel »Schultz!« wurde von John Banner gespielt, der als Kind jüdischer Eltern als Johann Banner in Wien geboren wurde und 1938 über die Schweiz nach Amerika floh. Und zuletzt gab es noch Robert Clary, der einen französischen Kriegsgefangenen mit Namen Louis le Beau spielte. Clary war drei Jahre lang in den Konzentrationslagern Auschwitz und Buchenwald gewesen und war der einzige Überlebende seiner Familie. Nach dem Krieg wanderte auch er in die USA aus und machte dort als Sänger und Schauspieler Karriere.

Der dunkle Schatten, dieser Abgrund, vor dem meine Eltern geflohen waren, lauerte also irgendwo in der »Glotzkiste«, wie meine Eltern unseren Fernseher nannten. Er lauerte hinter den wenigen Gegenständen und Möbeln, die mein Vater hatte mitbringen können und die im Wohnzimmer standen; dort, wo auch der Fernseher stand. Die Fluchtgeschichte meiner Eltern steckte in einer alten Uhr, die mit einem alten rostigen Schlüssel aufgezogen werden musste und die auf einer alten Kommode aus Wien stand.

Doch dank der Fernsehserie war diese schreckliche Vergangenheit für mich nur Fiktion. Etwas, das man mit Schalk und Geschicklichkeit lächerlich machen konnte. Die Deutschen in der Fernsehserie waren Spielbälle der französischen, britischen und amerikanischen Offiziere. Letztendlich waren das für mich Helden, eben *heroes*, weil sie das Grauen von mir fernhielten. Trotz aller Gefahr konnten sie mit kluger List die Deutschen hintergehen und so dem Grauen entkommen. Dabei war mir der deutsche Kommandant, gespielt von Klemperer, sogar ein bisschen sympathisch in seiner Tollpatschigkeit.

Am meisten Bewunderung verspüre ich jedoch für Robert Clary. Wie muss es für ihn gewesen sein, diese Rolle zu übernehmen, nachdem er selbst das KZ nur knapp überlebte und seine ganze Familie dort verlor? Für mich ist es aus heutiger Sicht völlig unvorstellbar, sich auf diese Weise mit der eigenen Geschichte zu konfrontieren. Oder war genau das die Absicht dahinter? Erzählen gegen das Vergessen?

Bei dem kleinen Amerikaner vor dem Fernseher jedenfalls, dessen Eltern auch nur durch Flucht überlebt hatten, kam kaum etwas von dem wirklichen Abgrund des Zweiten Weltkriegs an. Das blieb noch eine ganze Weile so, im Grunde setzte ich mich erst im Rahmen der Inszenierung des Theaterstücks *Der Fall Furtwängler* damit auseinander. Ich übernahm die Rolle eines Mannes, der vom Anblick der Befreiung von Bergen-Belsen traumatisiert war, und erst in diesem Zusammenhang realisierte ich den Abgrund. Erst durch die Augen des Major Arnold, also durch die geliehenen Augen einer Rolle, war ich in der Lage, in den Abgrund zu blicken.

GEORG RAUCHINGER
August

Im Jahr 1997, ich war inzwischen vierfacher Vater, erreichte mich ein Anruf von Helmut Griem. Helmut Griem war selbst Schauspieler, in seiner Rolle als Deutscher in *Cabaret* mit Liza Minnelli wurde er berühmt. Helmut war das, was man einen linken Schauspieler nennt, vielleicht nannte aber auch nur er selbst sich so. Immerhin war er ein politisch denkender Mensch – was keinesfalls eine Selbstverständlichkeit in der Branche war – und mit einer ordentlichen Portion antifaschistischer Gesinnung ausgestattet. Wir waren einige Jahre zuvor beide an den Münchner Kammerspielen engagiert gewesen, er gehörte zu den älteren, erfahrenen Schauspielern, ich gehörte zur jungen Garde. Wir verstanden uns gut, und so freute ich mich, als ich seine Stimme am Telefon erkannte: »Na, Augi, alles klar? Du, ich brauch dich! Ich inszeniere ein Stück an der Josefstadt in dem Scheiß-Wien. Mir ist ein Scheiß-Schauspieler abgesprungen, weil er lieber eine Scheiß-Fernsehserie drehen will. Du musst mir helfen. Ist eine tolle Rolle! Es geht um den Dirigenten Furtwängler und den Entnazifizierungsprozess. Das musst du spielen!« So reden nun mal Schauspieler, wenn sie plötzlich Regie führen und einen Kollegen überzeugen müssen.

Zufälligerweise hatte ich das Stück mit dem Titel *Der Fall Furtwängler* gerade erst in London gesehen. Die Hauptfigur ist ein amerikanischer Major, der deutsche Künstler zu ihrer Mittäterschaft im Dritten Reich befragt. Drei Akte lang befasst er sich mit dem berühmten Dirigenten Wilhelm Furtwängler.

Ich sagte Helmut natürlich sofort zu, ich wollte die Rolle tatsächlich unbedingt spielen. Allerdings fügte ich noch hinzu, dass ich große Sympathien für die Figur des Furtwängler hegte, da mein Vater ihn auch sehr bewunderte. Eine einfache Verurteilung seiner Person als Nazi war für mich schlicht nicht möglich.

»Wie willst du dann den Major spielen? Der hasst doch Deutsche, der hasst doch das ganze Scheiß-Nazi-Deutschland!«

»Ja, aber ich glaube, die Sache ist etwas komplizierter als das. Lass das mal meine Sorge sein.«

»Also machst du es? Toll! Großartig!«

Zu dem Zeitpunkt wusste ich noch nicht, was für eine schicksalhafte Entscheidung ich gerade getroffen hatte, doch ich musste plötzlich an den VW Käfer in unserer Garage in Amerika denken. In jenem Wagen hatte ich nämlich einst mit meinem Vater gesessen, wir verbrachten die Ferien in der Steiermark. Meine Eltern hatten den Käfer gerade erst gekauft und wollten ihn nun nach Amerika überführen. Aus irgendeinem Grund wollten sie dort unbedingt einen VW Käfer fahren. Dabei war VW damals, 1963, in den USA noch gar nicht so bekannt. Mein Gott, ein Volkswagen! Wolfsburg! Aber im VW war ein Radio.

Ich glaube, wir waren unterwegs von Grundlsee nach Salzburg. Auf der Fahrt jedenfalls erklärte mir mein Vater, wie man den Takt von Musik hören kann. Wie man die Eins entdeckt sozusagen. Ich weiß noch genau, wie ich da auf dem Beifahrersitz saß und die flache Windschutzscheibe bewunderte. Es war ein grauer VW Käfer. Er begleitete uns dann tatsächlich bis nach Amerika, wo er jedoch bei einem Unfall ein recht tragisches Ende fand. Sicherheitsgurte waren damals noch nicht sehr populär, und so brach sich mein Vater seine rechte Hand, und meine Mutter krachte mit dem Gesicht in die Windschutzscheibe. Ich erinnere mich noch heute daran, wie ihr im Krankenhaus die einzelnen Glasstücke mit einer Pinzette aus der Stirn entfernt wurden. Mein Vater hatte danach einen Gips an der rechten Hand, was für ihn als klavierspielenden Professor natürlich tragisch war.

Doch zurück zu unserem Autoradio: Kurz nachdem es mir gelungen war, die Eins immer wieder zu finden, erreichten mein

Vater und ich Salzburg. Wir spazierten durch die Altstadt und blieben vor einem Plakat stehen, auf welchem in großen Buchstaben »Herbert von Karajan« stand. Darunter, in etwas kleineren Buchstaben, »dirigiert die Berliner Philharmoniker«, und wieder darunter, in noch kleineren Buchstaben, »Ludwig van Beethoven«. Ich war ziemlich irritiert von dieser Anordnung und fragte meinen Vater, ob da irgendwas mit der Buchstabensetzung nicht stimmte. Schließlich hätte doch sicherlich Ludwig van Beethoven die größten Lettern auf dem Plakat verdient! Und auch die Berliner Philharmoniker müssten doch größer platziert werden als der Name des Dirigenten. Denn ein Dirigent wäre ja schließlich nur ein einzelner Mensch und könnte keinesfalls wichtiger sein als der Komponist. Da stimmte doch was nicht!

Ich weiß leider nicht mehr, was mein Vater antwortete. Wenn ich ihn heute vom weißen Wandtelefon aus anrufen könnte, würde er wahrscheinlich sagen: »In dem Fall stimmt es ganz besonders...« Aber wer weiß?

Ebenjener Herbert von Karajan sowie dessen dreifache Parteimitgliedschaft in der NSDAP werden in *Der Fall Furtwängler* von Major Arnold benutzt, um Furtwängler zu verunsichern und ihn dazu zu bringen, einzugestehen, dass auch er im Auftrag der Nationalsozialisten für Hitler dirigiert hat. Furtwängler nannte Karajan immer den kleinen K, er war für ihn ein unbedeutender, eitler Kollege. Natürlich sind Dirigenten in der Regel narzisstisch veranlagt, und natürlich war Karajan für Furtwängler ein Konkurrent. Aber dreifaches Parteimitglied wie von Karajan war Wilhelm Furtwängler definitiv nicht! Er war schließlich »Künstler von Gottes Gnaden«. Aber das kann man auslegen, wie man will, und es ist wohl fraglich, ob man Gott überhaupt in die Nähe des Nationalsozialismus bringen will. Im Stück fällt Furtwängler auch über Toscanini her, er nennt ihn einen »Taktschläger«. Immer wieder musste ich während der Proben an das Radio im VW meiner Eltern denken. Ich war so stolz darauf, dass ich immer noch in der Lage war, den Takt zu erkennen. Ich verstand auch gar nicht, was daran so schlimm ist, wenn ein Dirigent ein »Taktschläger« ist, außerdem meine ich mich zu erinnern, dass mein Vater auch Toscanini sehr verehrte. Doch was mein Vater über Herbert von Karajan dachte, werde ich wohl nie erfahren. Auf jeden Fall begann ich während der Furtwängler-Proben zu begreifen, wie verwickelt die Themen Kunst und Politik sind beziehungsweise wie schwer es ist, einfache Urteile zu fällen.

Ich übernahm also die Rolle des Major Arnold, der von den Bildern der Befreiung des KZs Bergen-Belsen schwer traumatisiert ist. Er bekommt sie einfach nicht aus seinem Kopf. Und endlich wurde auch ich auf radikalste Weise mit dem konfrontiert, womit ich mich bis zu diesem Zeitpunkt nur in Form einer Fernsehserie namens *Ein Käfig voller Helden* beschäftigt hatte.

Zur Vorbereitung auf das Stück wühlte ich mich durch Unmengen an Archivbeständen und Dokumenten. Ich stieß auf Aufnahmen aus den Konzentrationslagern, vom Kriegsende und den Leichenbergen. Ich erinnerte mich sogar dunkel daran, dass ich als Kind, ich war vielleicht fünf oder sechs, während eines kurzen Österreichaufenthalts vor dem Fernseher saß. Man hatte mir einen Comic eingeschaltet, aber irgendwie landete ich auf einem anderen Kanal. Da wurden nackte dünne Leichen auf Haufen gelegt. Als ein Erwachsener sah, was ich sah, wurde sofort umgeschaltet, und ich habe die Bilder verdrängt.

Auch wenn ich normalerweise kein Freund des Identifikationstheaters bin, wurde das Trauma von Major Arnold in mir lebendig. Die Fernsehserie *Hogans Heros* und der leichtfüßige Umgang mit dem Zweiten Weltkrieg lösten sich auf, und es blieb nur noch Abgrund. Und Scham darüber, dass ich erst jetzt das Ausmaß dieser menschlichen Katastrophe zu begreifen begann. Die Proben wurden immer anstrengender, mein hilfloser Hass auf die Welt immer größer, und schließlich brach ich endgültig mit jeder Form von Rechtfertigung des Nationalsozialismus. Trotzdem war es natürlich nur Theater.

Als der Tag der Generalprobe gekommen war, ich zog gerade meinen Mantel an, um mich auf den Weg in die Josefstadt zu machen, klingelte mein Telefon, und eine hohe, fast weibliche Stimme begrüßte mich: »Grüß Gott, mein Name ist Rauchin-

ger, Georg Rauchinger. Ich glaube, ich war ein Bekannter Ihres Großvaters. Das war doch der Ludwig Zirner, oder?«
»Nein, das war mein Vater.«
»Ach so, na ja, dann war es eben Ihr Herr Vater, er ging doch aufs akademische Gymnasium? Dort saßen wir zusammen auf der Schulbank.«

Das konnte ich bejahen und musste unwillkürlich daran denken, wie ich einige Tage zuvor nach der Probe heulend durchs nächtliche Wien gelaufen war, auf der Suche nach irgendwelchen Spuren meines Vaters. Ich hatte mir ausgemalt, wie er vom akademischen Gymnasium zu Fuß nach Hause in die Kärntner Straße ging, und lief ihm hinterher den Weg ab. Noch aufgewühlt vom Stück stellte ich mir vor, wie er möglicherweise angepöbelt wurde, vielleicht noch zu Schulzeiten Anfang der Zwanzigerjahre, mit Sicherheit jedoch später.

Ich spürte, wie es mich erschütterte, nun mit jemandem zu sprechen, der ebendiese Zeit mit meinem Vater verbracht haben sollte, ich war überfordert, und die anstehende Generalprobe setzte mich noch zusätzlich unter Druck. Ich versuchte, Herrn Rauchinger zu vertrösten, erklärte ihm meine zeitliche Not und dass ich wegen eines Theaterstücks hier in Wien wäre. Herr Rauchinger jedoch zeigte sich gänzlich unbeeindruckt: »Ja, das habe ich in der Zeitung gelesen. Sie sind also der Sohn vom Ludwig?«
»Ja, Sie erinnern sich an ihn? Wie schön.« Mir fiel ein, dass ich meine Kontaktlinsen noch gar nicht eingesetzt hatte, und ich blickte nervös auf die Uhr. Helmut Griem liebte Pünktlichkeit. Trotzdem konnte ich mir die Frage nicht verkneifen: »Wie haben Sie denn den Krieg überlebt?«
»Na ja, da hat Ihr Herr Vater mehr Glück gehabt als ich.«
»Wie meinen Sie das?« Meine Nervosität, dass ich zu spät zur Probe kommen würde, wuchs.
»Soviel ich weiß, ist doch Ihr Herr Vater nach Amerika ausgewandert? Da hat er eben Glück gehabt.«
»Herr Rauchinger, es tut mir wahnsinnig leid, ich muss zur Probe. Aber darf ich Sie nicht zur Vorstellung einladen? Dann können wir uns danach treffen und unterhalten.«

»Das wird leider nicht gehen.«

»Warum denn nicht?«

»Ich bin seit dem Krieg schwer gehbehindert. Und alt bin ich auch, das dürfen Sie nicht vergessen.«

Ich ärgerte mich über meine unüberlegte Einladung und schob schnell hinterher: »Lieber Herr Rauchinger, es tut mir so leid, ich bin in Eile, aber darf ich Sie noch etwas fragen?«

»Aber natürlich. Ich werde gerne gefragt! Hier an der Universität in Wien macht sogar ein junger Mann mit mir etwas, das nennt sich Oral History. Ich erzähle ihm etwas, und er zeichnet es auf dem Tonbandgerät auf, sodass die jungen Menschen später aus erster Hand hören, was damals geschehen ist.«

»Ja, ja, unbedingt, aber noch ganz schnell eine Frage: Sind Sie Jude?«

»Na ja, ich bin kein gläubiger Mensch, aber für die Nazis hat's gereicht.«

»Was heißt das?«

»Sechs Jahre russische Kriegsgefangenschaft sind kein Honigschlecken.«

»Wieso sechs Jahre russische Kriegsgefangenschaft? Als was wurden Sie denn inhaftiert?«

»Als Deutscher.«

»Als Deutscher?« Nun vergaß ich, dass ich gleich Generalprobe hatte.

»Ja, meine zweite Frau war aus dem Baltikum, dorthin sind wir vor den Nazis geflohen.«

»Und wann sind sie verhaftet worden?«

»1942.«

»Aber der Krieg war doch 1945 zu Ende, wieso sechs Jahre russische Kriegsgefangenschaft? Sind Sie erst 1948 nach Wien zurückgekehrt?«

»Ja.«

»Und in der Zwischenzeit?«

»Waren wir Kriegsgefangenen für die Russen eine billige Arbeitskraft.«

»Und als Sie nach Wien zurückkamen? Was war dann?«

172

»Da wurde ich das, was man in Wien sehr schnell wird.«

»Was?«

»Professor.«

»Für was?«

»Wir nannten das damals Sowjetologie.«

»Echt?«

»Na ja, offiziell hieß es dann doch *Russian Studies.*«

»Herr Rauchinger, es tut mir leid, ich muss zur Probe, aber wir müssen uns treffen! Sie erinnern sich wirklich an meinen Vater? Er saß mit Ihnen auf der Schulbank? Was wissen Sie noch von ihm? War er ein politischer Mensch?«

»Nein, eher nicht. Er war vielmehr ein Lebenskünstler. Ich nehme an, Ihr Herr Vater hatte ein absolutes Gehör?«

»Ja! Das wissen Sie? Woher wissen Sie das?«

»Nun ja, die Fenster im akademischen Gymnasium gingen zur Straße hinaus. Von dort aus habe ich Ihren Herrn Vater beobachtet, wie er von Automobil zu Automobil ging und hupte. Er konnte jeden einzelnen Hupton benennen, daher nehme ich an, dass er ein absolutes Gehör hatte.«

»Herr Rauchinger, ich rufe Sie nächste Woche an, wir müssen uns treffen! Ich bin so dankbar, dass Sie mich angerufen haben, ich melde mich nach meiner Premiere. Danke. Ich muss jetzt leider wirklich los. Aber ich melde mich ganz bestimmt. Danke!«

»Ich freue mich sehr, wenn Sie sich melden. Auf Wiedersehen und viel Glück für Ihr Theaterstück.«

Ich hatte noch zwanzig Minuten bis zum Beginn der Generalprobe. Für den Weg von meiner Wohnung zum Theater brauchte ich fünfzehn Minuten. Ich legte auf und ging ins Badezimmer, um meine Kontaktlinsen einzusetzen. Es war hoffnungslos. Gegen eine solche Flut von Tränen bringt man keine Kontaktlinsen ins Auge. Ich lief also mit Brille ins Theater. Fünf Minuten vor Probenbeginn war ich dort und zog in Windeseile mein Kostüm an. Griem war natürlich sauer; er konnte es nicht fassen, dass ein Schauspieler so spät kommt, noch dazu bei so einer wichtigen Theaterproduktion. Ich versuchte, die Situation zu erklären, doch wie sollte ich? Endlich gelang es mir, die Kontakt-linsen einzusetzen, meine Uniform saß. Mit einer Viertelstunde Verspätung konnte die Generalprobe beginnen.

Meine Theorie, dass das Leben wichtiger ist als das Theater, hatte sich einmal mehr auf merkwürdige Weise bestätigt. Und ganz nebenbei bin ich in Wirklichkeit ein pünktlicher Mensch.

MEANWHILE, IM PARADIES DER ERINNERUNG
Ana

Ja, Laura genießt ihre Jugend, daran ist nicht zu zweifeln. *Zu meinem einundzwanzigsten Geburtstag wünschte ich mir von meinen Eltern, dass die Tür, die ihr Schlafzimmer mit dem von meiner Schwester und mir verband, in der Nacht geschlossen bleiben sollte. Das war, so hoffte ich, ein wohlgemeinter Wunsch, denn es sollten die Donnerwetter, die meinem zu späten Nachhausekommen folgten, vermieden werden. Voll Liebe gewährten meine Eltern mir diesen Wunsch nicht!*

Bald ist es Laura nicht nur in der Wohnung, sondern in ganz Wien zu eng. *Ich bedrängte meine Eltern damit, dass ich von zu Hause fortmüsste,* schreibt sie. Ich kann ihren wachsenden Drang nach dem Reisen nachvollziehen. Ich erinnere mich gut an mein eigenes Bedürfnis, in diesem Alter dem Vertrauten zu entwachsen, aus dem Bekannten herauszuwachsen, um mich erwachsen dem Unbekannten zu stellen, Neues zu entdecken und mich eigenständig weiterzuentwickeln. Und wie ich in den Neunzigerjahren stößt auch Laura in den frühen Dreißigerjahren bei ihren Eltern mit diesem Wunsch auf offene Ohren. Angesichts der historischen Tatsachen der Zeit ist das beachtlich, wenngleich Laura schreibt, dass *eine ungezielte Reise für Jugendliche meiner Art nicht möglich war.* Natürlich frage ich mich wieder, ob der Begriff ihrer »Art« eine Umschreibung dessen ist, was von außen damals als »dem Judentum zugehörig« definiert wurde und womit schon deutliche Einschränkungen einhergingen.

Immerhin organisiert die Mutter einen Sommeraufenthalt für Laura bei ihrem ältesten Bruder Horace Byatt in England, der als Verwaltungsbeamter in den britischen Kolonien Karriere gemacht hat. Doch bevor sie die Reise antreten darf, kommt der Onkel selbst nach Wien, um die Nichte vor ihrem Besuch in Augenschein zu nehmen. Dabei fällt ihm auf, wie braun gebrannt Laura von ihren Donaueskapaden ist, und der damit sichtbare Lebensstil kommt für den 1930 zum Ritter erhobenen Admiral Sir Horace Byatt nicht infrage. Er verbietet den Besuch. Laura soll erst im folgenden Jahr, dann bitte als »*hellhäutige Nichte*«, nach England reisen. Laura glaubt ihren Ohren nicht zu trauen, als die Mutter ihr nach Onkel Horaces Abreise diesen Entschluss und die Auflagen für einen Besuch mitteilt. Wenn es bei den Byatts so streng zugeht, dann will sie doch überhaupt nicht dort hinreisen. Warum kann sie nicht einfach nach Paris fahren? Die Elsa ist doch auch erst kürzlich allein dorthin gereist? Wieder kommt es zu einem großen Krach im Hause Wärndorfer, und nur August kann Laura beruhigen, indem er ihr verspricht, ihr im kommenden Jahr eine Reise nach Paris zu ermöglichen, denn er hat *für jedes Pochen meines Wesens ein förderndes Mitgefühl*, wie Laura schreibt.

Doch dann stirbt Onkel Horace überraschend im April 1933, und seine wesentlich jüngere Witwe Olga lädt Laura bald ein, sie zu besuchen. Sie empfängt ihre sonnengebräunte Nichte in Hampshire und freut sich, dass mit der charismatischen, selbstbewussten und schönen jungen Frau ein frischer Wind durch das große Haus weht. Der Besuch läutet für die erst vierzigjährige Olga nach den strengen Jahren mit dem ehrgeizigen Gatten eine neue Zeit ein. Und Laura findet in ihrer Tante eine herzliche Freundin und auch endlich eine vertraute Frau, von der sie als Erwachsene ernst genommen wird. Ganz selbstverständlich bietet Olga ihrer Nichte Zigaretten und Sherry an, und so sitzen die beiden Abend für Abend beisammen und öffnen einander die Herzen. Sie tauschen sich nicht nur über ihre Familienkonflikte, über aktuelle Mode- und Stilfragen aus, sondern Laura kann auch endlich all die Fragen über Sexualität loswerden, die sich über die Jahre in ihr aufgestaut haben. Olga erkundigt sich voll Neugier nach dem Lebensstil der jungen Wienerinnen, nach den Partys und Flirts, und hört den ausgelassenen Geschichten von Laura voll Begeisterung zu. Laura bewundert die Ruhe ihrer Tante und beneidet sie um ihre Ausgeglichenheit und Coolness. Und Olga tut es gut, sich selbst eben dieser Qualitäten in ihren Erzählungen bewusst zu werden. Olga weiß aus eigener Erfahrung viel über Liebe und Entsagung und darüber, wie wichtig es ist, gerade in Krisen den Alltag leicht zu nehmen. Sie erklärt Laura, dass nur dann genug Kraft für die wichtigen Dinge bleibt. Für Laura, der nun schwierige Zeiten bevorstehen, ist diese Gelassenheit, aus der heraus man Leid besser ertragen kann und in der man dennoch die umso wertvollere Freude erkennen kann, ungemein wichtig. Zwischen den beiden Frauen entsteht bei Sherry und Zigaretten in der gemeinsamen Behaglichkeit des Landhauses in Hampshire eine tiefe Verbundenheit, die über viele Jahre erhalten bleibt.

Nach ihrer Rückkehr nach Wien macht Lauras Vater sein Versprechen wahr, und Laura darf einer Einladung nach Paris folgen, obwohl sie, wie sie sagt, ihrer bürgerlichen Erziehung nicht entspricht. Der Vater bringt Laura zum Bahnhof, und dort gibt er ihr sogar noch einen wichtigen Rat. *Er nehme an, dass mich ein gewisser Herr in Paris erwarte (…) der würde mich fragen, was ich zu trinken wünsche (…) ich sollte meinem Vater den Gefallen tun und sagen »Paul Roger 1928«*, erinnert sich Laura.

Diese beiden Reisen, die Laura in der Zwischenkriegszeit unternimmt, sind exemplarisch für das Aufblühen einer jugendlichen Freiheit in Wien. Stefan Zweig, selbst eine Generation älter, blickt auf diese Jugend voll Sehnsucht. »Welch eine andere Sicherheit ist dieser neuen Jugend zu eigen, die niemandem sonst Rechenschaft geben muss über ihr Tun und Lassen als sich selbst und ihrer inneren Verantwortung, die der Kontrolle sich entrungen hat von Müttern und Vätern und Tanten und Lehrern (…) Glücklich genießt sie ihr Lebensalter mit dem Elan, der Frische, der Leichtigkeit und der Unbekümmertheit, die diesem Alter gemäß ist. Aber das schönste Glück in diesem Glück scheint mir, dass sie nicht lügen muss vor den andern, sondern ehrlich sein darf zu sich selbst, ehrlich zu ihrem natürlichen Fühlen und Begehren.«

Na ja, Stefan Zweig wusste ja noch nicht, wie viel auch diese Generation verdrängen würde.

DUNKELGRÜNE MAJORITÄT
Ana

Zurück auf dem Speicher meiner Eltern fällt mir beim weiteren Kramen in dem alten Koffer aus Elefantenhaut ein einzelnes dünnes Blatt in die Hände. Es ist ein langes, gelbliches Stück Seidenpapier, auf das mit Schreibmaschine getippt wurde. Betitelt ist es mit *Majoritäts-Bänkel vom Oktober 1936*. Ich gehe davon aus, dass es sich dabei um eine Art Geburtstagslied zur Volljährigkeit von Laura handelt. Leider ist der Autor des Textes auf dem Blatt nicht vermerkt, aber es muss von jemandem aus der Familie geschrieben worden sein, und mir bleibt nur zu ahnen, dass es der Vater selbst für sie verfasst hat:

Vor einundzwanzig Jahren
Als wir am Land noch waren
Kam der Storch und tat der Mutter weh
Per Rad, trotz Sturm und Regen
Auf arg zerweichten Wegen
Ward geholt der Doctor Mulatier
Der eilte schnell herbei
Und schon verkünd' ein Schrei
Ein Mädel ists, wie Ihrs gewollt
Und dieses schwarze Schäderl
Gehört dem Laura Mäderl
Und ihr Herz, das ist aus purem Gold.
An ihrer Mutter Brust
Trinkt sie mit großer Lust
Die Milch der Großbritannschen Denkunksart
Sie wird auch groß geschwinder
Als manch andre Kinder

Die Beine lang und die Gelenke zart
Was wird gelobt von Allen?
Was sieht man weithin strahlen?
Die Augen in dem Schäderl
Von dem Laura Mäderl
Und ihr Herz aus purem Gold

In dieser Art geht es noch mehrere Strophen weiter. Es wird noch Lauras Schönheitssinn sowie ihr beruflicher und sportlicher Erfolg besungen, und es wird betont, wie beliebt sie bei den »Jünglingen« sei, die alle »nach dem süßen Ziele« streben würden, und die sie alle »einzeln ausprobieren« müsse.

Mich schaudert bei der Lektüre, aus zweierlei Gründen. Zunächst finde ich es durchaus seltsam, dass mir in diesem Text so viel bestätigt wird, was ich noch nicht wissen konnte, als ich vor ein paar Wochen das Kapitel über Lauras Geburt fabuliert habe. Ich habe vor dieser Lektüre nicht gewusst, dass es am Tag von Lauras Geburt in Strömen geregnet hat. Geschweige, dass der Arzt per Fahrrad kam. Ich hatte mir das ausgedacht! Und jetzt stehe ich hier, von der niedrigen Schräge des kalten Speichers zu einem Buckel gezwungen, mit diesem gruseligen Text in der Hand und kann es kaum fassen. Das Lied selbst kommt mir zudem morbid und düster vor. Liegt das nur daran, dass mir die Sprache fremd ist? Dass sie aus einer anderen Zeit stammt und vor »völkischen« und patriarchalen Begriffen strotzt? Ich kenne diese Sprache nur im historischen Kontext von Nazideutschland.

Insgesamt stelle ich fest, dass für mich in all dieser Vergangenheit, wie sie mir aus den alten Dokumenten aus dem Koffer, meiner Recherche zu Wien in dieser Zeit und auch aus Lauras Buch entgegenschlägt, etwas liegt, das mir unangenehm ist. Der Geruch der Sachen ist mir nicht nur auf kuriose Weise vertraut, er stößt mich auch ab, weil darin so viel Staub liegt, der nicht nur aus dem Vergehen von Zeit stammt. Es fehlt mir das Licht, es fehlt die Frische. Auch oder sogar besonders, wenn es um die Zeit nach den Kriegen geht. Es ist viel muffig, dunkelgrün und irgendwie *trachtig*. Das gilt sogar teilweise für Lauras Grafiken, die für meine Begriffe meist recht kühl sind. Das Design ist ordentlich, klar, ästhetisch, entschieden. Es mangelt auch nicht an *sophistication*, aber selbst in den feinsten Linien scheint mir viel Gewicht zu haften. Dabei ist es nicht die Symmetrie, die es schwer macht, denn Laura bricht mit dieser sehr bewusst. Symmetrisch wäre Naziästhetik, und das ist es nicht. Aber es ist streng. Natürlich, vieles davon hat mit der Zeit zu tun, in der Laura sozialisiert wurde. Es hat auch mit dem Großbürgerlichen zu tun, mit der Moral, dem Herrenhaus, sogar mit dem liberal-sozial-konservativ-internationalen Denken der Eltern. Ich finde Kreuzstichmuster en masse. Wann Laura sich damit beschäftigt hat, weiß ich nicht, aber ist es nicht bieder und streng, nach Mustern Kreuze in steife Stoffe zu sticken?

Schon als August und ich zu Beginn unserer Arbeit an diesem Buch an den Grundlsee fuhren, spürte ich diesen leichten Grusel. Hinter den Fassaden schien etwas verschwiegen zu werden, ich wurde das Gefühl einfach nicht mehr los. Auch wenn es freilich nicht etwas so Großes wie der Nazischatz war, der angeblich im Toplitzsee versenkt wurde, hatte es doch den gleichen Dünkel, dunkelgrün wie die Lodenjacken und Fensterläden, leicht morbid wie die Geweihe an der Wand und die Hirschhornknöpfe an den Jacken. Auf alten Fotos, die bei der Sommerfrische am Grundlsee aufgenommen wurden, ist auch mein Vater August immer wieder in Trachten gequetscht abgebildet. Auf mich wirkt sein Gesichtsausdruck darauf etwas gerümpft, beklemmt oder gar verklemmt. Ein Bild zeigt ihn als junger Mann auf dem Schoß seiner Mutter sitzend, und ich finde, sein Lächeln wirkt leicht gequält. In mir macht sich bei diesen Bildern Beklemmung breit.

WELCHE UNIFORM PASST ZU MIR?

August

»To be, or not to be«, oft zitiert, Shakespeare. Meine Frage hingegen lautet: Bin ich Jude, oder bin ich's nicht?« Auch diese Frage hängt mit meiner Überlegung zusammen, warum ich meine Großmutter verkaufen sollte. Die Frage rumort in mir seit meinem vierzigsten Lebensjahr. Seitdem der Abgrund, das Ausmaß der Shoah und was sie für die Menschheit bedeutet hat, mir halbwegs bewusst geworden ist. Bin ich Jude? Natürlich weiß ich, dass ich nach jüdischem Gesetz, nach der Halacha, kein Jude bin, denn meine Mutter stammte von einer Protestantin ab, aber so einfach ist das alles nicht. Zu welchem Volk gehöre ich denn? Zu welcher Kulturgemeinde, zu welcher Kultusgemeinde? Natürlich könnte ich leicht sagen, ich bin halt Künstler, zur Not sogar Lebenskünstler, aber irgendwie hat mir das viele Jahre als Selbstbestimmung nicht gereicht. Irgendwo dazugehören, in einer übergeordneten Gruppierung, wollen wir doch alle, oder nicht? Oder habe ich nie akzeptiert, dass ich eigentlich nirgendwo dazugehöre und tief drinnen nirgendwo dazugehören will? Vielleicht ist das Pochen auf Individualität, auf Selbstständigkeit und Unabhängigkeit für mich viel verbindlicher als die Zuordnung zu einer Gruppe. Warum will ich überhaupt irgendwo dazugehören?

Als Kind war es mein sehnlichster Wunsch, Pfadfinder zu werden. Ich wollte so gerne die Uniform tragen: dunkelblaues Hemd, gelbes Halstuch und diese kurze Hose mit dem gelben Streifen am Außenbund. In meiner Vorstellung saßen die Pfadfinder ständig um ein Lagerfeuer und schnitzten, sie wirkten auf mich wie harmlose, kindliche Polizisten. In Amerika heißen die

181

Pfadfinder *Boy Scouts*. Um aufgenommen zu werden, muss man Knoten binden lernen, das fiel mir allerdings ziemlich schwer. Ich konnte mir die verschiedenen Techniken einfach nicht merken. Erschwerend kam noch hinzu, dass meiner Mutter die Uniform der amerikanischen Pfadfinder ganz und gar nicht gefiel. Sie sagte, sie würde sie an die Pimpf-Uniformen in Österreich erinnern. Die Pimpfe waren die Jungen der Hitlerjugend und demnach natürlich blöd. Doch ich habe nicht wirklich nachgefragt, was ein Pimpf ist und wofür er steht. Irgendwie war aus der Abneigung meiner Mutter einfach deutlich zu spüren, dass sie unsympathisch waren. Tja, möglicherweise verpasste ich damals meinen ersten Geschichtsunterricht. Jedenfalls wurde ich nicht Pfadfinder.

Die nächste Uniform, die ich zu gern tragen wollte, war die einer Baseballmannschaft. In meiner Heimatstadt gab es gesponserte Amateurbaseballmannschaften für die Jugendlichen. Klar, dass ich Teil der *Junior League Baseball* werden wollte. Die schönste Uniform war die der Firma *Sunbeam Bread*. *Sunbeam Bread* ist ein richtig typisch amerikanisches Brot: weiß, aus einem klebrigen Teig, den man so lange kneten konnte, bis man einen runden klebrigen Ball in der Hand hatte. Eine weiße unappetitliche Masse, ideal, um im Klassenzimmer Mitschüler zu bewerfen. Aber die Baseballuniform des Brotproduzenten, die wollte ich unbedingt tragen. Weiße Knickerbocker mit blauen Strümpfen und Baseballschuhe, dazu ein weißes Hemd mit blauen Streifen und die blaue Baseballkappe, auf der in großen Lettern SUNBEAM BREAD stand. Für mich der Inbegriff sportlicher Eleganz, ein bisschen edler als die Uniformen der andern Sponsoren wie *Pepsi Cola* oder *Renner Wycoff Funeral Home*.

Ich fing also an, Baseball zu spielen. Bei einem Übungsspiel für die *Sunbeam-Bread*-Mannschaft traf der Ball, er ist ziemlich hart, einen Spieler ins Gesicht. Seine Nase und vor allem seine Lippen sprangen auf und bluteten wie wahnsinnig. Am nächsten Tag in der Schule sah man auch noch, dass er seine zwei vorderen Schneidezähne verloren hatte. Daraufhin beschloss ich, Catcher zu werden. Das ist der Spieler, der hinter der Homebase hockt und mit Brustschutz, Gesichtsschutz und Schienbeinschutz ausgestattet ist. Mein Wunsch, beim Baseballspielen gesehen zu werden, trat hinter dem Wunsch, körperlich unversehrt zu bleiben, zurück, denn der Schutzpanzer machte mich ziemlich unkenntlich. Doch ich war schlecht als Catcher und wurde schon bald ersetzt. Von da an stand ich weit draußen auf dem Feld und wartete darauf, dass ein Ball einmal in meine Richtung geschlagen wurde, was nur selten geschah.

Im Sommer beschloss meine Mutter, nach Österreich zu fahren. Ich musste das Baseballtraining und meine Bewerbungsspiele für die *Sunbeam-Bread*-Mannschaft unterbrechen und fuhr mit meiner Mutter in die Steiermark. Dort bekam ich eine neue Uniform. Ein weißes Hemd mit rosa Seidenbinderl und eine Jacke, ein sogenanntes Steirer Jankerl. Meine Mutter trug Dirndl, und statt Baseball lernte ich steirische Volkstänze. Warum meine Mutter so gerne die steirische Tracht trug, habe ich nicht hinterfragt. Ana meint, dass ich in der Steirertracht einen etwas gequälten Gesichtsausdruck hatte, das gibt mir zu denken. Ich war einfach froh, endlich eine Uniform zu tragen, und hätte vielleicht lieber darüber nachdenken können, wieso ich mir damals in der Steirertracht schon mit dreizehn so viel Obstler hinter die Birne goss. Ich weiß nicht, womit ich mich identifiziert habe, aber das Lernen der Tänze hat mir irgendwie Spaß gemacht. Vor allem der Tanz mit dem klingenden Namen »Fensterl«, bei dem sich Mann und Frau im Walzerschritt umeinanderdrehen und mit ihren Armen ein Fenster bilden, durch das sie sich dann kokett ansehen, hatte es mir angetan. Im Gegensatz zur bayerischen Volksmusik, die ähnlich klingt, liebte ich die filigraneren und höflicheren steirischen Ländler und Tänze von Anfang an.

Mehr noch als das Fensterl mochte ich das Paschen. Hierbei bilden die Männer einen Kreis, die Frauen stehen hinter ihnen. Mal mit hohler, mal mit flacher Hand, teilweise auch synkopisch, beginnen die Männer, rhythmisch zu klatschen. Dazu werden Stanzerl, steirische Lieder, gesungen. Da ich das Stoasteirische nicht verstand, gab ich einfach tönende Vokale und Urlaute von mir. Nur meine Lieblingsstrophe konnte ich laut mitsingen: »Mit dem Kopf z'amm, mit dem Oarsch z'amm!« Währenddessen drehten die Tanzenden sich um, verbeugten sich und stießen mit dem Kopf mit der hinter ihnen stehenden Dame zusammen, drehten sich abermals um und stießen nun natürlich mit dem Po mit der jeweils dahinter stehenden Dame zusammen. Das war eine regelrecht früherotische Erfahrung für mich.

Während dieser sommererfrischenden Erfahrung bekam meine Mutter einen Brief von einer Freundin aus Amerika, in dem mir meine Aufnahme in die *Sunbream-Bread*-Baseballmannschaft mitgeteilt wurde. Welch unglaubliche Bestätigung und Ehre! Mein Selbstbewusstsein wuchs, und ich tanzte die steirischen Tänze umso freudiger.

Doch nach den Sommerferien war die Baseballsaison bereits zu Ende. Das Schuljahr begann, und ich musste meinen Traum von der *Sunbeam-Bread*-Uniform auf das nächste Frühjahr verschieben. Im Laufe des Schuljahrs zwischen Mathematik, Englisch, Physik, Chemie und Französisch verging mir allerdings irgendwie die Sehnsucht nach Baseball. Und so kam es, dass ich weder eine Baseball-Uniform noch eine Pfadfinder-Uniform je trug.

Eines Tages, auf dem Heimweg von der Schule, fragte mich ein Schulkamerad, ob ich denn wüsste, wieso meine Eltern von Wien nach Amerika ausgewandert waren. Sein Vater hätte ihm gesagt, meine Eltern wären sicher vor den Nazis geflohen und ich sei doch mit Sicherheit jüdischer Herkunft. Warum ich dann nicht in die Synagoge käme? Ich antwortete ihm, dass ich schon wüsste, dass meine Eltern aus Wien geflohen waren, dass ich jedoch eigentlich ohne Religion aufwachsen würde. Na ja, Weihnachten würden wir schon feiern, aber das wäre doch ein Geschenkefest mit Baum und so. Mein Freund war der Meinung, dass wir eigentlich Chanukka feiern müssten. Davon wusste ich nichts, also beschloss er, mich mit in die Synagoge zu nehmen. Mir gefielen die Thorarolle und der Brauch, doch ich merkte, dass ich zu wenig verstand. Meine Eltern betonten, dass ich eigentlich gar keiner Kirche angehöre. Ich sei zwar episkopalisch getauft worden, hatte drei Taufpaten, Onkel Paul, der zwar Jude sei (und deswegen auch aus Wien geflohen war), Tante Irmgard, die hingegen Opernsängerin und sehr katholisch sei und bei meiner Taufe eine dunkle Sonnenbrille trug, damit der liebe Gott sie nicht in der Ketzerkirche erkannte, und meine Lieblingstaufpatin Dorothy, die, wie ich später erfuhr, auch einer jüdischen Familie entstammte. Also war ich wieder ohne religiöse oder gar kultusmäßige Zugehörigkeit.

Der nächste Versuch, an eine Uniform zu gelangen, war mein Beitritt in die Highschool-Tennismannschaft. Immerhin trug man dort eine schlichte weiße kurze Hose und ein schlichtes weißes T-Shirt. Tennis fand meine Mutter in Ordnung, ein eleganter Sport und auch ein bisschen ungewöhnlich. Etwas für Gentlemen. Zum Glück gab es damals in Amerika in jedem Park einen Tennisplatz, so blieb mir die ganze Tennisklub-Misere, wie sie mich in Deutschland erwartet hätte, erspart. Endlich war ich bei einem Volkssport angekommen.

Doch auch Tennis sollte nicht zur gewünschten uniform- oder identitätstiftenden Maßnahme für mich werden – dieses Mal scheiterte es am Trainer. Als der nämlich erfuhr, dass ich parallel zum Sport auch noch Musik machte, verlangte er prompt eine Entscheidung. Sport oder Musik, für beides würden seiner Meinung nach meine Kapazitäten nicht ausreichen. Ich hielt mich an meine musikalischen Eskapaden und verließ die Tennismannschaft ohne große Reue. Aber unausgesprochene Herkunftsfragen blieben somit einmal mehr unbeantwortet auf dem Platz liegen.

Warum nur wollte ich überhaupt irgendwo dazugehören?

ANSCHLUSS
Ana

»Who has not fallen with his country, with its ideals and its very own life, does not know what it means to be killed and remain alive.«[*]

Es ist doch ein Frühling wie immer. Freudige Erwartung liegt in der Luft, es duftet nach Zukunft, und in jeder Pore spürt Laura die Energie und den Mut, um in ihr eigenes Leben aufzubrechen. Sie ist zweiundzwanzig Jahre alt und hat es nicht für möglich gehalten, dass so viel Freude in ihrem Inneren Platz finden kann wie in diesem Frühjahr. Sie ist alt genug, um selbstständig zu sein, sie ist jung genug, um die Welt zu erobern. Es gilt nur noch, diese eine Hürde zu überwinden, dann wird es losgehen. Wenn Schuschniggs Volksabstimmung vorbei ist, da ist sie sich sicher, dann wird das Leben leichter und besser als je zuvor. Es handelt sich ja nicht einmal um eine richtige Volksabstimmung, sondern lediglich um eine Volksbefragung, mit rein symbolischem Wert, denn es muss ja nur das bestätigt werden, worüber sich doch alle einig sind: Dass Österreich frei und unabhängig bleiben wird! Niemand, so kommt es Laura vor, hat auch nur den leisesten Zweifel daran, dass der 13. März 1938 irgendetwas anderes bringen kann als Glück.

Aber schon am 10. März wird mit einem Donnerschlag deutlich, dass nun alles anders wird: Unter Androhung des Einmarsches der deutschen Truppen wird Schuschniggs Abstimmung

---

[*] Laura in einem Aufsatz 1940 in Toronto; Deutsch: »Wer nie mit seinem Land, seinen Idealen und seiner Identität untergegangen ist, der weiß nicht, wie es ist, getötet zu werden und doch am Leben zu bleiben.«

einfach abgesagt. Die Frühlingssonne wird vom Hakenkreuz verdrängt. Die klare, frische Luft voll Vogelgezwitscher wird von der schwarzen Wolke der Bedrohung durch Adolf Hitler verpestet. Es bleibt keine Zeit zu verstehen. Es folgt nur Unglück. Unglück in der Uniform der Nazis. Plötzlich sind sie überall, und es werden immer mehr. Und nur einen Tag später, am Abend des 11. März, hält Schuschnigg diese Rede voller Widersprüche. Ausnahmsweise hört heute die ganze Familie zusammen Radio. Die Schlussworte »Gott schütze Österreich!« bleiben im Raum hängen, als Ricky das Radio ausschaltet. Sie sitzen um den großen runden Tisch im Speisezimmer, und niemand scheint so richtig zu verstehen, was das bedeutet. Ricky springt auf und setzt sich gleich darauf wieder. »Wir haben keine Zeit«, sagt er. Nein, es bleibt keine Zeit zu verstehen, denn nicht nur im Inneren ist Aufruhr, auch die Straßen Wiens werden jetzt vom Gebrüll der Demonstrationen beherrscht. Da ist Enthusiasmus, da ist Wut: »Heil Schuschnigg!« Dann irgendwann fehlt die Wut, und es bleibt der Enthusiasmus, der sich in schier wahnsinnige Euphorie steigert. Oder ist es Hysterie? »Heil Hitler!« Wie in einem Albtraum wogt der Lärm unaufhörlich weiter, kommt näher. Überrollt sie. Keine Zeit, keine Zeit. Die Geschichte trampelt weiter und poltert jetzt auch gegen die Tür ihrer Wohnung. Poltert in die Wohnung. Uniformen, Naziuniformen überall und das Gesicht des aufrechten Ricky, des stillen Bruders, nimmt plötzlich eine surreale Farbe an, die Laura nur mit grün-grau beschreiben kann. Sie kommt nicht umhin festzustellen, dass diese Gesichtsfarbe rein gar nicht zu der dunkelblauen Eliteuniform der Ehrengarde Schuschniggs passt, die er trägt. Er ist so gefasst, so ruhig. Das wiederum passt zu dem Dunkelblau. Aber wie kann er so ruhig sein? Die Naziuniformen zerren an ihm, die roten Armbinden ziehen bei all der Bewegung stinkende Schlieren durch die Luft. Sein Kopf bleibt trotzdem hoch erhoben. Ricky leistet keinen Widerstand. Trotzdem stoßen sie ihn aus der Wohnung heraus.

Im Türrahmen dann dieser Moment, der sich in ihre Köpfe einbrennt, als gäbe es dafür auf einmal Zeit: Ricky wendet sich an die Mutter und sagt: »Keine Sorge, ich bin bald zurück.«

Aus dem Fenster schauen sie hinunter auf die Traungasse und sehen die roten Armbinden weiter an ihm zerren. Von der dunkelblauen Uniform von Ricky ist nichts mehr übrig. Nur sein weißer nackter Oberkörper neben all den anderen weißen nackten Oberkörpern und seine erhobenen Hände und die Pistole vor seinem Gesicht. Und seine weißen Unterhosen, die im Wind flattern. Sie schießen nicht. Nein, sie schießen nicht. »Keine Sorge, ich bin bald zurück.« Sie werden in einen Wagen gestoßen, Türen knallen, der Motor brüllt. Weg ist er. »Keine Sorge, ich bin bald zurück.«

Was bleibt, ist eine unheimliche Stille. Der Lärm von den Demonstrationen draußen ist noch da, aber sie hören ihn nur noch gedämpft. Er ist in weite Ferne gerückt, erstickt von den Bildern der letzten Minuten, die sich nun in Endlosschleife wiederholen. »Keine Sorge, ich bin bald zurück.«

Sie setzen sich wieder an den großen runden Tisch im Speisezimmer. Keiner sagt etwas, stattdessen legen sie Patiencen. Rickys Stuhl ist leer. »Keine Sorge, ich bin bald zurück.« Also warten sie. Und spielen. Sie legen Karten, die ganze Nacht. Patience. Geduld.

Erst viel später werden sie verstehen, dass dies die letzte Nacht war, in der sie noch daran geglaubt haben, als Familie zusammenbleiben zu können. Dass es das letzte Mal war, dass sie alle zusammen an dem runden Tisch gesessen haben.

Eine Karte auf die andere, der Reihenfolge nach. Die Sonne geht auf. Während die Stadt weiter von den marschierenden Deutschnationalisten bebt, stehen die Schwestern Laura und Betty am Morgen in der Schlange vor dem Polizeikommissariat. Einer Schlange, so lang wie die der Karten auf dem Tisch, dicht an dicht gedrängt. Mit jeder Behörde, die sie an dem Morgen aufsuchen, um herauszufinden, wo der Bruder hingebracht wurde, fließt mehr von dieser zähflüssigen dunklen Angst in sie hinein. »Keine Sorge, ich bin bald zurück.« Klebrig und schwer, wie Motorenöl füllt es sie von innen. Niemand kann ihnen Auskunft geben, es herrscht ein betäubendes Chaos. »Wenn es nur heute schon ein Jahr später wäre, damit wir wüssten …« Immer wieder sagt Betty diesen Satz, als könne er der erstickten Stimmung Linderung verschaffen.

Die Verhaftung ihres Bruders Ricky beschreibt Laura nicht in ihrem Buch. In einem Aufsatz von 1940, den ich finde, gibt sie lediglich ein paar Hinweise darauf. Diese Verhaftung hatte freilich rein gar nichts mit dem jüdischen Hintergrund der Familie zu tun, sondern – quasi im Gegenteil – mit Rickys austrofaschistischer Gesinnung und seiner Treue zu Schuschnigg. Angeblich wurde er nach zwei Wochen freigelassen, wie Betty in ihren Memoiren festhält. Er sei abgemagert gewesen, unrasiert und bleich. Er erzählte wohl, dass man ihn gezwungen hätte, Medikamente zu nehmen, und dass er und die anderen Gefangenen schließlich nur freigelassen wurden, damit in dem Gefängnis Platz für reiche Juden geschaffen werden konnte. Welches »Gefängnis« er hier meint, ist unklar. Es ist aber möglich, dass er als einer von 7800 Österreichern temporär im KZ in Dachau inhaftiert wurde, wie viele andere Repräsentanten des »Ständestaats« auch, wenngleich ich seinen Namen auf der ersten Transportliste der alles akribisch dokumentierenden Gestapo vom 2. April 1938 nicht finde.

Es ist nicht zuletzt den Bemühungen und der Bürgschaft von Olga Byatt in Schottland zu verdanken, dass es Ricky gelang, Österreich schließlich zu verlassen und über Schottland nach Kanada zu gelangen.

JÜDISCHE PARANTHÉ

Ana

*Im Frühjahr 1938 musste meine Familie wegen der jüdischen
Paranthé Österreich verlassen.*

Das ist der einzige Satz, mit dem Laura in dem Buch für ihre
Enkel die Umstände der Emigration ihrer Familie beschreibt.
Es gibt keine Szenen der Entwürdigung oder von Repressalien,
keine Indizien für die aufwendigen Behördengänge, die »Reichsfluchtsteuer« und andere Schritte, die zu diesem »musste«
geführt haben. Sicherlich haben diese in der Realität stattgefunden. Laura spricht darüber nicht.

Aber was mich am meisten irritiert, ist das »wegen« in dem
Satz. Denn darin liegt eine himmelschreiende Verdrehung der
Tatsachen, die vielen kaum auffallen mag. Meine Familie wurde
damals nicht wegen ihrer Zugehörigkeit zur jüdischen Kultur
vertrieben, sondern weil die Nazis entschieden hatten, dass diese
Zugehörigkeit ein Grund war, jemanden ausgrenzen, vertreiben,
vernichten zu dürfen! Mich macht es wütend und traurig, dass
diese Verdrehung noch heute scheinbar selbstverständlich im
Vokabular vorkommt. Es ist wie der Begriff »Drittes Reich«, mit
dem man Hitler erlaubt, seine Schreckensherrschaft überhaupt
als »Reich« titulieren zu dürfen, und damit auch noch einen
Begriff weiterträgt, der damals von den Nationalsozialisten pro-
pagandistisch eingesetzt wurde. Mich berührt das, weil ich von
der Macht der Worte und ihrem Einfluss auf die gesellschaftliche
Bildung und Wahrnehmung überzeugt bin.

Aus heutiger Sicht ist es kaum nachvollziehbar, was an den
Wärndorfers »jüdisch« gewesen sein soll. Augusts Vater Samuel
Wärndorfer und seine Mutter Bertha, geb. Neumann, waren

jüdisch geboren und blieben es vermutlich bis zu ihrem Tod. Die Geburt von Lauras Vater August und auch die Eheschließung mit dessen erster Frau sowie die Geburten der Kinder aus dieser Ehe sind in der Israelitischen Kultusgemeinde in Wien verzeichnet. Allerdings trat August Wärndorfer gemeinsam mit seiner ersten Frau Adrienne Margueritte Hakim und den Kindern Wau und Nora schon etwa 1902 aus, und sie ließen sich in der evangelischen Kirche taufen. Augusts zweite Frau Connie war Anglikanerin, und ihr war der Glaube sehr wichtig. Laura schreibt, dass er ihr zuliebe vor der Hochzeit der Church of England beitrat. August Wärndorfer war laut seiner Tochter Laura selbst der Überzeugung, dass man als Österreicher ein getaufter Christ sein müsse.

Überhaupt empfand sich die Familie selbst nicht als »jüdisch«. Betty schreibt: »Wir haben uns selbst nie als jüdisch empfunden, weil man in der Zeit Menschen noch nicht Rassen zuordnete. Wir wussten nichts über den jüdischen Glauben, wir waren in katholische Schulen gegangen und gehörten der anglikanischen Kirche an. Auch wenn wir jüdische Vorfahren hatten, haben wir uns selbst nie als weniger österreichisch empfunden als alle anderen.«

Abgesehen davon gilt im konservativen Judentum laut der Halacha die matrilineare Abstammung, vereinfacht kann man sagen, dass der Glaube nur über die Mutter vererbt wird. Laura und ihre Geschwister waren christlich getauft, und das Abendgebet, vor dem Bett kniend gesprochen, gehörte zum täglichen Ritual. Für die Nazis waren sie trotzdem allesamt »jüdisch genug«. Die Begründung dafür finde ich an der logischen Stelle, in den »Nürnberger Rassengesetzen« vom 15. September 1935, in denen die Nazis ihre rassistische und antisemitische Ideologie in ein Gesetz gossen.

Den Nazis war bekanntlich gleichgültig, dass August Wärndorfer das Judentum nicht praktizierte. Für sie war er schlicht ein »Volljude«, was ihm in aller schriftlicher Korrespondenz später auch den verpflichtenden Beinamen »Israel« einbrachte. Seine Frau Connie musste ihren nichtjüdischen Hintergrund mit einem »Ariernachweis« belegen. Die Kinder, also Laura und ihre Geschwister, galten demnach als »jüdische Mischlinge ersten Grades«.

Laura schreibt, dass der Begriff »Faschismus« für sie damals vage war. Anhand einer Anekdote, die sie beschreibt, verstehe ich etwas besser, was sie damit meint. Bei der Hochzeit einer Freundin von Laura wünschte deren Mutter einen »arischen« Hochzeitszug. Von den vierundzwanzig jungen Männern und Frauen, die dafür auserkoren wurden, galten schon kurze Zeit später – nach der Einführung der Nürnberger Rassengesetze – nur noch vier der Beteiligten als »arisch«.

Aber hat sich meine väterliche Familie in den drei Jahren vor dem Anschluss Österreichs an Hitlerdeutschland wirklich nie damit befasst, was die im Nachbarland schon geltenden »Rassengesetze« für sie heißen würden? Alles, was ich herausfinden kann, deutet genau darauf hin. Erst als August Wärndorfer einen Brief bekommt, in dem er aus dem Österreichischen Automobilklub ausgeschlossen wird, den er selbst 1905 gegründet hatte, wird ihm klar, dass er möglicherweise in Gefahr ist.

In den Tagen und Wochen nach dem Anschluss setzte sich das durch, was neben den politischen und militärischen Erfolgen Hitlers ekelhaftester Triumph war: Dort, wo kurz vorher ein Mord noch eine erschütternde Straftat gewesen war, wo Enteignung zuvor noch als Raub gegolten hatte, stumpfte die ständige Gewalt die Menschen ab, das Recht des Einzelnen verlor seine Bedeutung. Zu all dem, was zuvor internationale Ächtung hervorgerufen hätte, ließ die Weltgemeinschaft jetzt kaum Gegenstimmen laut werden.

Eines Tages ruft die Mutter bei Laura im Büro an. Soeben hat sie der Tageszeitung die »neuen« Rassengesetze entnommen, die wegen der jüdischen Vorfahren ihres Mannes nun auch für ihre Familie gelten konnten. »*You are alright*«, sagt sie zu Laura nur, die zunächst gar nicht versteht, worum es geht. Und ich frage mich heute: Hat Connie die Gesetze falsch verstanden? Sicher, als »Mischling ersten Grades« standen ihre Kinder nicht ganz oben auf der Liste. Aber wie konnte sie glauben, dass Laura in Sicherheit war?

Im Frühjahr 1938 musste meine Familie wegen der jüdischen Paranthé Österreich verlassen.

Da Laura im April 1938 die Einzige in ihrer Familie ist, die eine Anstellung hat, kann nur sie eine Ausreisebewilligung beantragen. Als offiziellen Grund gibt sie an, den »Ariernachweis« für die Mutter aus England zu holen, was sicherlich auch der Wahrheit entspricht. Laura hat allerdings auch die Botschaften anderer Wiener Freunde und Bekannten im Gepäck, die sich alle um eine Ausreise bemühen. In London trifft sie ihre Tante und Freundin Olga, die ihr bei den Behördengängen hilft. Sie hat sich bereit erklärt, die Familie Wärndorfer in ihrem Haus aufzunehmen, und stellt die erforderlichen Bürgschaften für die ganze Familie Wärndorfer aus.

Zurück in Wien haben Lauras Eltern bereits gepackt. Bei ihrer Rückkehr erschrickt sie darüber, wie leer die Wohnung ist, in der nun jeder Schritt hallt, in der das Knarzen der einen Schwelle plötzlich doppelt so laut klingt. Die Vorhänge fehlen, und überhaupt lassen die leeren Zimmer Laura an ein Gerippe denken. Ähnlich leer findet sie die Gesichtsausdrücke ihrer Eltern. Der große runde Tisch aus dem Esszimmer, das Herzstück der Wohnung, ist verschwunden, den haben sie noch verkaufen können. Die Patiencekarten sind verpackt. Nur einige der vom Vater besonders geliebten antiken Möbel, die wertvollsten Prachtstücke, sollen in der Wohnung zurückbleiben, wie mit den arischen Nachmietern vereinbart. Als sie das letzte Mal durch die Wohnung gehen, verneigt sich August Wärndorfer vor jedem der zurückgelassenen Möbelstücke und sagt leise »Adieu« und »ich danke«.

Als die Wohnungstür zum letzten Mal ins Schloss fällt, umklammert die Mutter noch immer ein mit einem Riemen umschnalltes Kistchen aus Leder. Sie umklammert damit die Erinnerungen an eine Zeit, in der die Familie noch zusammen war. Kinderfotos aus glücklichen Tagen. Ricky ist noch immer nicht aus der Haft entlassen worden, und Laura will in Wien bleiben. Allein Betty, die eigentlich in diesem Monat ihre Abschlussprüfungen an der Schneidereischule ablegen wollte, was ihr aber aufgrund der Nazigesetze nun verwehrt ist, begleitet die Eltern nach Schottland. Wann wird Connie ihre älteren Kinder wiedersehen?

Laura und Betty können die Mutter mit dem Kistchen nicht verstehen. Es sind doch nur Fotos, sagen sie immer wieder und versuchen, die Mutter umzustimmen. Sie müsse doch verstehen, dass so ein Gepäckstück an der Grenze verdächtig aussehen könnte. Aber die Mutter erklärt ruhig und entschlossen, dass sie bereit ist, den Inhalt vor den Behörden auszubreiten und ihnen zu erklären: »Look, this is my family.«

Auf der Reise nach England muss sich Betty mit Nazisoldaten in Zivil das Zugabteil teilen. Sie zeigen ihr ihre Uniform und fragen sie, wohin sie reist. Auf ihre Antwort »England« hin sagen die Soldaten lachend, dass sie dort auch gerne hinfahren würden.

Im Frühjahr 1938 musste meine Familie wegen der jüdischen Paranthé Österreich verlassen.

Immer wieder kehre ich zu diesem Satz zurück. Mir fällt auf, dass Laura dabei nicht »wir« sagt, sondern nur »meine Familie«. Laura ist entgegen den Bitten ihrer Eltern also tatsächlich länger in Wien geblieben. Aber warum? Zwischen einigen wenig interessanten anderen Papieren finde ich zufällig ein Kündigungsschreiben aus dem Jahr 1938. Ich kralle mich daran fest und beginne zu recherchieren. Es wurde von der R. Ditmar Gebrüder Brünner A. G. am 26. Juli 1938 ausgestellt. In welcher Funktion Laura bei der Firma arbeitete, ist mir nicht bekannt. Das Schreiben ist lediglich an das Fräulein Laura Wärndorfer, ohne Anschrift, adressiert. Ich gehe also davon aus, dass es ihr persönlich ausgehändigt wurde. Darin steht knapp und ohne Anrede: »Wir bringen Ihnen hiermit zur Kenntnis, dass wir Ihnen Ihre Anstellung in unserem Hause mit Austritt per 15. September d. J. kündigen. Hochachtungsvoll…« Es folgt eine Unterschrift mit Stempel.

Über die Firma, die sie entlassen hat, finde ich heraus, dass es sich dabei um ein traditionsreiches Glasindustrieunternehmen handelte, das bereits zu Kaiserzeiten aktiv war. Zwischen

Connie Byatt mit ihren Kindern Ricky, Betty und Laura

den Kriegen stellten die »Lampen- und Metallwarenfabriken« neben den beliebten Petroleumleuchten auch Gasmasken, Filmaufnahme- und Projektionsapparate sowie Kondensatoren für Radioapparate her. 1919 hatten die Nachfolger von Rudolf Ditmar sowie die Brüder Brünner ihre Aktien bereits verkaufen müssen. Sie selbst waren zwar nichtjüdischer Herkunft, aber ein großer Teil der Familienaktien war vom jüdischen Generaldirektor der Firma, Dr. Otto Strauss, aufgekauft worden, der prompt Opfer der »Arisierung« wurde. Mit dem »Anschluss« an das Deutsche Reich im März 1938 wurde die Creditanstalt, die Bank, der das Unternehmen nun gehörte, erneut grundlegend umgeformt, die Aktienmehrheit ging zuerst in eine Holdinggesellschaft des Deutschen Reiches und anschließend an die Deutsche Bank über. Die zahlreichen jüdischen Mitarbeiterinnen der Firma wurden binnen kurzer Zeit »eliminiert«, wie es in einem Dokument heißt.

Diese Information ist zwar interessant, wenngleich wenig

überraschend. Sie bringt mich zudem keinesfalls näher an die Lösung des Rätsels um Lauras Aufenthalt und ihre Tätigkeit in dieser Zeit.

War sie wohl im November 1938, als in der Wiener Version der Reichskristallnacht zweiundvierzig Synagogen in Brand gesteckt und verwüstet wurden, unzählige jüdische Geschäfte und Wohnungen geplündert und zerstört wurden, als über sechshundert österreichische Juden Selbstmord begingen und allein in Wien über sechstausend Jüdinnen und Juden inhaftiert wurden, noch in der Stadt? Und wenn ja: Wo?

Ich nehme Kontakt mit der Israelitischen Kultusgemeinde Wien auf, und damit kommt ein Stein ins Rollen: Laut dem Wiener Stadt- und Landesarchiv war Laura bis zum Oktober 1938 in Wien gemeldet, und zwar seit dem 28. Mai 1938 in der Schottengasse 3a, einer Adresse, von der weder mein Vater noch ich je gehört haben. In einem Auszug aus dem Wiener Adressverzeichnis Lehmann aus dem Jahr 1938 finde ich ihren Namen unter der Schottengasse 3a nicht, aber es lebten auffällig viele Rechtsanwälte hier. Auf einem Ausreisedokument finde ich später die Angabe, dass auch August Jaques Wärndorfer, also ihr Halbbruder Wau, hier gelebt hat. Lauras Abmeldung aus Wien erfolgte zum 10. Oktober 1938 von London aus.

Im Frühjahr 1938 musste meine Familie wegen der jüdischen Paranthé Österreich verlassen.

In diesen Satz schloss Laura sich also wirklich nicht mit ein. Sogar im Sommer 1938 war Laura nachweislich noch in Wien! Warum nur? Viele Juden, oder diejenigen, die laut den Rassengesetzen dazu zählten, hatten Wien bereits verlassen oder planten es zumindest. Später blieben von den 66 000 Juden, die 1939 noch in Wien lebten, nur 1500 übrig, und von denen überlebten nur 1000. Hatte Laura wirklich ausgeblendet, dass sie als »Mischling ersten Grades« galt?

Die Arisierung hatte in Wien schon vor 1938 begonnen. Was also hielt Laura in der Stadt, in der nun auf Parkbänken stand, dass sie »nur für Arier« zu nutzen seien? In der Stadt, in der über dem Eingang zu dem Park, durch den Laura täglich schlenderte, jetzt ein Schild angebracht worden war, auf welchem verkündet wurde: »Juden betreten diese Parkanlage auf eigene Gefahr«?

Laura muss wahrgenommen haben, was in Wien vor sich ging, wenn sie nicht vehement und entschieden die Augen davor verschlossen hat. Schließlich wurden die etwa fünfundzwanzig Prozent der jüdisch geführten kleinen Läden in Wien sukzessive und deutlich sichtbar »arisiert«. Wo kaufte Laura ihre Zigaretten? War ihr nicht aufgefallen, dass die Besitzer gewechselt hatten?

HÜRDEN

Ana

Meine Eltern bedrängten mich nun, Wien endlich zu verlassen; sie wussten zwar, wem mein Herz verbunden war, aber wünschten für mich eine bessere Zukunft. Nur meine Tante Olga ahnte, warum ich so lange gezögert habe, und als ich endlich bei ihr eingetroffen bin, fragte sie mich heimlich: »Darling, are you expecting a baby?«* Tante Olga machte niemals einen Vorwurf, und sie gab auch nicht mit vielen Worten Trost; es war so, als werfe sie ein Seil, mit dem man sich über die Hürde schwingen könnte.

Tatsächlich hatte ich diesen Absatz bisher überlesen. Es ist zwar unklar, über welchen Monat im Jahr 1938 Laura hier spricht, aber der Inhalt lässt mich ab jetzt nicht mehr los. Denn mehr Worte gibt es zu ihren anderen Umständen und den Folgen in dem Buch nicht. Aber mir wird klar, dass gerade das die Lücke in ihren Erzählungen von der Zeit zwischen März und November 1938 erklärt. Aus der Aussage wird ja deutlich, dass sie nicht nur in einer festen Liebesbeziehung war, sondern auch, dass sie 1938 schwanger war! Aber da ist noch mehr, das Laura allerdings lediglich geschickt zwischen den Zeilen erahnen lässt und das sich für mich erst mit einigen weiteren Indizien zu einem schlüssigen Bild zusammenfügt: Meine junge Großmutter Laura musste im Jahr 1938 eine Abtreibung durchführen lassen. In meinem Bauch tut sich bei der Vorstellung ein schwarzes Loch auf, das sich mit etwas wie Panik füllt.

Wenn ich darüber nachdenke, gehört dieses ungeborene Kind

---

* Deutsch: »Liebling, erwartest du ein Baby?«

zu meiner jüdischen Paranthé, die Österreich verlassen musste. Seit mir das klar geworden ist, liegt die Geschichte dieser Abtreibung wie ein Stein in meinem Magen. Ich schiebe es Woche für Woche vor mir her, mich damit wirklich auseinanderzusetzen. Denn was kann ich schon wissen? Inzwischen habe ich mit allen gesprochen, die Laura kannten. Und nach allem, was ich jetzt über meine Großmutter weiß, überrascht es mich nicht, dass sie niemandem, nicht einmal ihrer guten Freundin Nike, jemals von dieser Abtreibung erzählt hat. Mir bleibt also nur zu folgern und zu recherchieren.

Die Tatsache, dass es Tante Olga ist, die Laura die Schwangerschaft ansieht, lässt zweierlei Rückschlüsse zu. Erstens, dass Laura noch schwanger war, als sie im Herbst 1938 in Schottland bei ihrer Familie eintraf, und die Abtreibung also nicht in Wien vornahm. Zweitens, dass Laura schon so schwanger gewesen sein muss, dass es sichtbar war. Also war sie schon mindestens in der sechzehnten Woche.

Ich gehe davon aus, dass Olga ihr heimlich half, in Schottland oder in London eine Abtreibung durchzuführen. *Tante Olga machte niemals einen Vorwurf, und sie gab auch nicht mit vielen Worten Trost; es war so, als werfe sie ein Seil, mit dem man sich über die Hürde schwingen könnte.* Ich habe im Laufe der Recherche gelernt, das zu lesen, was Laura zwischen den Zeilen sagt.

Ich finde es als Enkelin emotional schwierig, diese Szene fabulierend auszumalen, und so beschränke ich mich auf die historischen Tatsachen, die ich zu einer Abtreibung im Vereinigten Königreich im Jahr 1938 herausfinde. In dem *Offences against the Person Act* von 1861, der 1938 noch gültig war und gerade im Jahr 1929 nochmals bekräftigt wurde, heißt es übersetzt etwa: »Jede schwangere Frau, die sich mit der Absicht, eine eigene Fehlgeburt herbeizuführen, selbst Gifte oder andere schädliche Substanzen zuführt oder illegal ein Instrument oder irgendwelche anderen Maßnahmen an sich anwendet, (...) ist eines Verbrechens schuldig und wird dafür verantwortlich gemacht und zu lebenslanger Haft verurteilt.«

Ich schicke diese Information voraus, denn sie stellt den Kontext her, unter welchen Umständen es zur Anwendung der im folgenden beschriebenen Mechaniken kam. Selbstverständlich war es auch den Ärzten streng verboten, Schwangerschaftsabbrüche durchzuführen. Sogenannte Engelmacherinnen agierten – meist ohne das nötige medizinische Wissen, geschweige denn einer Gewährleistung der nötigen hygienischen Bedingungen – in finsteren Seitenstraßen. Es wurden Stricknadeln, Drähte und andere nichtmedizinische Geräte eingeführt, um die Fruchtblase zu öffnen, worauf innerhalb weniger Tage dann Wehen und eine Fehlgeburt folgten. Meistens kam es dabei zu weiteren Verletzungen des Uterus, die wiederum Folgen wie Infektionen und auch spätere Unfruchtbarkeit nach sich ziehen konnten. Es gab auch Abtreibungsmittel, zum Beispiel »Dr. Reynolds Lightning Pills«, die diskret damit beworben wurden, »eine Heilung für weibliche Unregelmäßigkeiten« zu bieten. Dabei handelte es sich aber meist um aggressive Abführmittel aus giftigen Pflanzen. Diese sind nicht nur gefährlich für die Gesundheit, sie verfehlen auch immer – wie inzwischen nachgewiesen wurde – den gewünschten Effekt einer Fehlgeburt. Neben sehr heißen Bädern und der direkten Anwendung von Terpentin wurde auch Tiermedizin angewandt. Ein »kontrollierter« Sturz eine Treppe hinab, so hieß es, wäre eine weitere Option. Es versteht sich von selbst, dass jede dieser Bemühungen tödlich enden konnte.

Es ist sehr wahrscheinlich, dass Laura mit dem Wissen um eine drohende lebenslange Haftstrafe eine dieser drakonischen und sicherlich traumatischen Prozeduren durchgemacht hat, bevor sie Europa weit hinter sich ließ. Ich verstehe, dass sie all das vergessen wollte.

WAU
Ana

Bei meinen Recherchen zu Laura und ihrer Familie stoße ich immer wieder auf einen Menschen, der mich aus mir zunächst unerfindlichen Gründen fasziniert. Lauras älterer Halbbruder August Jaques Wärndorfer, der von allen Wau gerufen wurde, begegnet mir, wie fast alle, zuerst auf alten Fotos. Darunter befindet sich eines, das Laura vermutlich selbst eingerahmt hat. Es zeigt einen überaus warmherzig und sympathisch wirkenden jungen Mann, der entspannt und direkt lächelt. Er strahlt ein charismatisches Selbstbewusstsein aus, in welchem er seinem Vater ähnelt und das ich sehr attraktiv finde. Er trägt eine etwas schief gebundene gepunktete Fliege und ein legeres Jackett mit Einstecktuch. In der Hand hält er eine Zigarette, die deutlich macht, dass es sich bei dem Foto um einen frühen Schnappschuss handelt.

Er ist derjenige meiner vorangegangenen Verwandten, mit dem ich jetzt am liebsten sprechen würde. Besonders, weil er wirklich der Einzige in meiner Familie zu sein scheint, der sich aktiv gegen die Nazis eingesetzt hat, was mir nach der zunehmenden Enttäuschung über die diesbezügliche Passivität meiner Vorfahren eine Art Erleichterung verschafft. Aber auch, weil er in Lauras Leben eine besondere und wichtige Rolle einnahm. *Still und gut, bescheiden und gleichzeitig weltmännisch elegant*, beschreibt sie ihn und bestätigt damit meinen Eindruck. In Lauras Kindheit hat der um fünfzehn Jahre ältere Sohn aus erster Ehe zeitweise bei der Familie Wärndorfer gewohnt und war *ein wundervoller großer Bruder* für Laura.

Ich bin mir sicher, dass er mir mehr über Lauras Sommer 1938 erzählen könnte, denn er war das einzige Familienmitglied der Wärndorfers, das in dieser Zeit noch in Wien war. Er kannte also vermutlich diesen Mann, dem Lauras Herz verbunden war, und ich glaube, dass er auch um die Schwangerschaft wusste. In einem Satz erwähnt Laura, dass sie sich gegenseitig in dieser Zeit beigestanden haben, und ich möchte glauben, dass ich in ihm endlich einen Menschen finde, dem Laura sich wirklich öffnen konnte, mit dem sie ehrlich und verletzlich sein konnte, dem sie sich verbunden fühlte.

Als ich in der Recherche immer mehr Puzzleteile zu seinem Leben zusammenfügen kann, stellt sich heraus, dass seine äußerst ereignisreiche Geschichte gut ein eigenes Buch füllen könnte.

Er heiratete mit neunzehn Jahren im Jahr 1920 die tschechische Emilie Vlasinova, allerdings bekamen die beiden keine Kinder, und die Ehe *verlief sich im Sand*, zumindest schreibt Laura, dass ihr Vater August es so nannte, und Emilie ging zurück nach Brno. Wau diente im Ersten Weltkrieg als österreichischer Marineoffizier und ging dann als Anhänger von Franco nach Barcelona. Von dort floh er 1936 auf einem italienischen Kriegsschiff und kam zurück nach Wien, wo er mit der Familie Wärndorfer in der Traungasse lebte.

Wau galt 1939 als Sohn einer Jüdin selbst als »Volljude«, auch wenn er seinen jüdischen Hintergrund lange geheim halten konnte. Als es ihm schließlich nicht mehr gelang, der Musterung

für das Militär zu entgehen, wurde in seinen Pass das große rote
»J« gestempelt. Glücklicherweise schaffte er es im April 1939,
also sprichwörtlich in letzter Minute, auch aus Wien zu fliehen.
Er wurde von Olga Byatt in Elgin aufgenommen und bewohnte
dort für neun Monate das Dachgeschoss. *Und viele Jahre später
wehte es mir wie eine Brise zu, als ich hörte, dass Tante Olga, die
wusste, wie man Kraft aufbringen kann, um Freude zu erleben,
selber, auf kurze Zeit, in die Etage ihres Hauses gezogen ist, die
mein Bruder, Wau, bewohnte.* Es macht mich irgendwie froh zu
wissen, dass diese beiden besonderen Menschen sich zumindest
für einen kurzen Zeitraum nahekamen.

In England nahm Wau bald ein Angebot des Geheimdiens-
tes (SIS) an und bekämpfte Nazideutschland nun unter dem
Namen Major Jack Wilson. Es ist wahrscheinlich, dass er in dieser Zeit insbesondere in Ungarn und Jugoslawien eingesetzt
wurde, und über weite Strecken war er alleine auf Mission. Als er
am 26. Dezember 1944 zusammen mit dreizehn anderen Männern in der Slowakei von den Nazis verhaftet wurde, nahm er
die mitgeführte Zyankalikapsel ein, um sich umzubringen. Diese
versagte allerdings aus unerfindlichen Gründen ihre Wirkung.
Die Männer wurden nach Mauthausen gebracht, und es ist wahrscheinlich, dass sie dort massive Folterung unter Franz Ziereis, dem Lagerkommandanten, erfuhren. Dieser wurde unter
anderem durch sein Geständnis bekannt, dass unter seiner Leitung aus tätowierter Haut Lampenschirme, Buchumschläge und
Lederetuis hergestellt wurden. Am 23. Januar 1945 wurde den
Häftlingen mitgeteilt, dass sie ein Bad nehmen würden. Nachdem sie sich vollständig entkleidet hatten, wurden sie in einen
anderen Raum gebracht, in dem eine Fotokamera aufgestellt war.
Hier rief Ziereis »Foto, Foto!«, und die Männer wurden von SS
Hauptsturmführer Georg Bachmayer exekutiert.

Die Familie erfuhr von Waus Tod über Emilie Vlasinova, auf
deren Grabstein in Brno noch heute eine Inschrift an Wau erinnert. Sie war wohl noch als Ehefrau in den Militärakten hinterlegt
und erhielt nach seiner Ermordung einen Brief, in dem lediglich
stand, dass August »im Laufe eines Verhörs gestorben ist«.

»Die unermesslichen Opfer, die Augustus brachte, werden mir wie seine Persönlichkeit für immer als ein erstrebenswertes Vorbild vor Augen bleiben«, schreibt sein Kamerad Frank Ullstein, der Enkel des Verlagsgründers Leopold Ullstein, in einem Brief 1946 an Connie Byatt. Er diente mit Wau im Britischen Geheimdienst. Der ganze Brief ist ein bewegendes Zeugnis der persönlichen Größe, der Loyalität, des nie versiegenden Sinns für Humor und der Klugheit des Menschen, der mein Großonkel Wau war.

AM FENSTER 1938
August

Es sind die herzlose, grinsende, nüchtern gekleidete Menge
am Graben und auf der Kärntner Straße, (...) leicht gekleidete blonde Wienerinnen, die die Köpfe recken, um einen
besseren Blick auf den aschfahlen jüdischen Chirurgen,
der auf Händen und Knien vor einem halben Dutzend junger Männer mit Hakenkreuzarmbändern und Hundepeit-
schen rutscht, die mir im Gedächtnis bleiben.
Seine feinen Finger, die die diffizile und schnelle und
vertrauenswürdige Arbeit bei Operationen gemacht haben,
die vielen Wienern das Leben gerettet hatten, hielten nun
eine Bürste in der Hand. Ein SA-Mann war gerade dabei,
Säure über die Bürste zu schütten und auch über die Finger, ein anderer schüttete aus einem Eimer Lauge auf die
Straße und achtete darauf, die Hose des Chirurgen damit
zu tränken. Und die Wiener – nichtuniformierte Nazis –,
der kleine Mann mit seiner Frau aus Wien, standen daneben und grinsten und stimmten diesem Heidenspaß zu.[*]

Ella blickt von der Zeitung auf und aus dem Fenster ihres Büros
in der Maison Zwieback, aus ebenjenem Fenster, von welchem
aus sie nur eine Woche zuvor die im Artikel beschriebene
Szene verfolgt hat. Sie kannte den Chirurgen, und das Gefühl,
ihm nicht helfen zu können, lastet immer noch schwer auf
ihr. Dr. Walter Schnitzler war der Arzt ihres Vertrauens. Noch

---

[*] Giles MacDonogh, *1938: Hitlers Gamble*, Constable 2010; übersetzt von
August Zirner

immer kann Ella nicht fassen, was da vor ihren Augen geschah. In der Menge standen auch drei Angestellte des Maison Zwieback. Gute Leute, loyale Angestellte. Kopfschüttelnd und mit zusammengekniffenen Lippen blickt Ella auf die Kärntner Straße, und in dem Moment wird ihr klar, dass sie in Wien nicht wird bleiben können.

DER HELDENPLATZ
August

Erneut sitze ich auf dem Alvar-Aalto-Barhocker in unserer Küche und wähle und wähle. Den Hörer des weißen Wandtelefons habe ich mir zwischen Schulter und Ohr geklemmt, in leicht gekrümmter Haltung versuche ich, mich zu konzentrieren und Ellas richtige Nummer zu wählen, denn die Nummer ist ewig lang. Ich muss aber durchkommen, ich will durchkommen, denn ich muss Ella etwas fragen: »Ella, Omama, *grandmère*, wo warst du am 15. März 1938, als Hitler am Heldenplatz stand und die jubelnden Massen schrien: »Wir wollen unseren Führer sehen, wir wollen unseren Führer hören, Sieg Heil, Sieg Heil!«?

»In meinem Büro selbstverständlich, in der Kärntner Straße 11 bis 15 im dritten Stock. Ich musste unser Geschäft möglichst geschickt und schnell abwickeln, das war keine leichte Angelegenheit, und es war ja evident, dass die Gläubiger die Gelegenheit nutzen wollten, um mich zu übervorteilen und besonders günstig meinen Besitz zu beschlagnahmen. Du ahnst ja nicht, wie schnell selbst die vertrautesten Mitarbeiter plötzlich brennende, glühende Nationalsozialisten waren und mit mir und meinen Geschäftsprinzipien nichts mehr zu tun haben wollten. Die Zentralsparkasse war besonders geschickt. Aber warum fragst du mich das alles? Was ist schon wieder mit dir los? Hat deine Mutter dich nicht aufgeklärt? Hat mein unglücklicher Sohn dir nichts erzählt? Was ist mit dir los, *mon petit enfant*?«

»Mütti, ich darf doch Mütti sagen, nicht wahr? Stell dir vor, ich spiele in einem Theaterstück, das heißt sogar ›Heldenplatz‹, und in dem Stück habe ich folgenden Text zu sagen:

Vor achtunddreißig hatten sich die Wiener
an die Juden gewöhnt gehabt
aber jetzt nach dem Krieg gewöhnen sie sich
nicht mehr an die Juden
sie werden sich nie mehr an die Juden gewöhnen.«

»Was willst du von mir? Was soll ich dazu sagen? Ich bin ja nie
wieder nach Wien zurückgekehrt, ich bin nicht ohne Grund in
New York geblieben. Von wann stammt denn der Text, und was
machst du überhaupt mit so einem Text?«

»Na ja, ich bin Schauspieler, und solche Texte gibt es nun mal
heute. Der Autor ist ganz wunderbar, ich bewundere ihn und
verehre ihn! Er heißt Thomas Bernhard. Es ist viel Text, aber
er geht mir sehr nahe, und musikalisch ist er auch! Es würde
mir eigentlich gefallen, wenn du dir das mal ansehen könntest.
Am liebsten wäre mir, mein Vater Ludi könnte zur Aufführung
kommen. Ich glaube, er wäre sehr damit einverstanden, dass ich
inzwischen Schauspieler bin.«

»Du bist Schauspieler und musst solche Texte sprechen?
Wann hat dieser Autor den Text geschrieben?«

»1989, das war zur Fünfzigjahrfeier des Heldenplatzes beziehungsweise die Hundertjahrfeier des Burgtheaters in Wien.«

»*C'est ça*, nun gut, da war ich ja schon längst tot. Ich bin, wie
du weißt, 1971 gestorben. Daran, nach Wien zurückzukehren,
war ja nicht zu denken für mich und leider auch nicht für deinen
unnützen Vater. Alles *perdù*. Aber es stimmt schon: Nach dem
Krieg hatten die alten Nazis ein schlechtes Gewissen, ich meine
natürlich die Wiener Nazis, und das schlechte Gewissen hat sie
besonders raffiniert gemacht. Schlimmer als gar kein Gewissen
ist ein schlechtes Gewissen! Aber es gab immer noch viel Besitz
zu verteilen.«

»Ella, glaubst du denn, dass die Wiener sich an die Juden vor
1938 gewöhnt hatten? Und was heißt das denn überhaupt, sich
an die Juden zu gewöhnen? Das klingt so gemütlich, war Wien
für dich vor 1938 denn gemütlich?«

»Wien war eine Metropole, Wien war extravagant, Wien war

großartig und neurotisch und streitsüchtig und harmoniebe-
dürftig – alles in einem. Wien war ein Zentrum, eine Weltstadt,
die Hauptstadt des Komplexen. Alles war im Aufbruch, *naturellement*. Alles war möglich. Doch wie man sieht – die Freiheit ist
schiefgegangen. Das Großbürgertum hat sich selbst abgeschafft.«

»Ab wann hast du denn gedacht, dass du Wien verlassen
musst? Hast du denn gehofft, dass ihr bleiben könnt?«

»Du kannst dir nicht vorstellen, wie so eine Masse auf den
Einzelnen wirkt, wie erdrückend. Ab dem Moment, als die Deutschen über die Grenze in Salzburg einmarschiert sind, war uns
in Wien schon klar, dass unser Untergang bevorsteht. Aber es
galt zu retten, was zu retten war. Allerdings ahnten wir nicht,
wie unmöglich es werden würde, irgendetwas zu retten. Ihre
Selbstgerechtigkeit und die von ihrem Herrenrassentum ver-
seuchte Sprache war nicht zu durchdringen. Die Juristen sprechen sowieso nur eine Sprache: die Sprache der Macht. Recht ist
eine Laune. Das weiß ich inzwischen.«

»Aber ab wann war dir klar, dass ihr auswandern müsst?«

»Das ging alles sehr schnell, die Nazis waren ja gut organisiert
und haben sehr geschickt Verträge zu ihren Gunsten gemacht.
Der Weg war geebnet, um uns langsam, aber sicher zu vertreiben.«

»Also hatten sich die Wiener doch nicht an die Juden
gewöhnt?«

»Es kommt drauf an, was du unter ›gewöhnt‹ verstehst.
Solange wir dem Wohlstand gedient haben, waren wir geduldet.
Solange wir das intellektuelle Klima bereichert haben, konnte
man gut mit uns zusammenleben. Aber wie hat es der Wiener
Bürgermeister Dr. Karl Lueger so treffend formuliert: ›Wer Jude
ist, bestimme ich.‹ Man hat uns schon damals immer wieder
das Leben ungemütlich gemacht. Man musste eben sehr anpas-
sungsfähig sein.«

»Man darf sich nicht die Laune verderben lassen, sagt Thomas Bernhard.«

»Das ist gut formuliert, vielleicht ist er doch kein so schlechter Autor.«

Wieder ist es mein Hauptberuf, der mir zum Wegweiser und Lehrer wird und mich auffordert und anregt, über meine Herkunft nachzudenken. Es heißt zwar »einen Text auswendig lernen«, aber ist es nicht vielmehr ein »Inwendiglernen«?

Es gibt Menschen, die den Mut und die Kraft haben, die Abgründigkeit der historischen Vorgänge wirklich zu erfassen und sich davon berühren lassen. Menschen, die in der Lage sind, wirklich in den Abgrund hinunterzublicken. Ich gehöre mit Sicherheit nicht zu diesen Menschen. Ich habe es immer irgendwie geschafft, um den Abgrund herumzutanzen. Man könnte mich einen Traumtänzer nennen. Ich glaube, viele meiner europäischen Freunde waren anfangs etwas irritiert, dass mich die Geschichte der NS-Zeit in Österreich so wenig zu tangieren schien.

Das fing schon mit siebzehn Jahren in der Schauspielschule an, allerdings war es mir damals wirklich noch nicht bewusst: Ich habe im »dramatischen Unterricht« die Rolle des Andri in *Andorra* gespielt. Er ist Jude. Er ist aber vor allem ein Ausgegrenzter in seinem Ort. Wie ich heute erfahre, haben alle meine Mitschüler gedacht: »*Klar spielt der August den Andri, der ist ja aus Amerika, und der Grund, warum seine Eltern ausgewandert sind, ist bestimmt, dass sie Juden waren.*« Für mich war das damals aber kein Thema! Und das können meine Mitschüler von damals, mit denen ich noch befreundet bin, nicht begreifen.

Ich habe das Ana einmal erzählt, weil ich mich über diese Reaktion meiner alten Freunde gewundert habe und mir meine Unwissenheit von damals heute etwas peinlich ist. Ana erwiderte darauf, dass sie das meinen Freunden heute, nach all ihrer Recherche über unsere Familie und die Geschichte meiner Mutter, erklären könnte. Sie sagt, dass es für sie psychologisch völlig Sinn ergäbe, dass ich das »nicht wusste«.

Aber trotzdem. Um welchen Abgrund bin ich denn herumgetanzt? In dem Text von Thomas Bernhard heißt es weiter:

Was die Schriftsteller schreiben
ist ja nichts gegen die Wirklichkeit

Die Wirklichkeit ist so schlimm
dass sie nicht beschrieben werden kann.

Ich habe den starken Verdacht, dass ich als Siebzehnjähriger von Amerika nach Wien übersiedelt bin, ohne in der Lage gewesen zu sein, die Wirklichkeit zu begreifen, geschweige denn anzunehmen. Ich vermute auch, dass meine Mutter und mein Vater nicht wollten, dass ich wirklich etwas über die Gründe ihrer Immigration in die USA erfahre. Ich sollte eine unbelastete Kindheit und Jugend haben. Der menschliche Abgrund, den sie erleben mussten, sollte mir fernbleiben. Ihre Absicht war sicher gut. Wahrscheinlich waren sie überfordert, und wer kann es ihnen verdenken. Ich verstand nicht, warum es Menschen gab, die das Leben infrage stellten. Ich verstand nicht, warum Menschen durch den Abgrund, den sie sahen, Pessimisten wurden. Ich wurde als Optimist in die Welt geworfen, ich war eben ein Traumtänzer. Dreiundzwanzig Jahre mussten noch vergehen, bis ich dank meines Berufs gezwungen wurde, in den Abgrund zu schauen. Erst meine Begegnung mit Furtwängler in Wien und später, im Jahr 2001, im Film *Gebürtig*, in dem ich die für mich schicksalhaften Worte sprach: »Wenn links und rechts kein Platz ist. Von oben tropft's, und unten sprudelt's. Geh halt einen Weg. Ich weiß ja noch viel zu wenig vom Leben, in dem ich selbst zu leben mir anmaße, ein Steinchen bin ich bloß im Geröll der ganzen Gegenwart, aber was tut es? Hauptsache, ich schreib es auf zuletzt, denn Spuren müssen her. Mir wird öd bei dem Gedanken, dass alles so ist oder anders und egal...«

Meine Rolle als Lessings Nathan zwang mich, mich mit dem Kaufmannsberuf auseinanderzusetzen. Und nun sehe ich mich mit dem Text von Thomas Bernhard konfrontiert. Gelegentlich kommt es mir so vor, als wenn die Theaterstücke und deren Autoren mehr über mich wissen als ich selbst. Oder möglicherweise ist es mein Schicksal, mich portionsweise mit dem Abgrund der Shoah zu beschäftigen.

»Aber du glaubst doch nicht, dass ich mir deswegen mein Leben vergrausen lasse...«, sagt Professor Robert Schuster im

Heldenplatz. »Man darf sich die Laune nicht verderben lassen, ich habe mir die Laune nie verderben lassen.«

Die Sätze könnten genauso von meinen Eltern stammen. Später im Stück heißt es lapidar:

»Am Abend geht die Zittel zum Sluka. Hoffentlich bringt sie mir mein Wildpastetentörtchen mit!«

Ach ja, wenn Thomas Bernhard gewusst hätte, dass das Café Sluka vor 1938 Café Zwieback hieß, hätte er sicher seine Freude gehabt.

WIE JÜDISCH SIND WIR EIGENTLICH?
Ana und August

Ana: Da ist was. Das weiß ich. Denn warum sonst verletzt es mich, wenn ein US-Amerikaner sagt: »*Zirner? Wow, that's so German, sounds like a Nazi Name.*«[*] Warum treibt es mir die Tränen in die Augen, als in Jerusalem ein alter Rabbiner mit entsprechendem Pathos zu mir sagt, dass er in mir eine alte jüdische Seele, einen *Jewish Spark*, erkenne? Warum fühlt es sich wie ein Schlag in die Magengrube an, wenn ich in Argentinien scherzhaft mit Hitlergruß begrüßt werde? Warum kann ich tagelang nicht schlafen, nachdem mir im Hisbollah-Museum im Libanon ein Mann sein Beileid dafür ausspricht, dass ich als Deutsche ja sicherlich bis heute in dieses Schuldgefühl gezwungen würde, obwohl der Holocaust ja überhaupt nicht stattgefunden habe?

Ist das jeweils wirklich nur dieses viel besungene kollektive Gewissen, dieses nationale Schuldbewusstsein? Oder ist da mehr, weil eben wirklich etwas »Jüdisches« in mir ist, zumindest in meinem geschichtlichen Hintergrund? Wie jüdisch waren denn meine Vorfahren? Kann man das überhaupt messen? Wie wichtig war ihnen selbst das Judentum, nicht nur als Glaube, sondern als kulturelle Gemeinschaft, als Identität, als unverorteter Ort der Zugehörigkeit? Ich frage meinen Vater: Fühlst du dich jüdisch?

August: Ich bin davon überzeugt, dass mein ethisches Gerüst geprägt ist von einem alten jüdischen Wissen. Ich habe das

---

[*] Deutsch: »Wow, das ist so deutsch, klingt wie ein Naziname.«

Gefühl, dass ein uraltes Wissen in mir eingepflanzt ist, aber auch das ist Spekulation. Mir geht es um Verantwortung. Und ich nehme die Verpflichtung, über Menschen zu erzählen, die in meinem Beruf liegt, sehr ernst. In der Kultur des Erzählens liegt auch die Verantwortung, in Ambivalenz zu erzählen. Das bedeutet für mich, dass ich den Hörer oder den Zuschauer an einem Entscheidungsprozess beteiligen will. Der Glaube an diese Verantwortung ist möglicherweise der jüdischen Kultur entsprungen.

Aber mal ganz ehrlich: Darf man sich überhaupt jüdisch *fühlen*? Oder ist man dann eh schon *nicht jüdisch*, weil man sich ja nur so fühlt? So zumindest wurde mir das immer wieder gesagt.

Ana: Es gibt sicher unendlich viele Definitionen davon, was nun »jüdisch« ist. Wahrscheinlich ist die Frage danach, wie jüdisch wir sind, auch deshalb so schwer zu beantworten. Wie bei anderen Glaubensrichtungen gibt es natürlich auch in manchen Strömungen des Judentums die vermeintlich »verbrieften« Regeln, die das menschliche Bedürfnis nach Klarheit und Abgrenzung befriedigen. Aber für mich funktioniert Glaube so nicht. Denn Glauben ist doch gerade deshalb so besonders, weil sich das, woran wir glauben, eben über alle Regeln hinwegsetzen kann. Insofern würde ich mir wünschen, dass jeder Mensch sich jüdisch, christlich, muslimisch oder sonst irgendwie fühlen darf und es damit auch sein kann. Aber wahrscheinlich ist dieser Wunsch genau der Grund, warum ich nicht zu einer Konfession tauge.

Ich würde sagen, dass ich daran glaube, dass es etwas gibt, das größer ist als wir. Denn für mich ist die Existenz des Universums und der Erde darin, der Menschen und ihrer Eigenschaft zu fühlen, zu denken, sich weiterzuentwickeln, der natürlichen Prozesse, die ich in der Natur beobachten kann, und der Zusammenhänge zwischen all diesem einfach viel zu unfassbar und wundervoll, als dass sie lediglich aus wissenschaftlich belegbarer Materie entstehen können. Also glaube ich an das Wunder, das Unerklärliche, das Unbegreifliche.

Mir gefallen die kulturellen Definitionen, die sich über die Zeit in einer Gesellschaft entwickeln, meistens besser, und ich vermute, dass sie auch dazu taugen, sich ihnen zugehörig fühlen zu können. Wenn es sich bei der betreffenden Gesellschaft dann um eine Glaubensgemeinschaft handelt, dann kommen dabei Zuschreibungen wie der »jüdische Humor« heraus. Aber es kann sich eben auch um eine Gesellschaft im Sinne von Menschen handeln, die in einer bestimmten Region leben und von den Bedingungen dort geprägt wurden. Die Gesellschaft der ehemals von einer eigenen Grenze umgeben lebenden Ostdeutschen. Die Gesellschaft der Tibetaner. Die Gesellschaft der Bewohner eines abgelegenen Bergdorfs. Ich könnte mir vorstellen, dass eine tibetische Christin mit einer US-amerikanischen Christin weniger gemeinsam hat als mit einer tibetischen Buddhistin. Aber ich schweife ab.

Bei einer kulturellen Definition, die in so etwas wie den »jüdischen Humor« mündet, handelt es sich ja um eine Entwicklung, die sich aus dem Umgang mit Geschichte und aus dem Schicksal der Angehörigen der jüdischen Kultur entwickelt hat. Dass daraus ein Gefühl der Zugehörigkeit entsteht, kann ich sehr gut verstehen, und das finde ich auch schön. Ich verstehe auch das Bedürfnis nach Zugehörigkeit, und vielleicht empfinde ich das in Bezug auf die jüdische Kultur selbst, weil ich mich ihr durch meine Vorfahren verbunden fühle oder fühlen will. Und wenn dann eben jemand von außen kommt, wie dieser alte Rabbiner in Jerusalem, und mir eine Hoffnung darauf macht, genau dieses Bedürfnis zu befriedigen – zumal eines, das ich selbst nicht befriedigen könnte, weil ich es als anmaßend empfände –, dann tut das natürlich gut. Hast du so etwas in der Art auch schon mal erlebt?

August: Als ich einen Rabbiner fragte, ob ich als Nichtjude überhaupt Nathan den Weisen spielen darf, meinte der: »Das müssen Sie wissen. Aber ich hätte eine Bitte: Wenn Sie die Rolle spielen, tun Sie uns den Gefallen und räumen Sie auf mit dem Klischee, dass Juden geldgierig sind.« Ich habe ihm geantwortet, dass ich das nicht muss, weil das Lessing schon getan hat, indem er Nathan kritisch von der Absurdität von Zinsen sprechen lässt. Ich habe dem Rabbiner im Weiteren gesagt, dass einer der schönsten Sätze von Nathan ist: »Der Wunder höchstes ist, dass uns die wahren, echten Wunder so alltäglich werden, werden sollen.« Daraufhin hat mich der Rabbiner umarmt.

Was glaubst du denn, was der Rabbiner in Jerusalem damals in dir gesehen hat? Was meinte der denn mit dem »Jewish Spark«, den er bei dir erkannt hat?

Ana: Na ja, erst mal glaube ich, dass da sicherlich auch ein bisschen Wunschdenken dringesteckt hat, oder dass der Rabbiner, der neben seinem Beruf oder seiner Berufung als Gläubiger ja auch ein Mensch und ein alter Mann ist, mir etwas bestätigen wollte, wovon er glaubte, dass ich es suche. Und damit, dass er diese Suche bei mir erkannte, hat er sie mir selbst wahrscheinlich überhaupt erst bewusst gemacht. Ich glaube, dass es das ist, was mich an seiner Bemerkung berührt hat. Möglicherweise hätte das unter anderen Umständen auch ein anderer Glaube sein können. Dass es das Judentum war, das mich »gesparkt« hat, hat ganz klar damit zu tun, dass ich in deiner Familie jüdische Vorfahren habe und ich einfach zum ersten Mal so etwas wie eine Lineage, eine Linie aus Familiengeschichte, physisch zu spüren glaubte.

August: Wie nennst du deinen Glauben?

Ana: Ich muss dem keinen Namen geben.

August: Der Name verbietet sich. Jeder Name ist eine Engführung.

Ana: Aber woran glaubst du in einem spirituellen Sinn? Bist du Jude oder nicht?

August: Mein Glaube ist weder christlich noch jüdisch noch sonst was, sondern ich glaube an den Menschen und an die Kinderseele, die jeder in sich trägt, und die staunen kann und wissen können will und dankbar ist für eine Antwort. *Lets put it this way*: Ich sympathisiere mit der jüdischen Kultur. Und was das Judentum als Glauben betrifft: Nach halachischem Gesetz bin ich kein Jude.

VERSTEINERN ALS STRATEGIE
Ana

Mir kommt vor, dass die Familie ihre Angehörigen, wie Denkmäler, zu Stein werden ließ. Das schreibt Laura über ihre Großmutter beziehungsweise über die Familie ihres Vaters. Und über ihren Onkel Fritz schreibt sie: *Vielleicht wurde seine Seele erst dann befreit, als er das Versteinernde seiner Umgebung verließ und in Amerika selber Maler wurde?*

Ich bin mir inzwischen sicher, dass es dieses Versteinernde auch in Lauras Leben gegeben hat, und ich frage mich, ob der Moment ihrer Befreiung je wirklich stattgefunden hat. Wie viel hat Laura selbst verdrängt, verschwiegen, beschönigt? Was hat sie einfach entschieden zu vergessen? Und darf ich es als meine Aufgabe verstehen, stellvertretend für sie das Schweigen zu brechen, das Verdrängte auszugraben und das Beschönigte beim Namen zu nennen? Inwiefern habe ich überhaupt das Recht dazu, all das zu tun? Laura stellt diese Frage in ihrem Buch auf eine andere Weise selbst: *Ist die Jugend, die nach dem Krieg die Welt besiedelt, zu zynisch, wenn sie Erzählungen ihrer Vorfahren ablehnt und danach strebt, eine neue Lebensweise zu gestalten?*

Laura meint mit ihrer Frage wohl die Generation meines Vaters. Aber er hat in seiner Jugend zunächst das Verhältnis seiner Eltern zum Krieg akzeptiert: Darüber redet man nicht. In den USA, fern der jungen europäischen Zeitgenossen, die in den Sechziger- und Siebzigerjahren hierzulande die Aufklärung von Nazideutschland vorantrieben, und zudem als Einzelkind hat er sich gegen dieses Schweigen lange nicht gewehrt.

Insofern ist es wohl doch an mir, es zu brechen. Aber ich empfinde mich als alles andere als zynisch, und ja, ich lehne auch manche der Erzählungen meiner Vorfahren ab. Doch empfinde ich das keineswegs als Widerspruch. Ich schaue kurz zu Lauras Porträt und merke, dass die Laura, mit der ich das verhandeln will, älter ist als diejenige, deren dunkle Augen mir aus dem Porträt entgegenblitzen. Es ist die erwachsene Laura, die Frau, die das Buch für uns geschrieben hat. Kurz wirft mich diese Erkenntnis aus der Bahn, dann konzentriere ich mich auf all das, was ich über meine Großmutter inzwischen zu wissen glaube.

Laura hat es nicht an der nötigen Intelligenz zur Selbstreflexion gemangelt. Und insofern muss ich davon ausgehen, dass das Nichtaufarbeiten ab einem gewissen Zeitpunkt eine bewusste Entscheidung war. Wien eben. »Geh, lassen's doch des Vergangene endlich …« Laura war eben eine echte Wienerin. Was in ihrem Selbstbild stört, was nicht zu ihrem Status passt, wird weggedacht. Laura war sich dessen bewusst, eine »wohlbekannte Wiener Schönheit mit vielen Männern« zu sein, wie ich es immer wieder von Leuten höre, die sie kannten. Als *accentuate with an edge*[*] wurde sie beschrieben, als eine starke Frau, die großes Selbstbewusstsein ausstrahlte. Vielleicht überstrahlte sie damit nicht nur ihre persönlichen Defizite, sondern all das, was sie vor sich selbst verneinte. Wie ihren jüdischen Hintergrund.

Ich denke an meinen Besuch bei Lizie Goldwasser in Urbana, Illinois, im Jahr 2019. Sie erzählte mir alles, woran sie sich als Zeitgenossin und Bekannte meiner Großmutter erinnern konnte. Ganz unkritisch klang das auch nicht. Aber ich musste bei ihren Erzählungen zwischen den Zeilen lesen, denn sie wollte mir ein positives Bild meiner Großmutter vermitteln. Offensichtlich hatte sie großen Respekt vor ihr, genau wie auch alle anderen ehemaligen Bekannten von Laura, die ich in diesen Tagen besuche. Aber ich werde das Gefühl nicht los, dass in diesem Respekt auch ein Funken Furcht glimmt. Auch Teresa, die Cousine meines Vaters, die Laura sehr mochte und mit großem Respekt von ihr sprach, hat nach einer vorsichtigen Kritik am

---

[*] Deutsch: mit Ecken und Kanten

Telefon, einer harmlosen Anekdote, die sie mir erzählte, noch per E-Mail eingeräumt, dass sie sich Laura gegenüber deshalb nun »disloyal« fühle und das nicht ihre Absicht sei. Was gibt es da zu befürchten? Arrogant war Laura nicht, doch war sie zu vielen Menschen wohl etwas distanziert und hatte damit offensichtlich etwas Einschüchterndes. Mit einer Prise Humor frage ich mich, ob es wohl Lauras große Präsenz ist, die noch immer, viele Jahre nach ihrem Tod, über allen sie betreffenden Geschichten und Erinnerungen liegt. Ist sie der Grund, warum ihre Freundin Nike Laura als eine »immerwährende Person« bezeichnet? Wie würde sie auf dieses Kapitel reagieren, das ihre Enkelin über sie schreibt? Oder bin ich es selbst, die Erbin einiger ihrer Charakterzüge, die einschüchternd genug wirkt, um mein Gegenüber dazu zu veranlassen, sich für eine kritische Meinung zu entschuldigen? So gern ich es habe, wenn ich auf meine Ähnlichkeit mit Laura hingewiesen werde, diese Parallele gefällt mir nicht. Aber vielleicht gerade, weil darin auch ein Funken Wahrheit liegt.

VORANGEGANGENE MENSCHEN
Ana

In ihrem Buch schreibt Laura über ihre eigene Großmutter Bertha Wärndorfer, von der sie in abgewandelter Form den Vornahmen Beata geerbt hat: *Jetzt wünsche ich mir, dass ich eine familiäre Beziehung zu meiner Wiener Großmutter hätte haben können. Sie fehlt mir als vorangegangener Mensch.* Als ich diesen Satz zum ersten Mal lese, habe ich augenblicklich Tränen in den Augen. Auch wie es weitergeht, passt eigentlich ganz gut: *Fragmente der Erzählungen über sie, an die ich mich erinnern kann, ließen sie als ominöse Frau erscheinen.*

Warum weine ich? Weil mir Laura als vorangegangener Mensch in meinem Leben fehlt. Sie hat mir immer gefehlt, und sie fehlt mir noch heute. Im Lauf meines bisherigen Lebens konnte ich mit der Vorstellung von Laura immer die Lücken meiner Sehnsüchte füllen. Diese haben sich natürlich über die Zeit verändert. Heute, mit Mitte dreißig, würde ich ihr unendlich viele Fragen über die Zeit stellen, in der sie jung war. Über Wien vor dem Ausbruch des Zweiten Weltkriegs, über New York City in den Vierzigerjahren.

Laura ist meine Projektionsfläche für eine Generation, die in meinem Leben bisher kaum vorgekommen ist. Ihr späterer Ehemann, mein Großvater Ludi, starb schon, als mein Vater erst fünfzehn Jahre alt war. Die Eltern meiner Mutter, Nanni und Dede, wie wir sie nannten, waren Teil meiner Kindheit. Aber als berühmte Musiker waren die Pianistin und der Geiger auch viel unterwegs.

Wenn ich gefragt werde, warum ich über die väterliche Seite meiner Familie schreibe, nicht aber über meine mütterliche, so kann ich das nicht einfach beantworten. Ich vermute, es liegt daran, dass ich sie noch kennengelernt habe und ich sie dadurch in meiner Fantasie nicht so ausmalen kann. Zudem ist da schon immer viel verklärendes Pathos um die Familie meines Vaters gewesen, allein schon durch die Art und Weise, wie mein Vater, sicherlich aus Sehnsucht, jede Gelegenheit nutzte, um über sie zu sprechen. Da ich in der Lust am Pathos meinem Vater nahestehe, könnte man humorvoll folgern, dass auch mein Bedürfnis, wirkungsgewaltige Geschichten zu erzählen, aus der Zeit des Wiener Großbürgertums auf mich übergegangen ist.

Tatsächlich ziehen mich die Geschichten aus der Zeit der Jahrhundertwende und bis zum Beginn des Zweiten Weltkriegs schnell in ihren Bann. Ich verbringe viel Zeit mit Büchern, besonders mit Romanen, die diese Zeit beschreiben, und ich kann mir meine Wiener Familie lebhaft darin vorstellen.

Wien. Die Sentimentalität und Theatralik, die diese Stadt ausstrahlt, die Fiaker und kleinen Gassen, haben es mir schon seit Kindertagen angetan. Da meine Eltern immer wieder länger dort arbeiteten und ich auch selbst einmal für eine Regiearbeit ein paar Monate dort verbracht habe, ist mir die Stadt durchaus vertraut. Es ist auch heute wieder eine Art Hassliebe zu dem Prunk, dem *Schmäh*, dem morbiden Humor, den Behauptungen und dem stolzen Staub, der die Stadt wie ein Kitt zusammenhält und ohne den sie vielleicht längst versunken wäre.

Lauras Schreibstil passt perfekt zu Wien. Sie ist in ihren Erzählungen sehr geschickt darin, die entscheidenden Informationen auszusparen, sie aber so deutlich zwischen den Zeilen zum Klingen zu bringen, dass man – zumal bei der zweiten Lektüre – darüber stolpern muss. Dann allerdings beginnt die Interpretation, und dafür lässt sie viel Raum. Somit sind Lauras *Einhundertzwanzig Jahre* eine perfekte Vorlage für meine Fantasie.

An meinem Schreibtisch sitzend, lehne ich mich mit diesen Gedanken zurück. Aus einem inzwischen ganz selbstverständlichen Impuls heraus schaue ich wieder hinauf zu Lauras Porträt und erschrecke ein bisschen, weil es augenblicklich so wirkt, als nehme sie meinen Gedanken auf und würde mit ihrem Blick darauf antworten. »Mach doch, trau dich!«, scheint sie zu sagen, und in ihrer leicht spöttischen Andeutung eines Lächelns liegt etwas Forderndes. Ich soll ihr beweisen, dass ich mich traue, die Leerstellen zwischen ihren Zeilen zu füllen.

Ich reise nach Wien, um gezielt ein paar Orte zu besuchen, die Laura in ihrem Buch erwähnt. Ich will, ihrem auffordernden Blick folgend, mutiger ihr Leben fabulieren. Dazu brauche ich noch konkretere Bilder und mehr sinnliche Eindrücke von Lauras Umgebung. Mir gefällt die Vorstellung, dass ich in Wien vielleicht auf demselben Kopfsteinpflasterstein stehe wie einst Laura als Mädchen.

Tatsächlich finde ich mich bald darauf in der Traungasse 1 vor den Torbögen wieder und versuche, genau die Stelle zu finden, auf der Laura als kleines Mädchen in dem Familienporträt stand. Ich schaue nach oben zu den Fenstern, hinter denen die Familie wohl stand und dabei zusah, wie hier unten Ricky an die Wand gestellt wurde. Als jemand das Haus verlässt, gelange ich sogar ins Innere und gehe durch das Treppenhaus in den zweiten Stock hinauf, wo die Wärndorfers wohnten. Die Treppenstufen aus Stein sind von den vielen Schritten in der Mitte etwas ausgehöhlt, und augenblicklich stelle ich mir vor, wie die jugendliche Laura nach dem Ball nachts hier nach oben stürmt. Dann mache ich mich auf Lauras Schulweg, durch die Lagergasse zum Heumarkt, vorbei am Wiener Eislauf-Verein, und auf der Johannesgasse entlang des Stadtparks über den Ring und weiter, bis ich nach links in die Hegelgasse einbiege. Wie oft Laura genau diesen Weg gelaufen ist! Wie laut die Demonstrationen vom Ring herübergeschallt haben müssen. Und wie glücklich für Laura, dass der Eislauf-Verein genau auf ihrem täglichen Weg lag.

Im Mai 1938, nachdem ihre Eltern Wien verlassen hatten, zog Laura um in die Schottengasse, wo sie bis zu ihrer Ausreise blieb. Ob sie diese Wohnung selbst gemietet hat oder hier nur zur Untermiete wohnte, kann ich nicht herausfinden. Die Wohnung ist wie ein Kästchen mit Lebensinhalt, den Laura nicht mit uns geteilt hat. Aber inzwischen tritt mir doch so einiges von dem vor Augen, was in der Zeitspanne, in der Laura diese Adresse bewohnte, in ihrem Leben stattgefunden hat. Und endlich beginne ich auch zu verstehen, warum Laura 1938 in Wien geblieben ist.

EINE LIEBE WIE EIN FELS

Ana

Ganz hinten in Lauras Buch, im letzten Kapitel, stoße ich auf eine Art Gedicht. Es ist traurig und schön zugleich, es spricht eine tiefe und sehnsuchtsvolle Liebe aus diesen Zeilen einer Frau, die auf ein langes und ereignisreiches Leben zurückblickt. Darin liegt diese Liebe wie ein Diamant, versteckt und doch zwischen den Wogen der Zeit aufblitzend und unvergessen. Ich zögere, weiß nicht, wie ich mit diesem Gedicht umgehen soll. Es zu umschreiben kann ihm kaum gerecht werden. Es abzutippen scheint mir aber indiskret. Ich mache einen Versuch.

Ein warmer Windhauch trägt den Duft eines lauen Sommerabends durch das geöffnete Fenster. Laura hat gerade ihren Arbeitsplatz bei Ditmar aufgeräumt, die meisten Kolleginnen haben das Haus an diesem Freitagnachmittag schon früher verlassen. Die warmen Sonnenstrahlen locken. Da sieht sie ihn wieder, den hochgewachsenen Mann, dessen aufrechte Haltung Unerschrockenheit und eine stoische Ruhe ausstrahlt. Er kommt gerade aus dem Büro von Lauras Vorgesetztem, und jetzt geht er direkt auf sie zu. Seine Schritte werden langsamer, als sich ihre Blicke treffen. »Karl Josef Steger«, sagt er mit ausgestreckter Hand, als er ihren Tisch erreicht. »Ich berate seit Mai die Geschäftsführung als Referendar und habe eine Frage bezüglich der anstehenden Termine des Vorstands.«

Was sie dann besprechen, scheint auf einer anderen akustischen Ebene stattzufinden. Später kann sich Laura an den Inhalt kaum erinnern. Aber der kurze Schmerz, als er sich zum Gehen wendet, der bleibt ihr in Erinnerung. Und die Wärme, die sich in ihr ausbreitet, als er noch einmal zurückkommt. In seinem behutsamen Blick liegt eine unergründliche Skepsis, als er sie fragt, ob sie ihn nicht am Abend auf den Heurigen begleiten will. Sie will. Sein Lächeln darauf ist kaum sichtbar, aber so tief gefühlt, dass die Empfindung das metallene Pult zwischen ihnen kurz schmelzen lässt.

Ganz verloren ist Laura, noch immer hält sie den Stift von vorhin in der einen Hand, noch immer liegt die andere in ihrem Nacken. Wie lange steht sie so da? Wie viele Minuten, nachdem er längst den Raum, das Haus, das Gelände verlassen hat?

Die Aufregung, die Laura vor ihrem Treffen verspürt, hat einen Farbton, der ihr bisher unbekannt war. Es liegt keine Nervosität darin, sondern eine seltsame Gewissheit, die sie wiederum verunsichert. Er bringt ihr ein Büschel Veilchen mit, die in seinen großen Händen noch kleiner und zerbrechlicher aussehen. Sie stehen ihm so gut, dass Laura kurz den Wunsch verspürt, er möge sie einfach weiter halten. Ihr kräftiges Lila passt zu seinem dunklen lockigen Haar, ihre fragile Form ist wie ein verheißungsvoller Schlüssel zu seinem Wesen, das sie schon jetzt hinter seinem vorsichtigen Blick zu erkennen glaubt. Diese Veilchen, sie sind keine Kleinigkeit. Sie sind eine große Geste.

Als er ihr endlich gegenübersitzt, sagen beide erst einmal nichts. Und dann vergeht der Abend plötzlich wie im Flug. Die Berührung ihrer Finger hat ihre Herzen geöffnet, und die Freude über diese Begegnung pocht noch lange, nachdem sie längst wieder zu Hause angekommen ist, in Laura weiter.

Sie sehen sich wieder. Und wieder. Es ist nicht leicht, diesen verschlossenen Mann kennenzulernen. Er öffnet Laura seine Tür einen Spalt breit, gerade genug, um ihr einen Blick auf die konzentrischen Kreise in seinen Inneren zu gewähren, doch dann schließt er sie wieder, behutsam zwar, aber entschieden. Es ist dieses Spiel, das Laura wie magnetisch anzieht, und jedes kurze Eintreten in sein Reich bewahrt sie lange in sich auf. Nie war sie sich ihrer Liebe so sicher, nie hat sie sich so verunsichert wohlgefühlt. Er ist besonders, vielbedeutend, stark.

Jesus sagte zu ihm: Selig bist du, denn nicht Fleisch und Blut haben dir das offenbart, sondern mein Vater im Himmel. Ich aber sage dir: Du bist Petrus, und auf diesen Felsen werde ich meine Kirche bauen, und die Mächte der Unterwelt werden sie nicht überwältigen. Ich werde dir die Schlüssel des Himmelreichs geben; was du auf Erden binden wirst, das wird auch im Himmel gebunden sein, und was du auf Erden lösen wirst, das wird auch im Himmel gelöst sein.

Für Laura ist er der Petrus, der Felsen, auf dem sie ihr Leben bauen will, ihre Kirche. Die Gewissheit dieser Erkenntnis lässt sie schwindeln. Sie nennt ihn Pet. Sie hören einander zu, sind in vielem verschiedener Meinung und finden doch Brücken, um ihre Gegensätze zu verbinden. Sie gibt ihm die Schlüssel für ihr Reich, und dann ist da plötzlich die Hoffnung in ihr. Sie pocht und wächst und gibt ihr die Kraft, die sie braucht, um gegen all die immer größer werdenden Widerstände ihrer Liebe zu bestehen. Aber die Gegenwart ist stärker als ihre Kraft. Der Marsch der Stiefel, die Parolen und das überall brüllende Hakenkreuz zerstören ihren gemeinsamen Pfad, und letztlich zerstören sie auch die Hoffnung. Die Hoffnung, die doch unschuldig ist ob all des Lärms. Die Hoffnung, die weder ihm noch ihr gehört, sondern nur sich selbst. Die Hoffnung, und das wissen sie beide, deren Pfad nicht gangbar ist, unüberwindlich, unmöglich. Und so zertrennen Pet und Laura ihre Kreise, die doch so sicher ineinandergegriffen hatten. Ein Radius von seinem Kreis, ein Radius von ihrem, ohne Berührung und doch in der Gewissheit um die Sphäre des anderen, leben sie, bald von den Tiefen des Atlantiks getrennt. Und doch wartend, schweigend, ruhend und wissend, dass sie bestehen bleiben werden, bis das Marschieren verklungen ist, bis die Zeit mit ihren grauen Haaren es erlaubt, sich wieder zu berühren.

HEIL PETRUS
Ana

Petrus. Wirklich?!

Um das auszuhalten, komme ich doch nicht um etwas Zynismus herum. Laura nannte diesen Mann Pet, für Petrus, und wollte auf ihm ihr Leben aufbauen. Was macht das aus ihr? Jesus?! War sie sich denn der weiteren Bedeutung dieser Bezeichnung bewusst? Sie war doch bibelfest genug, um zu wissen, dass Petrus laut dem Neuen Testament der erste Jude war, den Christus in seine Nachfolge berief? Ein Jude! Ausgerechnet Karl Josef Steger, der Vollblutarier? Der Mann, der Laura schwängerte und sie dann in die Emigration »entließ«, anstatt sie zu heiraten, ein verlässlicher Fels? Der Mann, wegen dem sie das gemeinsame Kind abtreiben musste und der ihr damit die Hoffnung austrieb? Ja, wahrlich ein Fels, aber nur in dem Sinne, dass seine Schwerfälligkeit ihn daran hinderte, mit seiner Liebe gemeinsam Wien und die Nazis hinter sich zu lassen. Ein feiger und plumper Fels, der in der für ihn so bequemen Stadt liegen blieb, sich glänzendes Moos wachsen ließ und sich um seine Karriere kümmerte.

Wie konnte sie auf einem Mann ihr Leben bauen wollen, der auf seine stramm antisemitische Mutter hörte, die ihm verbot, von diesem »Judenmädchen« ein Kind zu bekommen? Der sich noch als erwachsener Mann von ebendieser Mutter die Schuhe zubinden ließ? Freilich, das ist kein Fels im Sinne der Stabilität. Eher ein Fähnchen in Hitlers Wind.

Falls das noch nicht klar geworden ist: Ich bin wütend. Auch wenn es mich nichts angeht, an wen meine Großmutter ihr Herz verschenkte und wie teuer sie diese Liebe zu stehen kam. Aber das Unglaublichste ist, dass Laura Karl Josef Steger verziehen hat. Es ist wohl der größte Beweis für das unendlich große Herz meiner Großmutter. Vielleicht war sie ihm sogar nie wirklich böse. So wenig ich es nachvollziehen kann, so beeindruckt bin ich doch von Lauras unbeugsamer Loyalität. Die Liebe zwischen den beiden hat Jahrzehnte überdauert. Sie hat die jeweiligen Ehen überdauert. Sie hielt bis zuletzt, bis zu Lauras Tod.

Im verzweifelten Versuch, das alles zu verstehen, frage ich meinen Vater August nach den Umständen der Trennung der zwei von Laura beschriebenen Kreise. Wer war dieser Karl Josef Steger? Und wo ist die Hoffnung hin? Warum musste sie vergehen? Immerhin wären daraus meine Tante oder mein Onkel geworden, und mein Vater wäre nicht als Einzelkind aufgewachsen. Mein Vater erwidert sofort, dass er selbst inzwischen ganz verunsichert sei, was Erinnerungskultur betrifft. Er könne einfach nicht mehr sicher sagen, was von dem, was er dachte zu wissen, überhaupt stimmt.

Plötzlich stelle ich fest, dass mich das nicht mehr beunruhigt. Im Prozess dieses Buches habe ich kapiert, dass es mit der Erinnerung nun einmal so eine Sache ist: Die »Wahrheit« über unsere Großmütter kann es heute nur so geben, wie wir sie nach bestem Wissen und Gewissen fabulieren.

Aber auch August ist sich sicher: Trotz aller Widrigkeiten ist dieser Karl Josef Steger die große Liebe in Lauras Leben gewesen. Und allein schon, weil sie lange unerfüllt blieb, war sie sicher sogar noch wichtiger als die Liebe zu Ludwig, dem Vater meines Vaters und dem Mann, der über neunundzwanzig Jahre Lauras Ehemann blieb. Aber langsam. Noch mal der Reihe nach.

Laura lernte Karl Josef Steger im Jahr 1937 kennen. Er war neun Jahre älter als sie, Anwalt und mit Leib und Seele Vorarlberger. Die Wiener nannte er »ein Gesindel«. Er war das, was man damals einen »Arier« nannte, und zumindest seine Mutter war, so wird es aus verschiedenen Quellen deutlich, Nationalsozialistin durch und durch.

Auch wenn er später eine Margarete ehelichte, mit der er sich heute ein Grab teilt, so war Steger im Jahr 1937, als er Laura kennen und lieben lernte, noch nicht verheiratet. Hätte er sich entschieden, Laura zu heiraten, hätte ihr dies damals die »Chance« eröffnet, möglicherweise »arisiert« zu werden, denn die Ehe eines »Mischlings ersten Grades« mit einem »Deutschblütigen« war laut den Rassengesetzen »mit Genehmigung zugelassen«. Auch wenn mir das mit meinem heutigen Wissen widerlich vorkommt, so war es damals doch mit hoher Wahrscheinlichkeit genau das, was Laura sich wünschte. Aber dazu kam es nicht, denn Steger wagte den Schritt nicht. Er hörte auf seine Mutter und blieb in Wien, als Laura das Land verlassen musste. Und trotzdem besuchte Laura ihren Steger, sobald es nach dem Krieg möglich war. Beide waren inzwischen verheiratet, aber ich bezweifle, dass das für sie ein Hindernis darstellte. Nach Ludis Tod, als Laura selbst wieder nach Wien zurückzog, führten die beiden so etwas wie eine Beziehung, wenngleich Karl Josef Steger weiterhin und bis nach Lauras Tod verheiratet war.

Ich sehe ein, dass ich nicht alles nachvollziehen oder gar verstehen können muss, was meine Großmutter in ihrem Leben angetrieben hat. Natürlich nicht. Ich muss mir immer wieder in Erinnerung rufen, dass sie damals ja nicht das distanzierte historische Wissen der Zeit haben konnte, nicht die Bewertung oder gar Verurteilung der Taten und Entscheidungen ihrer Gegenwart.

Und ich muss der Fairness halber erwähnen, dass Steger den Nazis wohl kritisch gegenüberstand: Man habe ihn, so erzählte er es selbst später wohl seinen Freunden, von oberster Stelle gemaßregelt, dass er die »Segnungen des Nationalsozialismus nicht erkennen« würde. Gut, er mochte die Nazis nicht, aber er war eben ein intelligenter aufstrebender Anwalt, der sich arrangierte. Später hat er sich als juristischer Berater großer jüdischer Familien um die Restitutionsansprüche gekümmert.

Ich komme bei allem Bemühen um ein Verständnis für die Lebensrealitäten der Zeit dennoch nicht umhin, mir vorzustellen, wie Steger zwischen 1938 und 1945 zum Hitlergruß den Arm erhebt oder Dokumente mit Hakenkreuz stempelt. Allein damit ist er für mich heute automatisch und selbstverständlich eine Persona non grata.

DER ARISCHE ANWALT FÜR JÜDISCHE FAMILIENANGELEGENHEITEN

Ana

Es gibt noch einen Aspekt, der die ganze Geschichte um Karl Josef Steger weiter verschärft: Offensichtlich wird er um 1938 zum Familienanwalt der Wärndorfers und kümmert sich als solcher auch um die rechtlichen Angelegenheiten, die mit ihrer Emigration nötig werden. Dazu berechtigt ihn eine umfassende Vollmacht, die August Wärndorfer am 23. Mai 1938 unterzeichnet. Steger also ist es, der für meinen Urgroßvater das für Juden verpflichtende Vermögensverzeichnis ausfüllt. In der Anleitung zu dem Formular steht, dass man sich im Falle eines Versäumnisses, einer Verspätung oder einer unvollständigen Angabe in dem Formular »schwerer Strafe (Geldstrafe, Gefängnis, Zuchthaus, Einziehung des Vermögens) aussetze«. Die darin im Juli 1938 angegebene Rente von jährlich achthundert Reichsmark, die August Wärndorfer eigentlich bis an sein Lebensende zugestanden hätte, wurde allerdings – wie er selbst in einem Brief vom 21. Februar 1939 richtigstellt – schon seit dem 21. August 1938 nicht mehr an ihn ausgezahlt. Das macht das gesamte Vermögensverzeichnis gegenstandslos, wie August in dem Brief ebenfalls vermerkt. Mir fällt auf, dass Steger den Namen von Lauras Mutter in dem Formular falsch schreibt. Absicht? Oder Unachtsamkeit? War es ihm egal? Und schließlich hole ich Luft und frage mich: Warum will ich diesem Steger unbedingt etwas anhängen? Ich mag ihn einfach nicht. Ich kann ihn nicht leiden!

Steger wird auch mit der Auktion des Mobiliars aus der Wiener Wohnung der Wärndorfers betraut. Und offensichtlich verwaltet er nach der Emigration von Lauras Eltern auch das Vermögen, was ihn dazu befähigt, Geld an Laura auszuzahlen. Ich bin hin- und hergerissen. Einerseits kann man natürlich annehmen, dass es in dieser Zeit sehr praktisch und hilfreich für die Wärndorfers war, einen Anwalt zu haben, der »im System« agierte und damit bürokratisch das Erbe verwalten konnte, als das der Familie aufgrund der neuen Gesetze nicht mehr selbst möglich war. Wer weiß, ob sie ohne Stegers Hilfe überhaupt Geld für den Verkauf ihres Eigentums bekommen hätten. Andererseits kratzt mich die Vorstellung von diesem steifen Mann, der meiner starken Großmutter gnädig das eigene Geld auszahlt. Ich kann das Patriarchale daran nicht leiden, und wenn ich mir die Szene vorstelle, in der Laura dankend das Geld von ihm entgegennimmt, überkommt mich Brechreiz.

Karl Josef Steger blieb über ihren Tod hinaus der Verwalter von Lauras rechtlichen Angelegenheiten und mehr. Ich finde eine weitere Vollmacht für ihn als Anwalt, die ihm ähnlich umfassende Befugnisse erteilt wie die von 1938. Sie sieht fast identisch aus, lediglich die Typografie ist moderner. Die neuere Vollmacht ist allerdings von einem jüngeren August unterschrieben: meinem Vater. Im Jahr 1974 betraut er hierin Steger mit der Verwaltung der Hinterlassenschaft seines eigenen Vaters, die auch den Verkauf von drei Grundstücken in Wien beinhaltete. Ich finde es unangenehm, dass genau der Mann, der meinem Großvater Ludi sicher indirekt große Schmerzen zugefügt hat, sich nun in einer so verantwortungsvollen Lage finden durfte. Als hätte der arische Petrus den nie ausgefochtenen Hahnenkampf zwischen Steger und Ludi am Ende dann doch kampflos gewinnen dürfen.

In einem Brief an meinen Vater schreibt er kaum eine Woche nach Lauras Tod, am 21. September 1984, schlicht: »Da es noch nicht sicher ist, ob ich an der Trauerfeier für Laura am Dienstag teilnehmen kann, habe ich heute dem Pfarrer am Grundlsee den Betrag von 1000 Schilling überwiesen.«

Die gesamte juristische Korrespondenz von Karl Josef Steger liegt mir vor. Er spricht sie darin zwar mit »Liebe Laura« an und unterschreibt stets mit »Küss die Hand«, aber ich finde keinen einzigen persönlichen Brief an Laura.

TRAUM VON DER BEGEGNUNG ZWISCHEN LUDWIG UND STEGER

August

Heute Nacht habe ich von meinem Vater geträumt. Der Ort des Traums war das Foyer eines alten Hotels, welches sich manchmal in den Verkaufsraum eines Kaufhauses verwandelte. Das Hotel, beziehungsweise das Kaufhaus, befand sich anfangs in New York, später auch mal in Paris und Kroatien. Alles war ein bisschen verwirrend, aber das haben Träume wohl so an sich. Ich war auf der Rückreise von einem Filmdreh, und mein Gepäck war nicht bis zum Flughafen gekommen; es war anscheinend noch im Hotel in der Nähe des Drehorts, und ich versuchte verzweifelt, den Reiseleiter, der auch der Produktionsleiter des Films war, zu erreichen, um herauszufinden, wo mein Gepäck abgeblieben war.

Plötzlich sah ich Dr. Karl Josef Steger, den Mann, von dem meine Mutter 1938 schwanger gewesen war. Er sah genauso aus wie ich ihn in Wien, Anfang der Siebzigerjahre, erlebt habe. Ich beobachtete ihn, er hingegen bemerkte mich nicht oder tat so, als würde er mich nicht sehen. Er wirkte unnahbar wie eh und je, stolz und männlich. Er ging zu einer Keramikschüssel und schüttete aus einem Krug Wasser hinein. Um die Schulter hatte er ein Handtuch gelegt. Er schöpfte sich Wasser ins Gesicht und blickte durch den Spiegel, der an der Wand oberhalb der Schüssel hing, in meine Richtung, doch immer noch sah er mich nicht direkt an. Dann dreht er sich um und wollte an mir vorbei die Treppe hinunterlaufen. Ich überlegte gerade, ob ich ihn ansprechen sollte oder ob es ihm vielleicht unangenehm war, mir hier und heute zu begegnen, als plötzlich mein Vater neben mir stand. Er blickte zu Steger und fragte: »Ist er das?«

»Ja, das ist der Steger.«

Ohne zu zögern, ging mein Vater nun auf Steger zu und sagte:»Zu Ihrer Information, ich bin übrigens Ludwig, und das ist mein Sohn, der Sohn von Laura und mir, wir nennen ihn Augi.«

Der so Angesprochene schnauzte meinen Vater an:»Dann sag deinem Sohn, dass er mich nie wieder serbisch-kroatische Nazisau nennen soll!«

Er war so heftig und aggressiv, dass mein Vater zurückgeschleudert wurde und sich hinsetzen musste. Er wirkte plötzlich ganz klein und zerbrechlich.»Mein armer Vater«, dachte ich mir,»warum muss er sich von diesem Menschen so anschreien lassen?«

»Mein Sohn hat so was sicher nicht gesagt, das ist gar nicht seine Sprache, und vor allem macht die Beschuldigung auch gar keinen Sinn.«

»Warum schreibt er dann so was in einer österreichischen Zeitung?« Steger deutete auf eine Zeitung, wobei auch diese ein Traumgebilde war.

»Doktor Karl Josef Steger war der Mann, in den sich meine Mutter als Zweiundzwanzigjährige verliebt hatte und von dem sie schwanger wurde. Das Kind ließ meine Mutter 1938 abtreiben, jedoch nicht aus freiem Willen, sondern auf Anraten der Mutter von Steger:›Von diesem Judenmädchen darfst du kein Kind kriegen.‹ Nach der Abtreibung wanderte meine Mutter nach Kanada aus.«

»Warum erzählst du mir das alles?«

Im Traum hatte ich das Foyer verlassen und stand nun bei meiner Großmutter Ella, die auf ihrem bequemen Fauteuil in Manhattan saß und Papierblumen bastelte.

»Ich weiß nicht, aber irgendwie tut mir mein Vater so leid. Warum wird er so angeschrien, warum trifft ihn das so sehr?«

»Ist das wichtig, ist es interessant? Dein Vater war mein Sohn, und natürlich war er ein bisschen, wie soll man sagen, empfindlich. Eine blasse Blume, aber auch ein Enfant terrible. Ungehorsam, leider, wenn natürlich auch sehr begabt. Meine Kinder taten nie das, was ich ihnen sagte, Ludi noch am ehesten, aber auch er war, na ja, mein Sohn eben.«

»Warum lässt er sich so leicht einschüchtern?«, wollte ich wissen.

»Das kannst du nicht verstehen, du warst nicht dabei, hast es nicht erlebt. Das war keine schöne Zeit.«

»Ja, das weiß ich schon, aber wie war er denn vor der ganzen Katastrophe, schließlich war er ja doch dein Sohn. Wie war er für dich?«

»Er war auf jeden Fall bei den Damen beliebt. So habe ich auf jeden Fall gehört, den Ruf hatte er, und der wurde mir überbracht. Hat mir irgendwie gefallen, sein Ruf.«

»Du hast gesagt, er war begabt, wie meintest du das?«

»Habe ich das gesagt? Ich weiß nicht mehr, was ich damit meinte. Mein Sohn hatte viele Affären, viele Verehrerinnen, auch zwei Kundinnen von unserem Kaufhaus; die eine war sogar Schönheitskönigin von Österreich, Liesl Goldarbeiter. Was für ein Name! Aber mein Sohn hat ihr den Kopf verdreht. Immerhin eine Schönheitskönigin. Ich glaube, sie war sogar Miss Universum. Na ja, darunter hätte er es wohl kaum gemacht. Auch die Hedy Lamarr war dabei. Die hat mir, ehrlich gesagt, besonders gut gefallen.«

»Und wie fandest du ihn?«

»Er war mein Geschäftspartner und mein Angestellter, er war zuständig für die Herrenkollektion im ersten Stock. Er hatte eine Ahnung von Eleganz, das hat er von mir, aber er war mit seinen Gedanken immer woanders. Ich ahne zwar wo, aber na ja, c'est la vie.«

Ella blickt hinüber zu ihrem Klavier, das auch in diesem Raum steht, ich bin nicht sicher, ob es schon die ganze Zeit hier ist. Nun jedenfalls blickt sie hinüber und sagt wehmütig: »Diese achtundachtzig Tasten sind wie ein Tier, das lächelt. Ich glaube, der Ludi hat meine Angst vor dem Lächeln der Tastatur geteilt. Mir war sehr früh klar, dass das Klavier meine Bestimmung ist. Aber mit achtundzwanzig, das war im Jahr 1906, habe ich das Geschäft übernommen. Das war ich meinem Vater schuldig.

Und 1906 kam auch Ludi. So wurde das Geschäft meine Bestimmung. Und bald schon haben wir der Pariser Mode Konkurrenz gemacht. Mit meinem ausgezeichneten Geschäftssinn habe ich das Maison Zwieback vor der Insolvenz gerettet, 1924 war das. Der Erste Weltkrieg hat viele von uns Kaufleuten in die Knie gezwungen. Aber voilà, Zwieback war wieder da!«

»Aber sag doch, Ella, warum war mein Vater so eingeschüchtert?«

»War er das? Er war doch sehr glücklich in Amerika, er hatte es ja geschafft. In Wien war es nicht so lustig, für uns alle nicht!«

Mit Ellas letzten Worten noch im Ohr wachte ich auf, verschwitzt lag ich im Bett und hörte die Vögel vor dem Fenster zwitschern. Und plötzlich spürte ich Resignation, den Wunsch aufzuhören. Ich wollte nicht mehr darüber nachdenken, wie das war damals in Wien, als der Nationalsozialismus in Österreich Einzug hielt. Ich wollte mir die allmähliche Enteignung und die Demütigung meiner Großmutter und meines Vaters nicht mehr vorstellen. Die Vögel zwitscherten so schön und friedlich vor meinem Schlafzimmerfenster, und irgendwo in der Ferne hörte ich einen Kuckuck.

ALLEIN AUF FREMDEM PFAD
Ana

Ich erinnere mich an das Gefühl der Angst, als ich in Glasgow den Bahnhof verließ, dass ich den Hafen und das Schiff, welches mich über den Ozean in die neue Welt bringen sollte, nicht finden würde. Ich war alleine auf einem fremden Pfad.

Im September 1938 bekommt Laura in Wien überraschend Besuch von Alan, dem großen blonden Kanadier, den sie damals auf dem Ball kennengelernt hat. Der Besuch ist ihr unbequem, denn sie weiß nicht so recht, was sie mit Alan anfangen soll. Schon, sie haben damals nach dem Ball ein paar Tage zusammen verbracht, sie hat ihm das herbstliche Wien gezeigt und saß mit ihm an der Donau. Aber so richtig interessant fand sie den wortkargen Mann schon damals nicht. Trotzdem haben sie Adressen ausgetauscht, alles andere wäre unhöflich gewesen.

Und jetzt steht er auf einmal vor ihrer Tür und überbringt ihr eine Einladung nach Kanada. Sie könne auf unbefristete Zeit zu seiner Familie nach Toronto kommen. Laura lehnt die Einladung irritiert ab, und Alan, perplex und verletzt, wendet sich zum Gehen. Kurz bevor Laura die Wohnungstür schließt, dreht er sich noch einmal zu ihr um und sagt ihr, in welchem Hotel er wohnt, und dass sie sich melden solle, wenn sie es sich noch anders überlegt. Laura schüttelt nur entschieden den Kopf und schließt schnell die Tür. Ihr Herz klopft bis zum Hals. Was fällt diesem Herrn ein, sie so zu überfallen? Und natürlich will sie nicht nach Kanada. Sie will doch in Wien bleiben! Sie glaubt daran, dass Pet es möglich machen wird. Er ist doch Anwalt, und er hat sicher Beziehungen. Laura hält sich an dem Felsen ihrer Überzeugung fest, dass er es auch will. Ganz mit ihr zusammen sein, mit ihr leben. Mit ihr und ... Wenn nur diese Mutter nicht wäre, diese dicke Schlange. Sie nimmt ihm ja die Luft zum Atmen! Laura holt selbst tief Luft und legt ihre Hand auf den Bauch, der sich schon zu wölben beginnt. Von dort aus strahlt ihr eine tiefe Wärme und Zuversicht entgegen. Das ist die Hoffnung, die sie spüren kann, und auch diese kleine Hoffnung wird ihr Leben auf den Felsen Pet bauen.

Abends, als sie Pet im Caféhaus trifft und ihm von der Einladung von Alan erzählt, schweigt der. Zu lange. Und schließlich sagt er leise und entschieden, sie solle die Einladung annehmen. Sonst nichts. Laura ist fassungslos. Sie fleht ihn an, mit ihr zu kommen. Er schweigt. Laura nimmt ihren Mantel und geht. Ihr Kopf ist leer, sie bekommt schlecht Luft. Auf dem Heimweg gleiten ihre Finger in der Manteltasche immer wieder über die raue Oberfläche des festen, dreifach gefalteten Papiers und entlang des kleinen Metallrings, mit dem auf der mittleren Seite ihr Foto fixiert ist. Ihr Reisepass des Deutschen Reiches, mit dem kleinen Adler auf der Vorderseite, der das Hakenkreuz hält.

Ab dem 3. Juli 1938 bekamen alle Österreicher einen deutschen Pass. Den bekam man aber nur, wenn man einen Auswanderungsantrag stellte. Steger hatte Laura dazu geraten, diesen zu stellen, rein pro forma, hatte er hinzugefügt, damit sie den Reisepass bekäme, denn man wisse ja nicht, wozu sie den noch brauchen könnte. Außerdem konnte sie so die Kennkarte umgehen, die ab Ende Juli für alle Juden eingeführt wurde.

Am 5. Oktober wurden alle deutschen Reisepässe von Juden für ungültig erklärt, und es galt eine Frist von zwei Wochen, in der die Pässe abgegeben werden mussten, sonst drohten Strafen. Gültig konnten diese Pässe nur dann wieder werden, wenn sich die laut NS-Regime als Juden bezeichneten Bürger ein drei Zentimeter großes rotes »J« in den Pass stempeln ließen. Alle inländisch geltenden Ausweise wurden augenblicklich für ungültig erklärt.

Lauras Abmeldung aus Wien erfolgte von London aus am 10. Oktober. Vermutlich ist sie also kurz vor dem Ungültigwerden ihres Passes ausgereist.

Nachdem alles für mich schiefgegangen war und ich dringend in die weite Ferne wollte, wie Laura schreibt, nimmt sie also die Einladung von Alan Osler Gibbons an. Vor ihrer Überfahrt nach Kanada reist sie über London zu ihrer Familie.

Ich weiß nicht woher, aber ich habe diese abstruse Geschichte im Kopf, dass Laura in Wien ganz allein in einen Zug in die Schweiz steigt, von wo aus sie über Frankreich weiter nach Schottland reisen will, um dann in Glasgow das Schiff nach Kanada zu besteigen. Als sie morgens in der Schweiz in ihrem Schlafabteil aufwacht, ist der Zug leer. Alle anderen Mitfahrenden waren offensichtlich Juden und Jüdinnen, die von den Nazis an der Grenze aus dem Zug getrieben wurden. Man hat Laura, die doch sonst so auffällig ist, ausnahmsweise einmal übersehen.

Ich bin mir sicher, dass diese Geschichte nicht stimmt, und ich weiß nicht, wie sie den Weg in meinen Kopf gefunden hat, aber ich finde auch sonst nichts über den konkreten Hergang von Lauras Ausreise aus Österreich.

Vor ihrer Abreise bittet sie Tante Olga, sich bei ihrer Ankunft mit ihr in London zu treffen, und die Freundin kommt der Bitte nach.

»Darling, are you expecting a baby?«

Möglicherweise in einer Londoner Seitenstraße, vielleicht auch dank irgendwelcher Kontakte von Olga in einer geheimen Klinik in Schottland oder gar selbsttätig in einem Hotelzimmer erfolgt die Abtreibung von Lauras Hoffnung. Laura wird es gesundheitlich danach nicht gut gegangen sein. An den Abschied von ihrer Mutter und ihren Geschwistern kann sie sich nicht erinnern. *Es ist möglich, dass ich nichts fühlen konnte oder dass wir uns nicht verabschieden wollten,* schreibt sie. Auch der geliebte Vater ließ sie ziehen, ohne zu seufzen und ohne den Versuch, es ihr auszureden. *Damals, als ich entschlossen war, in 1938, Europa weit hinter mich zu bringen, legte er nicht ein Wort in meinen Weg. Seine Größe als Mensch und als Vater ließen mich die Abschiedsküsse fühlen, die mich ohne Zögern in meine Zukunft sandten.* Ihren Vater würde Laura nie mehr wiedersehen.

Ich schaue zu dem Porträt von Laura hinauf und bin erstaunt, dass sie es selbst ist, die mir in all diesen traurigen Vorstellungen Kraft gibt: Denn diese junge Frau weiß, was sie will, und sie ist sehr geschickt darin, es zu erreichen. Sie ist nicht nur stark, sie ist gestärkt. Ich denke daran, was sie über das Verhältnis zu ihrem Vater geschrieben hat, der sie bekräftigt hat, indem er ihr Vertrauen und Liebe schenkte. Wie mein Vater mir. Die väterliche Liebe, das väterliche Vertrauen verbinden uns miteinander.

Und so steht Laura schließlich, Anfang Dezember 1938, in Glasgow am Hafen. Selten hat sich die groß gewachsene Frau so klein gefühlt, und sie klammert sich an die Schiffsfahrkarte für die *SS Caledonia*, die Alan Osler Gibbons ihr zusammen mit etwas Taschengeld nach Elgin geschickt hat. Ein wenig Kraft gibt ihr das andere Papier, das sie noch tief in ihrer Manteltasche trägt. Es ist die persönliche Empfehlung der Gibbons an den Kapitän des Schiffs, Captain Alexander Collie, die ihr die Überfahrt zusätzlich erleichtern soll. Sie will den Brief gleich nach Betreten des Schiffs vorzeigen und diesen Alexander auch gleich besuchen, damit er weiß, dass sie da ist. Aber dazu muss sie in all diesem Gedränge hier erst einmal das richtige Schiff finden. Es stinkt nach Öl, es ist unendlich laut, und überall ragen riesenhaft diese Buge in den von Rauch verhängten Himmel. Endlich hört sie neben sich ein Paar, das auch die *SS Caledonia* sucht, und so folgt sie den beiden und steht bald darauf wirklich vor der Meeresriesin, die über eine riesige Brücke nach und nach unzählige Menschen zu verschlingen scheint. Als sie endlich selbst im Innern des Schiffs angelangt ist, beginnt sich Erleichterung in ihr auszubreiten. Denn jetzt gibt es kein Zurück mehr, die Möglichkeit ist ihr abgenommen, sie muss nicht mehr darüber nachdenken.

Es ist gut, dass Lauras Schiffsfahrkarte eine Hin- und Rückfahrt ausweist, dafür haben die Gibbons gesorgt, denn die Einwanderungsgesetze von Kanada sind in dieser Zeit so streng, dass man in den europäischen Behörden sonst nicht geglaubt hätte, dass Laura mit einem deutschen Pass in Halifax das Schiff verlassen darf. Ihre Gönner allerdings hatten sich auch darum gekümmert: Einflussreiche Verwandte von Alan Osler Gibbons lösen Laura am 10. Dezember 1938 in Halifax aus und bringen sie nach Toronto.

HEIMWEH
Ana

Von Dezember 1938 bis September 1941 lebt Laura im kanadischen Toronto. Es ist eine unglückliche Zeit, an die sie sich mit den Worten erinnert: *Oft dachte ich mir während dieser Jahre, dass ich am Morgen aufwachen könnte, um festzustellen, dass ich in der Nacht an Heimweh gestorben war.* Dabei lebt sie bei der reichen Familie Gibbons wie eine Königin. Nach ihrer Ankunft werden ihre Koffer von der Haushälterin ausgepackt und in ihrem Ankleideraum verstaut. Sie bewohnt eine Suite mit Balkon, neben der Badewanne steht eine Spanholzschachtel mit Badesalz.

Als Kanada, Mitglied des British Commonwealth, Deutschland im September 1939 den Krieg erklärt, nehmen die Gastgeber Laura die Schiffsrückfahrkarte ab. Sie sind besorgt, dass Laura, die immer noch krank vor Heimweh ist, den Plan hat, nach Wien zurückzukehren. Laura schreibt: *Sie haben dabei sicherlich nicht geahnt, dass sie mir damit den Lebensfaden abgerissen hatten. Sie konnten nicht wissen, dass dieses Billett, von mir wie ein Zauberschatz bewacht, das Wiedersehen mit meiner Heimat bedeutete.*

Ich kann mir durchaus einen weiteren Grund vorstellen, der im Hintergrund eine Rolle für das Abnehmen der Rückfahrkarte spielte. Die Osbornes glaubten zweifellos, Laura würde sich dann endlich auf Kanada einlassen und sich an ihr Leben dort gewöhnen. Der arme Alan machte sich wohl noch immer Hoffnung auf eine Zukunft mit ihr.

Laura selbst hat erst Jahre später verstanden – so behauptet sie zumindest –, dass Alan, der *schöne wortkarge Angelsachse*, damals, als er ihr die Einladung überbrachte, gedacht hatte, ihr einen Heiratsantrag gemacht zu haben. Wortkarg, wie er eben war, muss das ein ordentliches Missverständnis gewesen sein, aber offensichtlich gab er die Hoffnung sehr, sehr lange nicht auf.

Laura lebt über ein Jahr lang bei Alan und seiner Mutter, tritt bei ihren Bällen als Debütantin auf und diniert allabendlich mit ihnen. *Die Mutter saß ihrem Sohn vis-a-vis – er im Smoking und wortlos –, und ich saß an der Breitseite des Tisches.* Dass Laura dieses Arrangement, die Absichten und auch ihre eigene Verantwortung darin nicht erkennt, ist unglaublich. Rückblickend stellt sie selbst fest, dass sie in dieser Zeit undankbar, unempfindsam und egoistisch war. Aber noch immer ist sie vor Schmerz wie blind. Der Schock und die Trauer über die zurückgelassene Hoffnung, sowohl in ihr Leben in Wien mit Steger als auch in das ungeborene Kind, lassen sie nicht los, und nichts und niemand kann sie für das neue Leben begeistern. Die unermessliche Großzügigkeit ihrer Gastgeberin erkläre ich mir mit einem tief empfundenen Mitgefühl für das Schicksal der jungen Frau.

Nach einem Jahr nimmt Laura das Angebot für eine Arbeitsgemeinschaft mit dem Fotografen Eugene Cassidy an und zieht bei den Gibbons' aus, um allein in dem Atelier des Fotografen

Laura mit Stoffl

am *rive gauche* von Toronto zu leben. Sogar dabei wird sie von der Familie Gibbons unterstützt, und sie schenken ihr einen Hund, den Laura Stoffl nennt. *Endlich ein Lebewesen, mit dem ich deutsch sprechen konnte.*

Im Jahr 1981 wurde Laura noch einmal von den Gibbons nach Toronto eingeladen, und sie nahm dankend an. Alan hatte alle Kinder und Kindeskinder aus den benachbarten Villen eingeladen, die nur über den Rasen zu seiner Residenz kommen mussten, um Laura kennenzulernen. *Bei meiner Ankunft ließ er mich unverändert wortkarg wissen, dass er froh sei, mich zu sehen.*

IN MEMORIAM
Ana

In den sechzehn Monaten vor seinem Tod im Februar 1940 schrieb August Wärndorfer seiner Tochter Laura unzählige Briefe nach Kanada. Aus einer mit strengen schwarzen Kringeln übermalten Zeile in Lauras Buch entziffere ich den Satz: *Die Briefe sind in einem schönen Band gebunden.* Obwohl sie 1984 schreibt, dass das, *was er mir geschrieben hat, jetzt Wunden heilt,* konnte ich dieses Bündel Briefe leider nicht finden, und ich frage mich, warum sie diese Zeile unkenntlich machte. Ich finde auch einen Aufsatz mit dem Titel »In memoriam«, in dem sich Laura an ihren Vater erinnert.

Die Nachricht über seinen Tod erreicht Laura an einem verregneten Morgen in Toronto. Noch vorsichtiger als sonst klopft Alan an die Tür, und Laura weiß schon, was dieses Klopfen bringen wird. Mit unsicherer Miene überreicht Alan ihr schweigend das Telegramm aus Schottland und weicht gleich darauf wieder zurück in den Flur. Unbändiger Zorn erfüllt Laura. Wie in Zeitlupe sieht sie, wie ihre Hand der Tür einen Schlag verpasst, wie sich der Türspalt vor Alans Gesicht im Flur verkleinert, wie es kurz vor dem Knall der im Rahmen erbebenden Tür zusammenzuckt. Die Stille nach dem Knall hallt in Lauras Kopf, und innerlich bebend blickt sie auf das Papier in ihrer Hand. Sie möchte es augenblicklich zerreißen. Oder verbrennen. Es kann und darf nicht existieren. Aber noch immer steht sie da wie eingefroren und starrt auf das Blatt, ohne es wirklich zu sehen. Das muss sie auch nicht. Sie weiß um den Inhalt der kurzen Zeilen auf dem gefalteten Papier, die der Tragweite ihrer Bedeutung nicht im Entferntesten gerecht werden können. Sie weiß es, wegen dem Traum.

Zum ersten Mal begegnete ich ihm, als Angela mir sagte, dass er niemals sterben würde. Sie sieht ihn auf der Straße und folgt ihm mit etwas Abstand, aber gerade nah genug, um sein Profil noch zu erkennen. Sie erkennt ihn auch an seinem Gang, bei dem die Schuhe mit ihren schweren Sohlen dafür zu sorgen scheinen, dass die Füße gleichmäßige Schwünge machen. Die linke Handfläche ruht auf dem Knauf des Gehstocks, während die Finger sich um ihn herum drapieren. Aber was sie fesselt, ist der Anblick seiner Brust, die sie mit so überwältigender Sehnsucht und Trauer erfüllt, dass sie immer schneller geht, bis sie seine Schulter mit einer Fingerspitze antippen kann. Als er sich zu ihr umdreht, ist Laura von der Erfüllung eines Wunsches überwältigt, der früher unbändig und heute doch schon fast verblasst war. Auch sein Gesicht strahlt vor Freude über das Wiedersehen, und er hebt seine Arme und legt ihren Kopf an seine Brust. Sie schließt die Augen, und alles fühlt sich stark und richtig an. Da hört sie ein Kichern unter seinem buschigen Schnauzbart. Als sie ihn ansieht, hebt er die Augenbrauen, und daraus fällt das Augenglas, das er an einer Kordel um den Hals trägt. Es pendelt eine kurze Ewigkeit lang in der Luft, während der er wieder zu gehen beginnt. Er fängt es ein und steckt es in die Brusttasche seines alten Mantels, dessen Patina würdevoll über die abgewetzten Ärmel hinwegglänzt. Bevor er in der Menge der Menschen auf der Straße vor ihr verschwindet, sieht sie, dass er lächelt. Dass er fort ist, erfüllt Laura mit hilfloser Verzweiflung. Und mit einer plötzlichen Wut darüber, ihn je gekannt zu haben. Denn wenn sie ihm nicht begegnet wäre, hier auf der Straße, dann hätte sie einfach weiter glücklich sein können. Aber seit sie ihn wiedergesehen hat, brüllt in ihr ein unstillbarer Hunger nach all dem, was gut ist, was man aber nicht berühren kann. Das Wissen um sein Dasein hat ihr kurz als Säule gedient, an die sie sich anlehnen, zu der sie aufblicken konnte. Und nun ist da nichts mehr, keine Balance, nur bodenlose schwarze Leere.

Entgegen den kanadischen Sitten hüllt sich Laura nach der Nachricht vom Tod des Vaters wochenlang in Schwarz.

Als es 1941 möglich wird, ein Visum für die USA zu bekommen, ist Laura eine der Ersten, die es beantragen. New York war immer schon ihr Traum. Sie selbst nennt ihren Umzug nach New York eine »Flucht«. Ob vor ihrem Gönner Alan, vor dem Fotografen Cassidy, mit dem sie vermutlich ein Verhältnis hatte, wie mich die vielen Fotos von dem attraktiven Mann ahnen lassen, vor der Trauer um den Tod ihres Vaters oder dem Leben voller Heimweh in Toronto, das weiß ich nicht. Aber auch bei ihrem Umzug nach New York hatte sie wieder einen Gönner, diesmal einen Amerikaner, dessen Namen ich aber nirgends finde. Wo sie diese Männer nur immer herhatte?

DIE TANTE IN NEW YORK

Ana

Die jüngere Schwester meines Urgroßvaters, Elise, ist eine weitere schillernde Gestalt, der es gelang, »Schande« über die Familie Wärndorfer zu bringen. 1872 geboren, wurde sie in jungen Jahren mit einem Mann namens Gaston des Renaudes verheiratet, ein Foto zeigt sie in braver Haltung und uniformiert als Krankenschwester im Ersten Weltkrieg. In den frühen Zwanzigerjahren konzipierte und leitete sie einen Tee-Salon im Modehaus Zwieback. Im Kaufhaus lernte sie einen anderen Angestellten kennen, und mit diesem *Jüngling* brannte sie bald darauf nach New York durch. Dort gründete sie das noble Textilunternehmen The American Needlecraft Inc., das recht erfolgreich wurde. Anstatt eine Wohnung zu mieten, bezog Lise eine Suite im noblen Gladstone Hotel, wie es für wohlhabende New Yorker der Zeit anscheinend üblich war. Dort veranstaltete sie Soupers, Soirées und Salons, wobei ihr Publikum sorgfältig ausgewählt wurde.

Mit fünfundsiebzig Jahren zog Lise nach Hollywood, verheimlichte dort ihr Alter und lebte bis an ihr Lebensende im Beverly Hills Hotel. Von ihrem Erbe profitierte lediglich ein junger Mann, der ihr dort wohl bis in die letzten Stunden Gesellschaft leistete ... Was für eine Familie. Aber als Lise noch in New York lebte, nahm sie eine wichtige Rolle in Lauras Leben ein. Lauras Vater hatte mit seiner Schwester Lise keinerlei Kontakt mehr gepflegt. Als er jedoch erfuhr, dass seine geliebte Tochter nach New York ziehen wollte, informierte er sie in einem Brief, dass sie eine Tante in New York habe, die ihr möglicherweise die Ankunft dort erleichtern könnte. Natürlich nahm Laura augenblicklich Kontakt zu ihrer Tante Lise auf, die sich freute, in ihrer Nichte eine selbstbewusste, modische junge Frau kennenzulernen. Laura besuchte sie oft im Gladstone Hotel, und es entstand ein angeregtes Verhältnis zwischen den beiden Frauen, das sich in einer gegenseitigen Neugier, nicht zuletzt auch an der anderen Generation, begründete. Beiden gefiel es, sich im Licht des jeweiligen Gegenübers zu baden, wenn sie bei Lises Salons gemeinsam auftraten.

Lises Textilunternehmen florierte in dieser Zeit, und Laura wurde für sie zu einer Vertrauten, wenn es um moderne Stilfragen ging. Laura erinnert sich *mit großer Freude an die Ausstellungsräume dieses Unternehmens, denn nicht nur waren dort, in Glasvitrinen, herrliche Dinge zu sehen, sondern es dufteten die Räume auch nach edlem Parfum (für mich das erste Mal, dass ich erlebte, wie auch ein spezieller Duft den ästhetischen Genuss erhöhen kann).*

Es ist naheliegend, dass es Lise war, die Laura einen ungewöhnlichen und spannenden Job verschaffte. Laura wurde Modespionin für das große Kaufhaus Macy's. Endlich komme ich an diesem für mich so prägnanten Detail in Lauras Geschichte an. Wie immer blicke ich zu Lauras Porträt, weil ich hoffe, dass mir ihr Gesichtsausdruck etwas über die Umstände dieser ungewöhnlichen Anstellung verrät. Aber ich muss feststellen, dass diese Laura, die in New York ganz neue Wege einschlägt, das Porträt hinter sich gelassen hat. Denn die Modespionin Laura ist älter als die Laura auf dem Porträt, das in Kanada aufgenommen wurde. Sie hat den jugendlichen Trotz hinter sich gelassen und ist eine elegante, eigenständige und berufstätige Frau geworden. Mich überrascht die Erkenntnis, aber ich merke nun auch, dass die anfangs gesuchten Wurzeln endlich in mir ausgeschlagen haben. Ich fühle mich immer wohler dabei, fabulierend von Laura zu erzählen, ohne mich bei ihrem jugendlichen Porträt rückversichern zu müssen. Ich habe mir durch meine ausführliche Recherche ihr Vertrauen verdient. Und so halte ich mich nun ganz bewusst an das, was ich selbst herausfinden kann.

Lauras Tätigkeit als Modespionin bestand darin, in edler Kleidung auf der Fifth Avenue in die Boutiquen der teuren Marken zu gehen, sich als interessierte Kundin auszugeben und dann in der Umkleide heimlich die Schnitte der probierten Modelle abzuzeichnen, damit Macy's schnell ähnlich modische Modelle in einem günstigeren Preissegment anbieten konnte. Weil sie so geschickt im Umgang mit Menschen war und ihre Ziele stets konsequent verfolgte, lief das alles ziemlich gut. Ein bisschen stolz denke ich daran, dass ich dieses Zielstrebige, dieses »Macherinnen-Gen« wohl von meiner Großmutter geerbt habe, denn auch mir fällt es nicht schwer, nach einer getroffenen Entscheidung konsequent die Umsetzung in Angriff zu nehmen und dabei in den seltensten Fällen aufzugeben, sondern stattdessen eben gegebenenfalls den Weg zum Ziel anzupassen.

WIR SOLLTEN HEIRATEN
Ana

*Mein Vater hat mir einmal geraten, dass ich nicht heiraten solle,
bevor ich einen Schmerz empfinde, wenn der Geliebte den Raum
verlässt. Und – so war es damals mit Ludi. Nur wenig gemeinsame
Stunden waren vergangen, bevor ich dieses Gefühl erlebte, welches
mein Vater mir beschrieben hatte.*

Laura, die es geradezu gewohnt war, Männer für sich einzunehmen, beschreibt bei ihren Auserwählten jeweils das gute
Aussehen, besonders vorteilhafte Charaktereigenschaften oder
auch den besonderen Hintergrund. Es scheint mir, dass sie das
Bedürfnis hatte, möglichst früh zu eruieren, welchen Mehr-
wert eine Liaison für sie selbst, aber auch in ihrer Außenwahr-
nehmung haben könnte. Zum ersten Mal wirklich deutlich fällt
mir das auf, als es ausbleibt. In dieser plötzlichen Stille liegt das,
wovon ich glaube, dass es zu einer Liebe führte, die über neunundzwanzig Jahre glücklich und erfüllt blieb. Laura und Ludi,
zwei besonders kreative Menschen, die doch aus ganz unter-
schiedlichem Holz geschnitzt waren, haben sich gegenseitig
ergänzt und inspiriert, was sich später auch in einer beruflichen
Partnerschaft niederschlug, an der beide persönlich und profes-
sionell wachsen konnten.

Am 3. Januar des Jahres 1942 hält Lise eines ihrer berühmten
Soupers im Hotel Gladstone. Eingeladen ist auch Ludwig Zirner, Sohn ihrer ehemaligen Arbeitgeberin in Wien, der Unternehmerin Ella Zirner-Zwieback, nun von den Nazis enteignete
Besitzerin des legendären Modekaufhauses Maison Zwieback. Im Verlauf des Abends stellt sie ihrer Nichte den jungen
Mann vor. Vom ersten Moment an herrscht zwischen den bei-

den eine ganz natürliche Affinität. Sie *sind* einfach. Sie fragen sich nicht, wozu oder wohin. Zwischen ihnen gibt es keinerlei Fragezeichen, sondern im Laufe ihres Gesprächs füllt sich die Luft um sie herum mit filigranen und klangvollen Ausrufezeichen voll grafischer Finesse. Bald sind sie so in ihr Gespräch vertieft, dass die Musik des Orchesters, die bunten Menschen, der ganze glitzernde und klimpernde Trubel um sie herum aus ihrer Wahrnehmung verschwinden. Zwischen ihnen fliegen die Worte einander zu wie die Noten auf einer gut gespielten Partitur, und dabei können sie selbst jederzeit die Vorzeichen wechseln. Dazu bedarf es keinerlei Aussprache, denn sie haben eine eigene Harmonie, eine einmalige Logik der Stimmungen, Tonfälle und Themen, die ein Spektrum von der Weite des Universums erfüllt. Es ist also kaum verwunderlich, und auch Laura ist wenig überrascht, als Ludi am Ende dieses Abends feststellt: »Wir sollten heiraten.« Einen Monat später, am 3. Februar 1942, heiraten sie.

»Bringen Sie bitte zwei Dollar und einen Wassermann-Test* mit.« Als Ludi den Hörer des Telefons eingehängt hat, kann er kaum glauben, dass das wirklich alles sein soll, was sie für die Eheschließung brauchen werden. Er fährt sich mit der Hand durch die Haare, dann geht er zurück zur Arbeit. Am Abend verkauft er seine Manschettenknöpfe aus Platin. Mit Laura zusammen erwirbt er zwei goldene Eheringe, die sie innen mit Namen und Datum prägen lassen. Sie kaufen ein Ehebett, bestellen Heiratsanzeigen, und mit den benötigten zwei Dollar gehen sie zum Standesamt. Der Liftboy pfeift den Hochzeitsmarsch von Mendelsohn, während sie in den elften Stock hinauffahren.

»I, Ludwig Alexander Zirner, take thee, Laura Beata Wärndorfer...«

»I do.«

»I do.«

---

* Ein Antikörpertest für Syphilis, der für eine Heirat in NYC zu dieser Zeit notwendig war, da man die Verbreitung der Krankheit zu vermeiden versuchte.

Meine verliebten Großeltern

Sieben Dollar bleiben übrig, um ihr gemeinsames Konto zu eröffnen.

Da sie neben Lise keine weiteren gemeinsamen Bekannten haben, können Laura und Ludi ganz unbeirrt zueinander gleiten. Sie spazieren abends durch Greenwich Village und erinnern sich an ihre Heimatstadt Wien, sie trinken an Stehbuden Kaffee und erkennen, dass sie gemeinsam ein neues Leben werden aufbauen müssen. Unzählige Zigaretten rauchen sie dabei, es wird gelacht und geweint, getanzt und geschwiegen. Sie sind voneinander fasziniert, sie bewundern sich gegenseitig, und in all dem erleben beide voll Euphorie zum ersten Mal, wie es ist, einem Gegenüber des anderen Geschlechts auf Augenhöhe zu begegnen. Das Bedürfnis nach Stabilität ist nach der Emigration, nach Entwurzelung und Verlust der familiären Sicherheit bei beiden sicher mindestens so groß wie die Erleichterung, die es ihnen bereitet, sich nun aneinanderlehnen zu können. Müde von all der Unsicherheit schenken sie sich gegenseitig etwas, dessen großen Wert sie erst in den letzten Jahren wirklich erkannt haben: Vertrauen.

Ludi stammt aus einer reichen Familie des jüdischen Großbürgertums in Wien. Im Modehaus seiner Mutter hatte Laura damals ihr Ballkleid gekauft. Ludi war von der Mutter, entgegen seinem persönlichen Interesse, zum Teilhaber gemacht worden. Dann kam der Anschluss Österreichs und die Arisierung, Ella wurde vollständig enteignet, und Mutter und Sohn mussten fliehen. In New York lebt Ludi schon seit eineinhalb Jahren äußerst bescheiden, denn er hat fast nichts über den Ozean retten können. Dennoch lässt er es sich nicht nehmen, Laura zu sich zum Essen einzuladen. Es ist noch vor der Hochzeit, genau genommen ist es das erste Mal, dass sich die beiden nach dem Abend wiedersehen, an dem sie entschieden haben zu heiraten. Ludi deckt das kleine Tischchen so feierlich, wie es ihm mit den wenigen Mitteln eben gelingen will. Er zündet eine Kerze an und holt vom benachbarten Restaurant das Abendessen, womit er seinen gesamten Wochenlohn erschöpft. Es sind erst wenige Tage seit ihrer ersten Begegnung vergangen, und auch Laura ist voll freudiger Aufregung, als sie die kleine Wohnung betritt. Sie, die früher nichts gegen den eleganten Schein des Luxus einzuwenden hatte, ist von Ludis Hingabe so begeistert, fühlt sich von seiner zuvorkommenden Art so erhoben und geehrt, dass ihr nicht einmal auffällt, dass die Stühle wackeln und das Tischtuch fehlt. Die Atmosphäre, die in ihrem Beisammensein entsteht, ist nobler und edler, als Materialien es je schaffen können. Nach dem Essen setzt Ludi sich an das alte Pianino, das er billig von einem Trödler erstanden hat, und spielt die »Ode an die Freude« von Beethoven. Bei den Worten »wer ein holdes Weib errungen« sieht er Laura an.

Gemeinsam beziehen sie bald eine kleine Wohnung in der 5 East 10th Street, in der sie ein Jahr lang bleiben. Ludi schleppt zuletzt einen großen Koffer aus Elefantenhaut herein und stellt ihn in der Mitte des Zimmers auf. Mit feinem Stolz verkündet er Laura, dass dies seine Morgengabe[*] sei. Aufgeregt und voller

---

[*] Eine damals übliche materielle Zuwendung des Bräutigams an die Braut

Freude lösen sie die großen Schnallen und packen die sorgfältig verpackten, in Seidenpapier eingeschlagenen Kostbarkeiten aus, die Ludis Diener Johann vier Jahre zuvor in Wien für ihn verpackt hatte. Das feine Porzellan liegt glatt und fragil in ihren Händen, die geschliffenen Gläser blinken fröhlich im Licht, das Silberbesteck und die Leinenwäsche strahlen die wohlige Wärme des Wohlstands aus, den beide aus lang vergangenen Tagen kennen. Der Zweck der Gegenstände im Koffer ist es, einen »standesgemäßen« Haushalt zu begründen, doch in der kleinen, staubigen Wohnung sind es Schätze, die für das Paar ein wertvolles Stück Wiener Heimat inmitten der fremden Großstadt bedeuten.

Sie leben sparsam, und mehr als einmal tragen sie am Montagabend die leeren Milchflaschen zum Deli an der Ecke, um von dem Pfand noch ein Brot zu kaufen. Den Wochenlohn gibt es immer dienstags. Wenn doch einmal am Samstag noch etwas übrig ist, gehen sie nach Greenwich und besuchen eines der fabelhaften Nachtlokale. Sie hören Jazz und trinken ein Bier oder, wenn es dafür auch nicht mehr reicht, stehen am Eingang und lauschen.

Laura versuchte wohl noch auf andere Weise, etwas dazuzuverdienen: Ich finde zwei Aufsätze, die Laura im Jahr 1942 verfasst hat. Es sieht so aus, als hätte sie diese bei Magazinen oder Zeitschriften eingereicht, denn oben steht ihre New Yorker »Return«-Adresse und eine Angabe über die Zahl der Wörter, einmal 900 und einmal 850. Mir fällt auf, dass sie jeweils nicht ihren ganzen Namen nennt, sondern nur mit »Laura Beata« signiert, als sei das ihr entschiedener Künstlername als Autorin. Beide Aufsätze finde ich inhaltlich sehr stark und auch literarisch gut geschrieben. Auch wenn sie die Namen der Protagonisten geändert hat, merkt man deutlich, dass Laura darin persönliche Erfahrungen verarbeitet. War das den Magazinen vielleicht zu persönlich? In dem einen Aufsatz schreibt sie über den Prozess der Eheschließung in New York, im anderen über den Tod ihres Vaters. Ich bin dankbar, dass ich manche der sehr berührenden Bilder in meinen Texten verarbeiten kann.

Auch wenn es nicht viel zu teilen gibt, ist die Freude groß, als sie zu Weihnachten 1942 überraschend Besuch bekommen. Im Foyer findet Laura, die spät von der langen Weihnachtsschicht nach Hause kommt, einen jungen Matrosen der englischen Armee vor. Schüchtern fragt der blonde Junge, ob sie wohl seine Cousine Laura Wärndorfer sei? Es ist Lorne Byatt, der einzige Sohn eines verstorbenen Bruders ihrer Mutter. Sein Kriegsschiff hat im Hafen von New York angelegt und wird erst in ein paar Tagen wieder in See stechen. Sie verbringen ein paar wunderbare Tage zu dritt, die sie alle sehr genießen. Als er sich verabschiedet, bittet Lorne darum, dass Laura die Fotos, die er in New York gemacht hat, entwickeln lässt, um sie dann seiner Mutter nach Schottland zu schicken. Als Laura die Fotos entwickelt hat, entdeckt sie, dass Lorne ausschließlich die struppigen Eichhörnchen im Central Park fotografiert hat, die den Jungen wohl besonders gerührt haben.

Er selbst hat diese Bilder nie zu sehen bekommen. Nur wenige Tage nach der Ausfahrt wurde das Schiff, auf dem er diente, im Atlantik versenkt.

BEGEGNUNG VON ELLA UND LAURA
Ana und August

August

Keep a stiff upper lip. Dieser überaus britische Ausspruch ließe sich ins Deutsche wohl mit »halt die Ohren steif« übersetzen, um stoisches Abwarten zu empfehlen. Ich habe allerdings nie verstanden, wie man die Ohren steifhalten soll, anatomisch macht das für mich keinen Sinn. Wenn man die Oberlippe steifhält, kommt wenigstens ein prüdes englisches Lächeln dabei heraus. »*Keep a stiff upper lip*«, hätte vermutlich die Mutter meiner Mutter, Conny Byatt, ihrer Tochter Laura empfohlen, als diese sich aufmachte, um ihre künftige Schwiegermutter Ella kennenzulernen.

Ich kann mir nur ausmalen, wie aufgeregt mein Vater am 3. Februar 1942 ist, als er seiner strengen Mutter seine frisch vermählte Ehefrau vorstellt. Ludwig Zirner-Zwieback war in den Dreißigerjahren in Wien bekannt als Lebemann, als Bonvivant, auf jeden Fall wurden ihm viele namhafte Affären nachgesagt. Hedwig Kiesler, alias Hedy Lamarr, ist vielleicht die berühmteste. Mein Vater hatte scheinbar Freude an seiner Wirkung bei Frauen. Jetzt jedoch hat er die Aufgabe, seiner Mutter seine neuvermählte Ehefrau zu präsentieren. Sie sind im Atelier des Malers Wilhelm Viktor verabredet, und Ludwig und seine Angetraute sind ein wenig spät dran.

»Weiß deine Mutter, was sie erwartet?«, fragt Laura.

»Sie erwartet, mich alleine zu empfangen, in den Augen meiner Mutter bin ich noch immer ihr Angestellter. Inzwischen gewöhnt sie sich daran, dass ich nur ein kleiner Anzugverkäufer bei Macy's bin. Aber meine Mutter liebt Schönheit, also stehen deine Chancen recht gut. Lass dich nicht einschüchtern, das ist das Wichtigste.«

»Euer Kaufhaus war ja sehr berühmt, ich war sogar einmal dort.«

»Wirklich?«

»Ja, es ist lange her.«

»Alles ist lange her.«

»Nehmen wir den Hund mit?«

»Besser nicht, Maman hasst Haustiere.«

Laura und Ludwig lassen den Hund also in der Wohnung und machen sich zu Fuß auf den Weg.

»Es ist ungewohnt, ohne Hund zu spazieren«, sagt Laura.

»Stell dir vor, du führst mich Gassi«, antwortet Ludwig.

»Fürchtest du dich so sehr vor deiner Mutter?«

»Nein, nein, aber du wirst sehen, meine Mutter ist schon eine extravagante Erscheinung.«

Beim Betreten des Ateliers erblicken Laura und Ludwig auf einem Sofa sitzend eine rothaarige elegante Dame vor einem Glas Tee.

»Du kommst verspätet«, lautet Ellas trockene Begrüßung.

»*May I introduce you to my wife Laura?*[*] Wir haben gestern geheiratet.«

Ellas darauffolgendes Verstummen lässt sie fast hilflos erscheinen, abgesehen von der latenten Aggression, die unter der Röte ihrer Haut liegt. Sie wirkt hilflos, traurig und wütend.

Ana

Ihrer Schwiegermutter begegnet Laura zum ersten Mal, als sie bereits seit sechs Stunden verheiratet ist. Sie treffen sich im Central Park South, im Atelier des Künstlers Krausz, mit dem Ella Zirner-Zwieback verkehrt. Ludi hat sie nicht angekündigt, wie er Laura kurz vorher mitteilt, und er ist sichtlich nervös. Als sie das Atelier betreten, nimmt er Lauras Hand, und sie ist

---

[*] Deutsch: »Darf ich dir meine Frau Laura vorstellen?«

unentschlossen, ob sie nun ihn oder er sie damit stützen soll. Was kann schon so schlimm sein an einer alten Dame? Zudem ist sie äußerst gespannt darauf, Ella Zirner-Zwieback kennenzulernen, die Frau, deren Modekreationen sie in Wien bewundert hat.

Im Atelier stehen in dichten Reihen Bilder, die Krausz vor Jahrzehnten gemalt hat, der Ort wirkt auf Laura wie eine Gruft der Erinnerungen. Es ist schummrig, und Staub tanzt in den Lichtbahnen, die durch die Oberlichter in das Atelier dringen. Neben einem großen Bild von Richard Strauss steht Ella, obwohl sie dem Eingang den Rücken zuwendet, erkennt Laura sie auf Anhieb. Ihre rot gefärbten Locken bilden einen strahlenden Kontrast zum staubigen Licht. Zunächst wirkt sie fast surreal, unwirklich, wie sie so still dasteht, einer edlen Statue gleich, und Laura erschrickt fast, als sie sich plötzlich zu ihnen umdreht.

»*Mon fils!*«, ruft sie überrascht, und Laura ist sich unsicher, ob Freude in dem Ausruf steckt.

»*Maman*«, sagt Ludi gefasst. »Das ist Laura, meine Frau.«

Das bläulich-weiße Gesicht von Ella erstarrt, nur ihre grünlichblauen Augen huschen rasch über Lauras Körper und hinterlassen einen kühlen Schauer. Die Hand mit dem schmalen Handgelenk verharrt in der Luft. In der Geste liegt ein seltsamer Nimbus künstlerischer Kultiviertheit, die so gar nicht in den Staub dieses Ateliers passt. Laura findet, dass dieser Hand ein Champagnerglas fehlt.

»Ich habe eine Verabredung«, sagt die Schwiegermutter nach einer zerdehnten Sekunde. In plötzlicher Hast verlässt sie das Atelier durch die Glastür, und Laura und Ludi blicken ihr nach, wie sie eleganten Schritts und mit erhobenem Haupt um die Ecke des Gebäudes verschwindet. Ludi drückt Lauras Hand, die Handflächen sind feucht und kalt, und beide wissen nicht, von wem.

»Ja, das ist meine Mutter«, sagt Ludi etwas verunsichert und seufzt.

Laura kann nicht anders, als zu lächeln. »Aha«, meint sie nur und bringt damit auch Ludi zum Lächeln. Endlich atmet auch der nun wieder tiefer und zeigt auf ein Porträt von Kaiser Karl, neben dem weitere hohe K. u. k.-Offiziere Spalier stehen. »Ja, meine Mutter, sie lebt irgendwie immer noch im Damals.« Auch in den folgenden Jahren entwickelt sich zwischen Laura und ihrer Schwiegermutter keine Wärme. Wobei die Frage gerechtfertigt ist, ob mit einer Frau von Ellas Kaliber überhaupt eine Art liebevolle Beziehung möglich war. Aus Lauras – und damit auch aus meiner – Perspektive war das nicht möglich. Laura erinnert sich, dass ihre Schwiegermutter *in ihrem Herzen tiefe Traurigkeit für die verfolgten Menschen fühlte, doch darüber wurde nicht gesprochen. Nach den Sitten ihrer Epoche wurde über intime Gefühle nicht geplaudert. Doch über kleine, rührende menschliche Begebenheiten oder über eine Befleckung ihrer Eitelkeit quollen große Tränen aus ihren Augen.* Zwischen den beiden herrschte Respekt. Auch eine Art von Toleranz und gar Bewunderung. Bestenfalls eine pflichtbewusste Zärtlichkeit. Aber im persönlichen Umgang herrschte zwischen ihnen nie mehr als Höflichkeit. Die selbstsichere und stolze Frau bewahrte sich auch in der enteigneten Bescheidenheit ihrer winzigen New Yorker Wohnung noch Manieriertheiten, und sie *pflegte eine fantasievolle, aber schauerliche Unternehmungslust.* All das ließ sie in Lauras Augen zu einer unberührbaren, künstlichen, ja viktorianischen Persönlichkeit erstarren.

VON TELLERWÄSCHERN...

Ana

Die Realität des Arbeitsalltags dieser Zeit ist für Laura und Ludi trostlos. Der sechsunddreißigjährige Ludi, der noch wenige Jahre zuvor die meiste Zeit mit Klavierspielen und dem Studium musikalischer Kompositionen verbrachte, arbeitet nun sechzig Stunden die Woche als Verkäufer in einem Warenhaus auf der brüllend grellen 14th Street. Laura, die ebenfalls bald eine Stelle als Verkäuferin in einem anderen Laden angenommen hat und etwas früher freihat, wartet jeden Abend gegenüber des Personaleingangs auf der düsteren Hinterseite des Kaufhauses auf ihn. Der Mann, den sie dort unter all den anderen erschöpften Menschen zwischen Lieferwagen und qualmenden Gullis empfängt, sieht von Tag zu Tag zertretener aus. Die Arbeit, immer stehend, gehend oder laufend, immer begleitet von Sonderwünschen oder Anweisungen, bringt ihn nicht nur physisch an seine Grenzen, sie droht auch zusehends, sein feines Selbstwertgefühl zu zerstören. Einmal erzählt er Laura, dass er sich vorgestellt hatte, in seiner Flüchtlingszeit in New York als Klavierstimmer zu arbeiten, aber nach sechzig Stunden harter Arbeit bleibt freilich kaum Zeit, sich wünschenswertere Arbeit zu suchen. Und Ludi klagt nicht, denn auch ihm ist angesichts der vielen arbeitslosen Immigranten bewusst, dass es ein Glück ist, überhaupt eine Anstellung, eine Wohnung und ausreichend zu Essen zu haben. Laura hingegen, sechsundzwanzig Jahre jung und von Natur aus voller Energie, sorgt sich sehr um ihn, und sie sieht die Schwermut, die sich einer düsteren Wolke gleich auf ihren Mann senkt und ihn bald schier zu erdrücken droht.

Dass es unter diesen Umständen für Ludi eine große Befreiung ist, als er 1943 von der US-Army einberufen wird, ist also nachvollziehbar. *Er zog los – strahlend und stramm – wie in eine frische Zukunft – von seiner komplizierten Vergangenheit erlöst,* erinnert sich Laura. Sie zieht zu ihm nach Fort Monroe in Virginia und nimmt dort zunächst eine Stelle als Köchin an. Schon in seiner Grundausbildung wird klar, dass Ludi gänzlich ungeeignet für den militärischen Drill ist, und sein mangelndes Geschick bringt nicht nur Laura, sondern auch ihn selbst zum Lachen. Glücklicherweise wird er bald zur Militärmusik ausgemustert, wo er als Ober-Gefreiter nun stolz die Uniform mit dem Lyra-Abzeichen am Ärmel trägt. Bald spielt er neben schwungvollen Variationen auf dem Glockenspiel bei Militärparaden auch Jazz im Offiziersklub, gibt Klavierkonzerte und spielt bei Gottesdiensten die Orgel. Für jeden dieser Gigs wird er zusätzlich bezahlt, und als Laura eine Stelle als Grafikerin im Department of War bekommt und damit ebenfalls Staatsbeamtin ist, beginnen die beiden zu sparen wie sonst nie. Das Leben in Fort Monroe kostet sie nichts, und so verleben sie die ärgsten Kriegsjahre bis zum Herbst 1945 *unter Magnolienbäumen,* wie Laura schreibt. Sie genießen das Leben und verbringen die Urlaubswoche in New York. Dort wohnen sie im Hotel Barbizon Plaza und lassen sich das Frühstück im Bett servieren. Es vergeht kein Abend, an dem sie nicht in die Oper, ins Konzert oder ins Theater und danach in ein Nachtlokal gehen.

Bei seinen Kameraden, die ihn schlicht »Music« nennen, ist Ludi beliebt. Er unterrichtet sie am Klavier und in Harmonielehre, und sie beschützen ihn vor unangenehmen Zeitgenossen und lachen mit ihm über seine Schwierigkeiten beim Baseball. Es sind diese Kameraden, die in ihm den Zukunftsplan erwecken, sich auf die musikakademische Laufbahn zu begeben. Er bewirbt sich also an der University of Illinois in dem Zwillingsstädtchen Champaign-Urbana und wird angenommen.

ANKOMMEN UNTER AUSLÄNDERN
Ana

Im Herbst 1945 findet sich die großstädtische Laura nun also plötzlich in der flachen Weite des Mittleren Westens, zwischen ewigen Maisfeldern in einem pappkartonartigen Fertighäuschen wieder, das an einem der wie mit dem Lineal im Karo gezogenen Sträßchen im beschaulichen Champaign-Urbana liegt. Kaum angekommen, beginnt Ludi stundenlang, wie im Rausch Klavier zu üben, und absolviert, als müsste er Zeit aufholen, eine Prüfung nach der anderen. Währenddessen arrangiert Laura die wenigen Möbel, die Ludi aus Wien mitgebracht hat und die während ihrer Zeit beim Militär in einem Lagerhaus gestanden haben, in ihrem neuen Heim. Fern ihrer natürlichen Umgebung finden der Barockschreibtisch, eine Empirekommode und ein Spiegel, das Pianino und zwei Schiffskoffer einen neuen Platz.

Ludi klettert stetig die akademische Leiter hinauf, wird schon bei seinem ersten Klavierkonzert an der Fakultät engagiert, schreibt eine Dissertation und spielt und lehrt bald nicht nur Klavier, sondern auch viele andere Instrumente. Endlich kehrt er beruflich zu seiner Bestimmung, der Musik, zurück.

Laura stürzt sich zunächst voll Elan in die Gestaltung des kleinen Hauses, in dem sie die Leerstellen zwischen den alten Möbeln mit ausgefallenen Objekten füllt. Erleichtert wird ihr Leben durch das neu eingeführte Konzept des Kredits, wie es in den USA in dieser Zeit verbreitet ist. Das Paar genießt nach der fremdbestimmten Zeit im Militär die schier unbegrenzten Möglichkeiten dieser Erfindung. Ludi kauft sich bald einen Steinway-Flügel, Noten und Partituren, Laura wählt moderne Möbel und Einrichtungsgegenstände aus. Sie ist geschickt darin, sich um die

Finanzen zu kümmern, und verwaltet die gemeinsamen Ersparnisse und die neuen Einkünfte ihres Mannes.

Ausgehend von ihrer frühen Faszination für die Werke der Wiener Werkstätte und des Bauhaus, entflammt Laura nun erneut für das zeitgenössische Design und die Moderne. Nachdem die Ausdrucksmöglichkeiten ihres eigenen Geschmacks lange beschränkt waren, kann sie sich nun endlich wieder entfalten und weiterentwickeln. Sie entdeckt die kühle Ästhetik von Alvar Aalto, einem finnischen Architekten und Möbeldesigner, für sich, der viel mit natürlichen Materialien wie Holz und in seinen Bauten insbesondere auch mit Glas arbeitet. Inspiriert durch ihn beginnt sie auch selbst wieder mit dem Zeichnen. Aber mit der Zeit holt der Geist der provinziellen Kleinstadt sie doch ein. Natürlich, es gibt eine Universität und damit auch immer wieder spannende Gäste. Um 1950 herum gründet Ludi an der Universität ein »Artist in Residence«-Programm und regt die Einladung von Musikern wie Igor Strawinsky an. Aber auch an der Uni dreht sich eben alles um Ludi, und heimisch fühlt sich Laura unter all den Amerikanerinnen und Amerikanern nicht, und es entstehen auch keine engen Freundschaften dort.

Als ich im Jahr 2019 vor Ort in Urbana die noch lebenden Bekannten von Laura nach ihr befrage, ist stets das Erste, was sie erwähnen, ihre »Erscheinung«. Es wird immer zuallererst ihre Schönheit gelobt, und das finde ich doch – nicht nur im positiven Sinne – bezeichnend. Denn es bedeutet im Umkehrschluss ja auch, dass ihre persönlichen Qualitäten hier kaum in Erinnerung geblieben sind, dass die Beziehungen zu ihr sich auf einer Oberfläche abspielten.

Als ich die fast einhundertjährige Jean frage, ob sie denn sagen würde, dass sie damals mit Laura befreundet war, schweigt sie zunächst eine Weile. Dann sagt sie vorsichtig, dass sie Laura schon mochte, aber dass sie Laura auch etwas beängstigend fand. Und schließlich fügt sie nach einer weiteren Pause hinzu, dass sie glaubt, dass Laura *manipulative* war. »Sie war einfach niemand, zu dem man gegangen wäre, um über seine Probleme zu sprechen.«

Ich bin zunächst wie vor den Kopf gestoßen von dieser Aussage, und doch kann ich Jean inzwischen verstehen. Denn sie erwähnt im weiteren Verlauf des Gesprächs auch das, was ich von allen anderen höre, nämlich dass Laura sich in Urbana gefühlt haben muss, als sei sie plötzlich zwischen lauter Landeiern *in the Boonies** gelandet.»Ihr Herz war einfach woanders«, sagt Jean noch, wie um Lauras Eigenheiten zu rechtfertigen, und es wundert mich nicht, dass ich diesen Satz später auch noch von zwei anderen Zeitgenossinnen höre. Dabei gilt Laura offiziell als beliebt, aber wahrscheinlich eben eher im gesellschaftlichen denn im ehrlichen Sinne. Sie ist *glorious*, was man äußerlich an ihrer großen schlanken Gestalt, ihrem ungewöhnlichen Kurzhaarschnitt und ihrer modernen und sehr modischen Bekleidung – *incredibly elegant* – festmacht. Man mag die Geschichten aus Wien, die sie erzählt und die immer einen Hauch der großen weiten Welt atmen. Man bewundert ihr Selbstbewusstsein, und mit Sicherheit hat sie auch die ein oder andere Neiderin. Gemeinsam mit den anderen klugen Professorengattinnen spielt die um einige Jahre ältere Laura regelmäßig Tennis, danach trinkt man ein erfrischendes Bier, und bei Dinnerpartys tauscht man den Gossip des Orts aus. Auf mich wirkt alles, was ich aus dieser Zeit erfahre, wie ein Spiel, auf dessen Regeln man sich eben geeinigt hatte.

Wie wenig Laura sich zugehörig fühlen konnte, verdeutlicht auch eine Anekdote über einen Skiurlaub in Aspen, bei dem sich Laura extra einen Skilehrer genommen hatte: *Als ich zwei Tage später allein beim Skilift stand, musste ich erkennen, dass ich ein Außenseiter war; als solcher wurde ich angesehen, weil ich nicht im anerkannten Stil in den Liftsitz schlüpfen konnte; neben den Liftfahrkönnern erschien ich als Amateur, und das ließen sie mich wissen. So ist es mit den Könnern und der Kunst: Nur die, die ursprünglich dabei waren, gehören dazu.*

---

* Deutsch: in der Pampa

ICH WERDE KÄMPFEN BIS KURZ VOR MITTERNACHT

August

Gelegentlich schäme ich mich dafür, dass ich so spät in meinem Leben, mit über sechzig, versuche, meine Familiengeschichte genauer zu reflektieren. Ich habe keine Ausrede, aber ich könnte um Verständnis bitten. Ich habe Zeit meines Lebens immer das Gefühl gehabt, nicht wirklich am richtigen Ort zu sein. So etwas wie eine nationale Identität war für mich immer undenkbar, ich war dazu nicht imstande, obwohl ich gerne eine übergeordnete Identität gehabt hätte. Hilfreich ist die große Meisterin des komplizierten Denkens, Hannah Arendt, sie formuliert etwas, das mich sehr berührt. In ihrem Aufsatz *Wir Flüchtlinge* schreibt sie: »Wenn Patriotismus eine Routinefrage oder eine Übungssache wäre, dann müssten wir das patriotischste Volk auf der Welt sein.« Weiter in dem Aufsatz heißt es: »Unsere heute so häufig verdächtige Loyalität hat eine lange Geschichte. Es ist die 150-jährige Geschichte des assimilierten Judentums, das ein Kunststück ohnegleichen vorgeführt hat: Obwohl die Juden die ganze Zeit ihre Nichtjüdischkeit unter Beweis stellen, kam dabei nur heraus, dass sie trotzdem Juden blieben.«[*]

Meine Eltern und meine Großmutter hätten nie gedacht, dass sie Wien verlassen müssen, aber es blieb ihnen keine Wahl. Sie waren gezwungen, ihrer Heimat den Rücken zu kehren. Sie führten ein Pariadasein, ein Außenseiterdasein in den USA. Hannah Arendt beschreibt Herz und Menschlichkeit, Humor

---

[*] Arendt, Hannah: *Wir Flüchtlinge*, Reclam 2016, S. 30 f.

und Unvoreingenommenheit als Pariaeigenschaften. Vielleicht waren das Eigenschaften, die Ella, Laura und Ludwig vertreten haben, im verzweifelten Versuch, optimistisch in die Zukunft zu blicken. Zurückzublicken auf das, was gewesen ist, hat vermutlich zu viel Schmerz bedeutet. Mir vererbt wurde möglicherweise ein Optimismus, der mich dazu verflucht hat, sehr spät in meinem Leben die Abgründigkeit des Daseins zu erkennen.

Kaum jemand in Wien hat noch eine unmittelbare Erinnerung an Ella Zirner-Zwieback, doch leben dort noch ein paar ehemalige Angestellte des Kaufhauses. Einer davon hat sogar noch bis vor ein paar Jahren in der Nähe ein kleines Geschäft geführt, bis er vom Hauseigentümer durch extreme Mieterhöhung aus dem Haus gedrängt wurde. Er hat mich kontaktiert und war ganz entzückt zu erfahren, dass es den Enkel seiner ehemaligen Chefin noch gibt. Im Laufe unseres Telefonats hat er mir erzählt, dass er mir etwas schicken möchte. Mit der Post kam dann ein kleines Büchlein. *My Lady's Guide Book to Vienna* aus dem Jahr 1927 vermittelt vielleicht einen ganz guten Eindruck von dem ehemaligen Kaufhaus Maison Zwieback.

»Kein Wiener hätte dieses kleine Buch schreiben können, aus vielerlei Gründen: Erstens, es wäre befleckt durch Unbescheidenheit und die wäre unverzeihlich. Jede große Stadt hat ihre Persönlichkeit: London ist prüde, Berlin ist fortschrittlich, New York ist herausfordernd, Paris ist schick, aber Wien ist charmant. Nach Opernhaus, Kapuzinergruft, Stephansdom und Heldenplatz verweilt dieses kleine Büchlein aber an einem ganz besonderen Ort:

ZWIEBACKS ON KÄRNTNER STRASSE

In dem ich Ihre Aufmerksamkeit, verehrte gnädige Frau, auf Zwieback in der Kärntner Straße lenke, übe ich die gleiche Sorgfalt und Behutsamkeit aus, die ich als Leiter Ihrer femininen Intelligenz und Scharfsinns, auch im Stephansdom gebraucht habe.

Doch, ach, das Bauen von Kathedralen ist aus der Mode gekommen in diesen materialistischen Tagen. Unser Verlangen gilt nicht mehr allein dem seelischen Wohl. Wir wollen auch Dinge, die wir in die Hand nehmen können, die wir tragen können, mit denen wir unser Heim schmücken können. Und wieder sind die Wiener Stifter des Handwerks. Heute gestalten sie modische Spitze, Borten und Hüte. Stickereien, Lederwaren, Bekleidung, Schals, Häubchen − ad Infinitiv − und ebenso wie unter dem Dach der famosen Kathedrale, wo man Werke und Kunst vergangener Epochen findet, empfehle ich Ihnen, verehrte gnädige Frau, einen modernen Tempel − alles ist unter einem Dach vereint − alles ist mit nicht minder Geschmack und Anstand versammelt, alle Beispiele des Kunsthandwerks des modernen Wiens mit dem ihr angeborenen Charme.«

Es folgen seitenlange Beschwörungen der günstigen Preise des sinnvollen Kunsthandwerks. Es wird offensichtlich, dass das Kaufhaus meiner Großmutter absolut State of the Art war. Ein Tempel, immerhin ein Modetempel.

Deutlich wird, dass meine Großmutter in Wien so etwas wie eine Institution war. Warum sollte die nicht nach Wien zurückgelassen werden? Welchen Menschen im Nachkriegs-Wien diente die gerichtliche Demütigung Ellas? Ihr verbliebenes Vermögen wurde auf die Bruchzahl 36/80 reduziert. 27/80 für sie und 9/80 für ihren Sohn Ludwig. Wäre sie in der Lage gewesen, das Maison Zwieback auch in den neuen Zeiten wieder aufzubauen? Als Beweis ihrer Willenskraft habe ich einen Artikel gefunden, er stammt aus der Zeitung *Der Morgen* und datiert auf den 4. Februar 1935, also die Zeit, in der sie gegen ihre Insolvenz gekämpft hat: »... und da habe ich den Entschluss gefasst: Ich werde kämpfen bis zur letzten Minute vor Mitternacht!«

Nachdem der Journalist diesen Satz der Ella zitiert, scheint er förmlich in Bewunderung für sie zu erstarren, weil sie das große Unternehmen gerettet hat und weil sie so eine Kämpfernatur ist. Ella erzählt in dem Artikel auch von dem Auftrag, den sie durch die Erbschaft ihres Vaters übernommen hat. Alle Liebe zu ihrem Vater habe sie auf das Unternehmen übertragen. Sie zitiert englische Besucher mit den Worten:»Oh yes, Zwieback, kennen wir, Vienna, oh yes, Mozart, Schubert!«

Was wäre geschehen, wie sähe die Kärntner Straße oder jedenfalls die Fassade und die Schaufenster der Hausnummern 11 bis 15 heute aus, wenn es meiner Großmutter gelungen wäre, ihr Imperium erneut aufzubauen und ihren Einfluss auf die Wiener Gesellschaft zurückzugewinnen? Was ist mit der Generation meiner Großmutter und den vielen anderen starken Frauen der Jahrhundertwende untergegangen? Eine großbürgerliche Attitüde? Extravaganter Geschmack? Anständiges Unternehmertum? Kaufmännische Ehre? Die guten alten Zeiten?

Nach dem »Anschluss« wurde die Firma »Ludwig Zwieback und Bruder« unter die kommissarische Verwaltung der NS-Behörden gestellt und Anfang 1939 aufgelöst. Ella und mein Vater waren gezwungen, ihre Liegenschaften an einen der Hauptgläubiger der Firma zu verkaufen: die Zentralsparkasse der Gemeinde Wien.* 916 666,67 Reichsmark für die Weihburggasse 4 und Kärntner Straße 13–15. Die anderen Liegenschaften wurden angeblich zur Gänze zur Bezahlung von Firmenschulden verwendet. Es war damals gängige Praxis, große Immobilienwerte günstig einzukaufen.

Im Juli 1947 stellten Ella und mein Vater Ludwig Rückstellungsansprüche an die Zentralsparkasse der Gemeinde Wien. Ich kann mich erinnern, dass der Anteil, den mein Vater daraufhin erhielt – Grundstücke in Esslingen bei Wien –, während meiner Schauspielschulzeit 1973–1976 verkauft wurde. Der Verkauf brachte ungefähr 210 000 Österreichische Schillinge, also circa 30 000 Deutsche Mark ein, was nach einer stattlichen Summe klingen mag. Wenn man bedenkt, dass das lediglich ein Viertel des übrig gebliebenen Imperiums sein sollte, war es dennoch ernüchternd, so ernüchternd, dass ich in einen plötzlichen Mit-

---

* Heute: Bank Austria

tagsschlaf fiel und Ellas Stimme hörte: »Ich werde kämpfen bis kurz vor Mitternacht.«

Im Halbschlaf erinnere ich mich, dass Ella und der Maler Wilhelm Viktor Krausz sich in der Emigration in New York wiederbegegnet sind. Sie wurden zu einem dieser vielen seltsamen älteren Paare, die durch die Straßen von Manhattan spazierten. Laut meiner Mutter lebten sie *bescheiden und klaglos*. In ihrem Buch *Meine Einhundertzwanzig Jahre* schreibt sie: *Ella war wählerisch in ihrem Verkehr mit Wiener Emigranten und bewahrte ihr Gefühl der Angehörigkeit zur großbürgerlichen Gesellschaft und damit auch den eigenartigen wienerischen Antisemitismus. Gewiss gehörte sie nach Hitlers Gesetzen dem Judentum an, doch hätte sie es sicherlich verblüfft, wenn man sie Jüdin genannt hätte. Das Wort Rasse in Bezug auf Menschen wäre von ihr nicht verwendet worden, N** hätte sie nie gesagt; sie lehnte die damaligen Vorurteile der Amerikaner in Bezug auf Hautfarbe ab.* Meine Mutter erzählte mir, dass Ellas Sohn Erich, der ältere Bruder meines Vaters, ihr zu meiner Geburt in einem Brief folgende Worte schrieb: »Bedenke, dass die Worte der Mutter ein Menschenleben zerstören können.« Wahrscheinlich sprach mein Onkel damals aus eigener Erfahrung. Für meinen Weg der Selbstfindung sind allerdings die vielen nicht gesprochenen Worte viel entscheidender. Zuweilen kommt mir allerdings auch der Gedanke, dass ich früher – aus welchen Gründen auch immer – mangelhaft zugehört habe.

Wieder dämmere ich in den Schlaf und träume von meiner Großmutter. Sie sitzt im Restaurant *Trois Garcons* auf der Fifth Avenue und plant ihre Rückkehr. Krausz will zurück zu seiner Sammlung und Ella zu ihrem Imperium. Einen Teilerfolg feiern sie, es ist der Frühling von 1951.

»Ellachen, wieso bekommt Ludi 9/80, was ist das für eine Bruchzahl? Du 27/80 und er 9/80, wie errechnet man das?«

»Es war ein langer Prozess! Und was Ludi betrifft, mehr steht

---

* Vom Verlag geändert.

ihm nicht zu. Ich trug ja das gesamte Risiko. Na ja, er war eben nie so ganz mit voller Seele dabei. Nicht so wie ich, mit ganzer Liebe für das Unternehmen. Seine Gedanken waren immer unterwegs. Und bei den vielen Damen. Nun ist er Professor für Musik. Was soll man machen?«

»Aber Ellachen, Gnade deinem Sohn, er tritt doch trotzdem in deine Fußstapfen. Du warst doch selber begeistert von seinem pianistischen Talent«, antwortet Wilhelm Viktor.

»Pianistisches Talent! Das Kaufmännische und das Musikalische schließen sich doch weiß Gott nicht aus. Zweiunddreißig Jahre lang habe ich das bewiesen! Mit welchem Erfolg! Du hast doch selbst davon profitiert, dass das Maison Zwieback, das Palais Zwieback, das erste Haus in Wien war. Denk an die Aufträge, die du durch uns bekamst.«

»Ja, Ellachen. Beruhige dich, trink deinen Tee.«

»Champagner!« Geduldig bestellt Wilhelm Viktor Champagner, ein kurzer Moment des Triumphs soll gefeiert werden. Ella und er stoßen darauf an, nicht in Vergessenheit geraten zu sein.

»Die Stadt Wien wird mich nicht so schnell los. Mein Café Zwieback will ich wiederhaben, vor allem die mir zurückzugebende Konzession, um die werde ich noch kämpfen. Solange es noch so etwas wie kaufmännische Ehre in Wien gibt, und die gibt es, die stirbt niemals aus! Kaufmannsehre ist ein Naturgesetz. Ich muss nur diese drei Husarenknaben zu fassen bekommen, die beiden Pallfy und den Baron Sonjok. Die drei wurden doch alle von diesem Nazi Otto Horcher – was ist das auch für ein unappetitlicher Name – beschwindelt. Diesem Nazikoch!«

»Aber Ellachen, das Café ist doch längst umgebaut, es ist doch jetzt ein Restaurant, keine Spur mehr von dem, was es mal war. Mach dich nicht unglücklich.«

»Du hättest diesen Proleten erleben sollen, diesen Horcher. Kommt von Berlin nach Wien und denkt, die Welt gehört ihm. Nur weil er für Hermann Göring gekocht hat in seinem Lokal in der Martin-Luther-Straße in Berlin. Ein geschmackloser Mensch. Er hat sich meine Konzession erschwindelt, mit lauter Winkelzügen. Ein deutscher Geschäftsmann ohne einen Funken Ehrgefühl. Deutsche Geschäftsleute sollten nicht kochen, sollten sich nicht um ästhetische Belange bemühen. Schlechtes Essen, schlechter Wein! Der Graf Pallfy war da schon ein bisschen anders. Er hat sicher überlebt. Es ging ums Überleben. Wir haben überlebt. Santé. Ich kämpfe bis kurz vor Mitternacht. Du kennst mich ja. Santé.«

»Prost, Ella, wir haben überlebt, Ella, sei dankbar, Ella, auf dein Wohl und auf deine Gesundheit Ella. Le Chaim.«

»Ach Viktormaus, lass mich in Ruh mit den jüdischen Beschwörungen. Aber von mir aus, Le Chaim.«

»Vergiss nicht, woher du kommst.«

»Wie sollte ich das denn vergessen? Ich werde kämpfen bis kurz vor Mitternacht!«

Der Kampf, den Ella an dem Abend begann, sollte sechs lange Jahre dauern. Von 1951 bis 1957 verwendete sie all ihre Kraft darauf, ihr Imperium zurückzugewinnen. Ohne Erfolg. Es ist müßig, aus heutiger Sicht die damaligen Rechtssprecher und Sachverständigen zu kritisieren, aber wie in vielen Nachkriegsprozessen saßen da wahrscheinlich alte Nazis. Es gab ja auch kaum andere überlebende Richter. Was wäre passiert, wenn Ella zurück nach Wien gekommen wäre und ihr Unternehmen, wie vor dem Krieg, weitergeführt hätte? Angenommen, die finanziellen Belastungen hätten sich begleichen lassen und man hätte ihr das Unternehmen wieder überlassen und sie hätte es wieder zum Blühen gebracht? Wie würde es heute dort aussehen, in der Kärntner Straße 11–15 Ecke Weihburggasse 4?

Ella raunt mir ins Ohr: »Ich werde kämpfen bis kurz vor Mitternacht!«

M♀STLY M♀ZART
August

Die Räumlichkeiten des ehemaligen Maison Zwieback beherbergen heute neben dem Apple Store ein Geschäft namens Mostly Mozart und einen Laden, der Klimt-Impressionen verkauft. Die Schaufensterfront, die früher feinste Damenmoden präsentierte, ist voll mit Wiener Kitsch für Touristen. Bei Mostly Mozart werden zwar vor allem Mozartkugeln verkauft, also genau genommen Salzburger Spezialitäten, aber möglicherweise ist das etwas spitzfindig. Bevor der Apple Store sich eingemietet hatte, befand sich an dieser Ecke ein H&M, also immerhin ein Modegeschäft. Und da Ella ja auch Mode für jeden bezahlbar machen wollte, warum nicht H&M?

Doch Ella ging es ja gar nicht so sehr um die Zurückeroberung ihres Kaufhauses, hier in der Kärntner Straße. Der Raum, um den sie kämpfen wollte, befand sich in der Weihburggasse 4, unmittelbar neben dem Kaufhaus. Ihr Café Zwieback. Innerhalb der einstigen Räume des Cafés hatte man, einer Schuhschachtel gleich, einen kleineren Raum gebaut – nicht zuletzt, um Heizkosten zu sparen. »Zu den Drei Husaren« stand über dem Eingang, und dieses Restaurant lockte mehr oder weniger erfolgreich Hungrige an. Ella wusste, dass sie dazu genötigt wurde, ihre Konzession »freiwillig« zurückzulegen. Damals hatte sie keine Wahl. Die Konzession zurückzulegen war eine Maßnahme der Nazis, und es war klar, dass sie das Land verlassen musste. »Binnen vierzehn Tagen«, wie es in der Akte hieß. Damals musste sie sich sogar noch Geld borgen, um die Reichsfluchtsteuer zu bezahlen. Die betrug immerhin neuntausend Reichsmark und war nur eine der vielen Demütigungen, die ihr und meinem Vater damals im Zuge ihrer Enteignung und Arisierung aufgebürdet wurden. Den ganzen Vorgang nannte man in Wien »Entjudung«.

Ella nimmt noch einen Schluck Champagner, als könne der ihr jetzt weiterhelfen, und empört sich: »Seit 1943 sind die Husaren geschlossen. Dieser Otto Horcher ist mit dem halben Mobiliar in sein francofaschistisches Lokal nach Madrid abgewandert! Dort heißt sein Lokal wieder Horcher, er hat es auf der Calle de Alfonso neu eröffnet. Servieren wahrscheinlich dort immer noch den Baumkuchen, den Göring so geliebt hat. Unappetitliches Zeug! Aber bevor die Drei Husaren wieder in Betrieb gehen, müssen sie von mir die Konzession dazu bekommen!«

»Aber Ella, Faschisten, Monarchisten, Nationalisten, Kommunisten, Sozialisten … alle wollen sie gut essen, da wird nicht gefragt nach der Gesinnung des Kochs oder des Lokalbesitzers.«

»Aber ich! Ich frage danach, denn einen neutralen Gastronomen kann es nicht geben, so, wie es keine neutrale Speise gibt. Neutralität schmeckt nach nichts, bestenfalls geschmacklos. Wenn jemals in der Weihburggasse 4 wieder ein Restaurant eröffnet wird, seien es die Drei Husaren oder Café Zwieback oder Gastronomie Zwieback: Wer von mir die Konzession übernimmt, wird auch nach meiner Pfeife tanzen. Beziehungsweise kochen.«

»Ellachen, glaubst du, dass die Leute heute, die einfach nur froh sind, dass der Krieg endlich vorbei ist, glaubst du, dass die sich für deine Geschmacksfragen interessieren?«

»*Mon dieu*, die Konzession ist mein letzter Anker, meine

letzte geschäftliche Verbindung zu meinem Wien. Ich werde kämpfen bis kurz vor Mitternacht!«

Ella kämpfte also sechs Jahre lang, die Gerichtsakten muten wie ein Gerichtskrimi an: Mal war Otto Horcher Besitzer der Konzession, mal war er Pächter der Konzession, mal waren die Pallfy-Brüder Pächter. Viele Akten, die im Grunde genommen den Tatbestand von Nebelkerzen erfüllten. Und letzten Endes befand das Gericht, dass die Drei Husaren ein »nobles Restaurant« war, »wo immerhin die bessere Wiener Gesellschaft frequentierte, insbesondere auch Aristokraten als Standesgenossen des Grafen Paul Pallfy. Auch Schuschnigg und Starhemberg sollen dort verkehrt haben.«

Die Richter prahlten mit Austrofaschisten und Heimwehrführern als bessere Wiener Gesellschaft, die sie als Klientel offensichtlich höher bewerteten als das Publikum eines zu einem Nobelkaufhaus gehörenden Cafés. In der Gerichtsakte heißt es schlicht: »Die Erstantragstellerin (Ella) habe weder über den Standort noch über den Ruf des Unternehmens verfügt. Auch der good will wurde nicht übernommen.« Und überhaupt, die Konzession bestehe ja nicht mehr, also was forderte sie? Alle Zeugen sagten gegen sie aus, darunter auch der Bäcker und spätere Besitzer des Café Sluka, Alexander Jesenic. Totschlagargument in der Gerichtsakte jedoch war dieses: »Das Unternehmen der Erstantragstellerin ist untergegangen und kann aus diesem Grunde nicht an sie zurückgestellt werden.« Im weiteren Verlauf heißt es noch: »(...) weil die gegenständliche Konzession erloschen ist und daher nicht mehr besteht.«

Natürlich kann man nichts zurückgeben, was nicht mehr besteht. Keiner der von mir befragten Historiker zweifelt daran, dass das »freiwillige« Zurücklegen der Konzession, zu der meine Großmutter 1938 genötigt wurde, gleichbedeutend ist mit Diebstahl. Langer Rede kurzer Sinn, die Konzession wurde meiner Großmutter geraubt, weil die Nachkriegsjustiz genügend Gründe dafür gefunden hatte, die Konzession nicht mehr zurückzugeben. Die Drei Husaren florierten, Ella blieb in New

275

York, mein Vater wollte mit dem Ganzen sowieso nichts mehr zu tun haben. Tatsächlich wurde er 1948 in einem Zeitungsartikel anlässlich der Gründung seiner Opernschule an der Universität von Illinois mit folgenden Worten zitiert: »Ich müsste mich bei Mister Hitler bedanken, weil er mich 1938 nach Amerika geschickt hat und mir so das Schicksal eines Kaufhausbetreibers in Wien erspart hat.«

Ich stand vor einem Rätsel. Zu gern wollte ich Licht in die Vergangenheit bringen, ein, wie sich herausstellen würde, mühseliges und letztlich sinnloses Unternehmen. Jedenfalls in Wien.

ETABLIEREN VON KLAREN LINIEN

Ana

Als Ludi beginnt, seine ersten Opern zu inszenieren, wünscht er sich Laura bald als gleichwertige Kollegin. Wenngleich sie nicht besonders musikalisch ist, ihn also in dem Metier kaum bereichern kann, motiviert er sie doch, ihre gestalterischen Talente weiterzuentwickeln. Laura beginnt, die Kostüme und Bühnenbilder für Ludis Produktionen zu gestalten. Allerdings gibt es an der Universität ein Gesetz gegen » Vetternwirtschaft«, das verbietet, dass Ehefrauen von Professoren engagiert werden. Laura, im Gegensatz zu ihren Tenniskolleginnen noch lange kinderlos und beruflich sehr motiviert, findet offensichtlich Wege, diese Gesetze zu umgehen, denn später leitet sie auch selbst Kostüm-Workshops an der Uni. Ihre Bekannten von damals erinnern sich jedenfalls, dass Laura immer sehr beschäftigt, sehr *busy* war.

Mit den Kreationen der Bühnen- und Kostümbilder, die als unkonventionell oder gar skurril gelten, gewinnt Laura bald eine gewisse Bekanntheit in den lokalen Kreisen. Sie verwendet viel ungebleichtes Musselin, das sie günstig beziehen kann, und bald entwickelt sie ein Konzept für variable Kostüme, bei denen die Stoffe direkt an den Körpern der Sängerinnen und Schauspieler drapiert werden. Das ermöglicht in der Gestaltung viel Flexibilität und eine kostengünstige Umsetzung. Ihre Designs bringen Laura nicht nur viel Ansehen ein, sie bekommt auch die Möglichkeit, ihr Konzept *Costumes for the Modern Stage* in Buchform zu publizieren. Sie beschreibt ihre Kostüme darin als *wandelbare Einheiten, die je nach Arrangement Kleidung unterschiedlichster zivilisatorischer Epochen, vom Mittelalter bis zu fiktionalen Astronauten, darstellen können.*

Es ist keinesfalls so, dass Lauras Entwürfe ihrem Mann immer gut gefallen. Im Gegenteil: Der sonst so bescheidene und höfliche Mann wird manchmal rasend und knallt wütend Türen, wenn sie ihm ein Bühnenkonzept vorstellt, das in seinen Augen völlig unmöglich, unfassbar, fürchterlich ist. Aber er hört dennoch nie auf, mit Laura arbeiten zu wollen. Und jede Nacht, bei Regen, Schnee oder Mondschein, gehen sie gemeinsam spazieren. Selbst wenn Laura, wissend um sein Arbeitspensum, allein losziehen will, so eilt er ihr nach, denn diese gemeinsame Zeit mit seiner Frau ist ihm heilig. Sicher ist Ludi auch für Laura – zumindest bis zur Geburt ihres Sohnes – das Zentrum des Universums.

Neben den Bühnenbildern für ihren Mann geht Laura beruflich ihren eigenen Weg. Sie unterrichtet Grafik am Bauhaus Institut der Universität in Chicago, und ihre Studierenden lieben sie für ihr großes Engagement und ihren offenen Blick. Möglicherweise sind die Kontakte mit den jungen Menschen die herzlichsten, die Laura in dieser Zeit hat. Denn sonst kommt mir ihr Leben in Urbana einsam vor, und ich frage mich, wem sie denn emotional wirklich nahestand. Wenn ich die Zeitgenossinnen aus Urbana nach ihren Erinnerungen an die Beziehung zwischen Laura und Ludi frage, so klingt es mehr nach gegenseitigem Respekt und unterstützender Anerkennung denn nach leidenschaftlicher und zärtlicher Liebe. »Sie hatten eben dieses gemeinsame Leben«, sagt Lizie und fügt nach einer Pause hinzu: »Aber sie hatten eben jeweils auch noch ein anderes Leben.«

Was sie damit meint, ist wohl in der Zeit in den akademischen Kreisen keinesfalls ungewöhnlich. Alle wechseln immer mal wieder die Partner, was nicht bedeuten muss, dass man sich scheiden lässt. Auch in Lauras Fall ist es offenbar kein Geheimnis, dass sie in Wien noch einen anderen Mann, »*a little fling of her own*«, hatte.

Lizie erinnert sich an das Glänzen in Lauras Augen, als sie einmal im Sommer von einem Urlaub in Wien zurückkehrte. Im selben Sommer wurde in Urbana bei einer Affäre meines Großvaters mit einer Studentin auch meine Tante Lydia gezeugt. Mein

Vater August wusste lange nichts von ihr, oder zumindest hat sie in seinem Leben keine große Rolle gespielt. Jedenfalls war er überrascht und auch etwas überfordert, als seine Halbschwester vor etwa zwanzig Jahren plötzlich Kontakt zu ihm aufnahm. Aber das ist eine andere Geschichte.

Mir wird augenblicklich klar, dass es sich bei Lauras Wiener »*fling*« nur um Karl Josef Steger, ihren Petrus, handeln kann.

LYDIA
August

Nach dem Tod meines Vaters erzählte mir meine Mutter Laura, dass ich eine Halbschwester habe. Wieder saß sie auf dem Barhocker von Alvar Aalto, hinter ihr hing das weiße Wandtelefon, und sie erzählte von Lydia. Sie entstand im Jahr 67, also tatsächlich im *Summer of Love*, als Sandy, Lydias Mutter, den Sommer bei uns verbrachte. Laura war nach Wien gereist, um einem Gefühl nachzugehen. Sie wollte herausfinden, was das war damals mit Karl Josef Steger, dem Vater ihres 1938 abgetriebenen Kindes. Mein Vater brauchte währenddessen Unterstützung im Haushalt und bei meiner Betreuung während seiner Sommerakademie an der Universität. Es war ein traumhafter Sommer, denn ich durfte fast jeden Tag mit Sandy Minigolf spielen!

Vor einigen Jahren fand ich einen Brief, in dem mein Vater Sandy schreibt, wie sehr er von ihrer Stimme fasziniert ist. Sie war Studentin an seiner Opernschule. Meine Mutter erzählte mir auch, dass Sandy während der Geburt eines zweiten Kindes starb. Sie war zu dem Zeitpunkt längst mit einem anderen Mann verheiratet, der auch meine Kuckuckshalbschwester Lydia adoptiert hatte. Sandy blieb bis zu ihrem Tod Sängerin, und während der Schwangerschaft mit ihrem zweiten Kind hatte sie Bachs *Johannes-Passion* geprobt. Ihre letzten Worte lauteten: »Es ist vollbracht.« Jedenfalls erzählte mir das meine Mutter.

Ich war damals vierzehn Jahre alt und fand es natürlich höchst interessant, habe mich jedoch nicht weiter darum gekümmert. Irgendwo zwischen meinem Hirn und meinem Herzen ging diese Information verloren. Heute denke ich, dass meine Mutter mich damals darauf vorbereiten wollte, dass ich in Wirklichkeit kein Einzelkind bin. Aber aus irgendeinem Grund konnte ich damals nicht viel mit der Information anfangen.

Es hat viele Jahre, um nicht zu sagen Jahrzehnte gedauert, bis meine Kuckucksschwester Lydia wieder in mein Blickfeld rückte. Vor circa fünfundzwanzig Jahren nämlich flatterte eine Postkarte von ihr in das Haus, in dem sich die Speichertreppe befindet, die zu dem Koffer aus Elefantenhaut führt. Auf der Karte stand: »Lieber Herr Zirner, mein Name ist Lydia Hall. Ich lebe in North Carolina, ich habe Dokumente und Briefe meiner Mutter auf dem Speicher unseres Hauses gefunden. Auch einen Brief von Ihrem Vater. Ich glaube, Ihr Vater hat meine Mutter sehr gerne gehabt. Ich wollte Sie fragen, ob wir nicht möglicherweise Erinnerungen austauschen könnten. Ich schicke Ihnen meine Telefonnummer, und falls Sie Lust haben, können Sie mich anrufen.«

Ich habe die Postkarte am Abend gelesen, insofern war der Zeitunterschied nach North Carolina so, dass ich zu einer vertretbaren Tageszeit anrufen konnte, und ich ging sofort zum Telefon.

»Hallo, hier ist August Zirner.«

»Oh, wow, crazy, Sie haben meine Postkarte erhalten?«

»Ja. Wie haben Sie meine Adresse herausgefunden, und was wissen Sie von mir?«

»Ja, verrückt, Ihre Adresse habe ich von Kollegen Ihres Vaters an der Universität von Illinois.«

»Mein Vater ist schon lange tot.«

»Ich habe Sie in einem Film entdeckt. *Das Versprechen* von Margarethe von Trotta. Das lief hier im internationalen Kino-Kanal. Ich versuche gerade, meine Deutschkenntnisse zu verbessern. Ich studiere Gesang und möchte auf Deutsch singen können. Das meiste Liedgut ist ja auf Deutsch. Auf jeden Fall, als ich Sie auf der Leinwand sah, hatte ich so ein komisches Gefühl. Ich habe dann im Nachspann Ihren Namen gelesen, und da fiel mir der Brief von Ihrem Vater ein. Ich glaube, meine Mutter hat einen Sommer lang auf Sie aufgepasst? Ich wollte Sie fragen, ob Sie sich an sie erinnern können?«

»Ja, natürlich, die Sandy, ich habe den ganzen Sommer mit ihr Minigolf gespielt, da war ich zwölf Jahre alt. Ich mochte sie sehr!«

»Oh wow, Sie können sich erinnern. Sie können sich an meine Mutter erinnern, wie schön.«

»Ich nehme an, Sie wollen wissen, ob Sie meine Schwester sind?«

»O mein Gott, sind Sie nicht sauer? Sind Sie nicht geschockt? Ich bin so erleichtert! Und Sie sind nicht böse auf mich, dass ich den Kontakt gesucht habe?«

»Nein, ich freue mich darüber.«

»Und sind Sie nicht böse auf Ihren Vater?«

»Nein, hm, sagen wir's so: Ich finde es schön, dass mein Vater einen schönen Sommer gehabt hat.«

So wurde ich zu so was wie einem älteren Bruder. In der Zwischenzeit haben wir viele Erinnerungen ausgetauscht. Wir leben zwar in sehr verschiedenen Welten, aber wir teilen einen Vater. Und erst vor wenigen Wochen, beim Schreiben dieses Buches, tauchte bei mir die Frage auf, wie meine Mutter Laura mit dem Kuckuckskind ihres Mannes, mit meiner Kuckucksschwester, seinerzeit umgegangen ist beziehungsweise ob sie überhaupt das Gespräch mit Lydias Mutter Sandy gesucht hat. Vor ein paar Wochen habe ich Lydia in den USA angerufen und sie darüber befragt. Sie erzählte mir, dass es wohl tatsächlich ein Gespräch zwischen Sandy und Laura gab, und auch wenn Laura nicht wollte, dass Lydia den Namen Zirner trägt, so riet sie Sandy dringend davon ab, Lydia zur Adoption freizugeben. Ich kann nur vermuten, dass das verlorene Kind mit Karl Josef Steger Laura dafür sensibilisiert hatte, was es heißt, ein Menschenleben zu vertreiben.

Bei der Geburt des zweiten Kindes starb Sandy, doch Lydias kleiner Bruder kam zur Welt. Den hat sie sehr lieb gewonnen, wie sie mir erzählt. Falls das Kind ein Mädchen geworden wäre, hatte Sandy vor, es Laura zu nennen.

PÖBELHAFTER FELLOW
August

»*Ludi – you are the most* pöbelhaft *Fellow I can imagine! Please, when I phone you next time, don't put the receiver down as long as I am still talking with you! Remember it, please, for the next time, for I am fed up about the way you are shouting at me in front of everybody! You are not my boss! And I am not your employee!!«*[*]

So beschimpfte meine Großmutter Ella meinen Vater im Jahr 1934 auf einer kleinen Visitenkarte, die ich in den Hinterlassenschaften meines Vaters fand. Geschimpft hat sie immer entweder auf Englisch oder Französisch. Das Wienerische verlieh ihren Worten wohl nicht die nötige Wucht.

Ich bin zweisprachig aufgewachsen. In dem Buch, das meine Mutter für meine Kinder geschrieben hat, heißt es: *Durch den Ersten Weltkrieg hat meine Mutter an der Sprache ihrer Heimat gehalten und sprach Englisch. Durch den Zweiten Weltkrieg habe ich in den USA mit meinem Mann nur Deutsch gesprochen. Für manche Menschen ist die Sprache der Heimat ein intimes, privates Eigentum.*

Beim Abendessen, wenn mein Vater anfing, mit mir Englisch zu sprechen, sagte meine Mutter jedes Mal »Ich bin umringt von Ausländern« und zwang uns, Deutsch miteinander zu sprechen. So kam es, dass Deutsch (beziehungsweise Österreichisch) die

---

[*] Deutsch: »Ludi, du bist der pöbelhafteste Mensch, den ich mir vorstellen kann! Bitte, wenn ich dich das nächste Mal anrufe, hänge nicht ein, während ich noch mit dir spreche! Merke dir bitte fürs nächste Mal, ich habe es satt, wie du mich vor allen Leuten anschreist! Du bist nicht mein Boss! Und ich bin nicht deine Angestellte!!«

Sprache war, die ich zu Hause sprach, und Englisch (beziehungsweise Amerikanisch) die Sprache, die ich sprach, sobald ich das
Haus verließ und in den Kindergarten und später zur Schule ging.

Ich wurde oft für diese so leicht erworbene Zweisprachigkeit beneidet; aber mit zwei Sprachen aufzuwachsen, hat auch
zur Folge, dass man im Grunde keine Muttersprache hat. Damit
meine ich nicht zwingend die Sprache der Mutter, sondern die
Sprache, in der man seelisch zu Hause ist. Das Denken – und
damit auch das Erinnern – wechselt je nach Sprache immer wieder die Perspektive. Im Grunde wohnten und wuchsen da zwei
fremde Welten in meiner Brust: Deutsch und Englisch. Das sind
zwei sehr unterschiedliche Sprachen, ich war also gezwungen,
sehr unterschiedliche Welten in mir zu tragen. Manchmal kann
das zu viel werden. Aber eine Kinderseele hält viel aus. Inzwischen bin ich sogar recht froh über meine zwei unterschiedlichen Perspektiven auf die Welt. *The more, the merrier*, je mehr,
desto besser.

Zuweilen kommt es mir so vor, als würde meine Suche nach
Identität mich erst recht darauf hinweisen, dass meine Heimat
die Heimatlosigkeit ist. Die Frage danach, was ich bin – Amerikaner oder Europäer, Jude oder Christ – und welche Sprache
eigentlich meine Muttersprache ist, brachte mich irgendwann zu
dem Schluss, dass ich eigentlich nirgendwo dazugehören kann
oder will. Die Diaspora ist meine Heimat, das Unterwegssein,
auch wenn ich das Ziel oder den Ankunftsort nicht kenne.

»Aber Vater und Mutter sind lange tot, es kennt mich dort
keiner mehr«, heißt es in dem Lied *In der Fremde* von Eichen-
dorff, das im Liederkreis Opus 39 von Schumann vertont wurde.
Den Ort der Fremde kenne ich, aber immerhin habe ich in der
Zwischenzeit das Glück, Menschen zu kennen, die mir immer
wieder ein Gefühl von Heimat vermitteln. Ich habe vier extreme
Individualisten als Kinder, die mich immer wieder auf die vier
Himmelsrichtungen verweisen, und eine Frau, die mir wurzel-
losem Baum beständig Halt gibt. Als Deutsch sprechendes amerikanisches Kind war ich allerdings für viele Leute einfach nur
a pain in the ass.

Wenn ich zum Beispiel in der Weihnachtszeit im Einkaufs-
zentrum beim Nikolaus auf dem Schoß saß – er hieß in den
USA freilich Santa Claus –, bildete ich mir ein, dass ich der Einzige war, der über seine wahre Identität Bescheid wusste. In den
Einkaufszentren meiner Heimatstadt in Illinois saßen auf kleinen Tribünen überall als Weihnachtsmänner verkleidete Bürger,
Menschen also, die in roten Gewändern und mit dem obligatorischen weißen Rauschebart für ein geringes Entgelt den Eltern
kurz die Kinder abnahmen, sie zu sich auf den Schoß setzten und
versuchten, ihnen Wünsche zu erfüllen. Eines Tages saß dann
eben auch ich auf einem solchen Schoß. »*Ho, ho, ho, what do
you wish for Christmas?*«*, fragte mich der Mann mit Rauschebart. Ob er denn wisse, dass der Weihnachtsmann in Wirklichkeit deutschsprachig ist, fragte ich selbstbewusst zurück. Da ich
jedoch ganz automatisch Deutsch gesprochen hatte, guckte der
arme Mann, der vermutlich nur darum bemüht war, ein bisschen Geld zu verdienen, ziemlich ratlos und antwortete: »*Hey
kid, I don't know what you're talking about.*«** Als ich von seinem
Schoß kletterte und mich verabschiedete, lächelte er verlegen.
Auf einmal tat mir der Mann aufrichtig leid. Wie konnte ich als
Kind so arrogant sein und ihm die Illusion seines Amtes rauben?

Viele Jahre später ist es mir andersherum um die Ohren geflo-
gen. Siebzehnjährig besuchte ich die Schauspielschule und sollte
aus kleinen gelben Reclam-Heften Stücke lesen und mir eine
Rolle für den dramatischen Unterricht aussuchen. Beim Aufschlagen des kleinen Buches stellte ich fest, dass ich kein Wort
Deutsch lesen konnte. Meine Eltern hatten mich zwar deutschsprachig erzogen, und ich sprach meine Muttersprache auch
fließend, jedoch lesen konnte ich sie nicht. Meine Lehrer und
Mitschüler konnten es kaum glauben, dass jemand, der hier aufgenommen wurde, der also offensichtlich fähig gewesen war,
die Texte für die Aufnahmeprüfung auswendig zu lernen, die
Sprache lesend nicht erfassen konnte.

---

* Deutsch: »Ho ho ho, was wünschst du dir zu Weihnachten?«
** Deutsch: »Hey, mein Junge, ich hab keine Ahnung, wovon du sprichst.«

Auch Ella trug zwei Welten in sich, die der Kauffrau und die der Künstlerin, Kunst und Kommerz also. Das zu balancieren, stelle ich mir noch weit anstrengender vor als mein Jonglieren mit den Seelensprachen.

Mich hat immer gestört, dass in Deutschland Kunst und Kommerz als Gegensatz verurteilt werden. Schließlich ist Kommerz doch nicht auf Profit zu reduzieren, er bedeutet auch Handel und somit Interaktion. War die alte Schule der Geschäftswelt, die von Anfang des Jahrhunderts bis 1938 in Wien herrschte, nicht auch mit einem kulturellen Auftrag verbunden? Sicher, Schönheit ist ein Geschäft, auch heute noch, aber vielleicht gibt es interessante und uninteressante Schönheit, genauso, wie es interessante Geschäfte und uninteressante Geschäfte gibt? Was für eine Geschäftsfrau war also Ella Zirner-Zwieback? War nicht vielleicht sogar ihre Musikalität ausschlaggebend für ihre Begabung als Unternehmerin?

Im Gebäude des ehemaligen Kaufhauses Maison Zwieback, genauer gesagt im Zwischengang zwischen dem Kaufhaus und dem von Ella in Auftrag gegebenen Caféhaus Zwieback, also dem heutigen Café Sluka, steht ein Klavier. Es spielt vollkommen automatisch, man muss keinen Pianisten auf den Klavierhocker setzen; ohne dass Tasten gedrückt werden, ertönen die süßesten Klänge. Wiener Lieder, Operetten. Es spielt, als wenn der Geist meiner Großmutter die Umgebung mit Kitsch bestrafen will. Eines Tages fand ich mich neben dem Klavier wieder, zückte mein Handy und wählte ein weiteres Mal eine lange Nummer, versuchte natürlich, meine Großmutter zu erreichen, um ihr von dieser lustigen Dekadenz zu erzählen. Doch der Empfang war zu schlecht, und noch bevor ich Ellas Stimme am anderen Ende vernahm, war die Verbindung abgebrochen.

In den Zwanziger- und Dreißigerjahren führte meine Großmutter einen Salon. Dort gab es Zusammenkünfte verschiedener Künstler und Kreativer. Man tauschte sich aus, man tanzte. Wenn ich an meine Großmutter denke, sehe ich in ihr eine starke, sehr feminine, sehr dominante Geschäftsfrau.

286

Wiener Gesellschaftstratsch

Frau Zirner-Zwieback — Prinz Ferdinand Liechtenstein heiratet in England — Die Wiener Polizei als Tugendwächter — Elisabeth Bergners Ehe — Margot Roithinger

Der Tod des Kommerzialrates Alexander *Zirner*, des Chefs der weltbekannten Firma Zwieback & Bruder in der Kärntnerstraße, lenkt die Aufmerksamkeit auf seine Gemahlin Frau Ella *Zirner-Zwieback*, die ihrem Gatten als Beraterin und Mitarbeiterin zur Seite stand und nun allein die Mühen der Geschäftsleitung auf ihre schlanken Schultern nimmt. Wie das Haus Zwieback eine ganz seltene Schöpfung ist, die man in ihrer Eigenart auch in Paris nicht findet, so ist auch die Seele des Unternehmens, Frau Ella Zirner-Zwieback, eine originelle Frau. Sie vereinigt in sich die vollendete Weltdame, eine wirklich künstlerische Natur und ein großes Organisationstalent, drei Eigenschaften, die in ihr harmonisch verbunden sind. Als Weltdame gibt Frau Zirner den Geschmack im Reiche der Mode an und weiß jede neue internationale Schöpfung ins Wienerische zu transponieren, der wienerischen Art anzupassen. Ihr künstlerisches Empfinden offenbart sich in der Ausstattung des Hauses, in der ganzen Anlage und in den Details. Sie hat es verstanden, im Rahmen des Geschäftes, inmitten des Trubels von Käufern und Verkäufern, einen Salon der Wiener Damenwelt zu schaffen, der eine besondere Attraktion Wiens geworden ist. Zu diesen produktiven femininen Gaben gesellte sich das männliche Talent der Organisation. Es ist keine leichte Aufgabe, ein solches Riesenhaus mit hunderten Verkäuferinnen, Mannequins, Arrangierfräuleins, Dienern und Boten in Gang und Ordnung zu halten.

Bei der Betrachtung wienerischer Dinge wird oft gefragt, woher es komme, daß die Stadt ihren eigenen Charakter, den hohen Geschmack und die seltene Grazie trotz alledem bewahre. Und jeder rät dann nach seiner Art. Der eine sagt, es sei die „alte Tradition", der andere weist auf die Musik, der dritte auf die hübschen Frauen usw. Alle vergessen aber daß hinter jeder positiven Schöpfung Menschen stehen, daß das, was man „Wiener Geschmack" nennt, sich aus Menschenarbeit zusammensetzt. Die Idee und Anregung zu jedem neuen Hut, zu jeder neuen Modeschöpfung, zu den vielen großen und kleinen Werken der Geschmackskunst — alles muß, bevor es wird, im Gehirn, in der Phantasie vorhanden sein. Eine solche wertvolle Persönlichkeit, wertvoller für Wien als

Frau Ella Zirner-Zwieback

tausend Politiker, Volkswirte, Minister, Redner und Lobhudler der Stadt, ist Frau Zirner-Zwieback. Ihr würde, wenn nicht ein schönes Denkmal, so doch der Dank der Stadt gebühren.

Jüngst hat eine Reihe von Damen der besten englischen Gesellschaft Angehörige des ausländischen Adels geheiratet. Die letzte „Gotha"-Eintragung betrifft die Verehelichung der Miß *Shelagh Brunner* mit *Prinz Ferdinand von Liechtenstein*. Miß Brunner ist die einzige Tochter von Herrn und Frau Roscoe Brunner in

Als warmherzige Mutter hingegen kann ich sie mir beim besten Willen nicht vorstellen, aber woher soll ich das wissen? Ich habe nur diese Visitenkarte, auf der sie meinen Vater als ihren Angestellten zusammenstaucht. Mein Vater ist seit über fünfzig Jahren tot, doch von Zeit zu Zeit würde ich ihn gerne in den Arm nehmen und ihn trösten. Er war immer sehr liebevoll zu mir, auch wenn er genauso streng und jähzornig sein konnte, aber ich wusste immer, dass Liebe dahintersteckt. In seiner Gegenwart habe ich mich immer geborgen gefühlt. Das Einzige, das ich ihm übel nehme, ist, dass er so früh gestorben ist.

CAFÉ ZWIEBACK IN DREI AKTEN
August

»Elender! Dein Vater ist schuld, dass ich mein Vaterland verlassen musste. Sein unbeugsamer Geiz brachte mich um Ehrenstellen, Vermögen, um alles. Kurz, er vernichtete mein ganzes Glück. Und dieses Mannes einzigen Sohn habe ich nun in meiner Gewalt. Wäre er an meiner Stelle, was würde er tun?«, fragt Bassa Selim am Ende der Oper *Die Entführung aus dem Serail*. 2010 bekam ich das Angebot, die Rolle in Wien zu spielen. Erneut eine Szene, die in mir Herkunftsfragen auslöste. Anlässlich der Premiere wurde ich gebeten, ein paar Interviews zu geben. In diesem Zusammenhang begegnete ich dem Journalisten Stefan Grissemann vom *Profil*. Ich hatte die Drei Husaren als Treffpunkt vorgeschlagen, auch wenn es mir rückblickend unerklärlich ist, warum ich das tat. Auch orderte ich aus irgendeinem spätpubertären Gebaren heraus Rindfleisch mit Schnittlauchsoße und gab gleich im Vorhinein bekannt, dass ich das Essen nicht bezahlen würde. Der *Profil* hatte Nachsicht mit meinen spätpubertären Anwandlungen, versprach, die Kosten zu übernehmen, und so verabredete ich mich mit Grissemann zum Mittagessen dort. Er brachte einen Fotografen und zwei Diktiergeräte mit. Gleich beim Betreten des Lokals fiel mein Blick auf eine Chronik, die auf einem Tisch lag, und auf die Worte: »Dankenswerterweise übernahm 1938 Otto Horcher die Geschäftsräume.« Stefan Grissemann und ich waren erstaunt, dass 2010 ein so unreflektierter Satz in einem Nobellokal stehen kann, aber wir ließen uns nicht abschrecken und nahmen Platz. Kaum hatten wir bestellt, kam ein etwas korpulenter Mann an unseren Tisch und sagte: »Grüß Gott, mein Name ist Udo Janssen, ich bin hier mitverantwortlich.«

»Oh, das ist ja toll! Mein Name ist August Zirner, ich bin der
Enkel von Ella Zirner-Zwieback, der ehemaligen Besitzerin.«
»Ich weiß. Ich darf mich setzen?« Ohne eine Antwort abzu-
warten, setzte sich Herr Janssen zu uns an den Tisch. Es war
offensichtlich, dass er uns dringend etwas mitteilen wollte.
Unglaublicherweise schien er die beiden Diktiergeräte auf dem
Tisch nicht zu realisieren, denn kaum saß er, legte er los: »Ja,
das war eine schwere Zeit damals. Ich musste mit meiner Mutter aus Hamburg vor den Bombenattacken fliehen. Hamburg
stand in Flammen, und wir haben es irgendwie nach Kärnten
geschafft. Es war eine furchtbare Zeit. Opfer hat es auf beiden
Seiten gegeben, wirklich auf allen Seiten. Doch ich wollte mit
Ihnen ja über die Geschichte des Lokals sprechen. Sie wissen ja
vielleicht, dass Otto Horcher in Berlin der Leib- und Magen-
Caterer von Hermann Göring war? Sein Restaurant hieß wie er
Horchers und befand sich in der Martin-Luther-Straße. Wenn er
in Wien war, hat der Göring jedoch immer hier gegessen. Es war
allgemein bekannt, wenn man gut essen wollte, musste man bei
Göring am Tisch sitzen, denn da gab es immer die besten Weine.
Göring war schließlich ein Genießer. Bei dem anderen, bei dem
Goebbels, da war es immer eher spartanisch und die Kost sehr
mager.«

Stefan Grissemann, der Fotograf und ich waren sprachlos
ob so viel offensichtlicher Naivität. Man hätte es vielleicht auch
sympathisch finden können, oder wie mein englischer Cou-
sin, der Historiker und Weinspezialist Giles McDonogh, es aus-
drückte: »*Oh, what a wonderful fool he is.*«

Ja, wie ein historischer Narr wirkte er wirklich. Und wenn
man bedenkt, dass das Restaurant zwei Tage später Insolvenz
anmelden musste, nicht zuletzt wegen nicht bezahlter Weinbe-
stellungen, ist Herr Janssen vermutlich nicht nur ein Narr, sondern ein trauriger noch obendrein. Was wir alle jedoch nicht
wussten, war, dass hinter dem Mauerwerk des Restaurants, in
dem wir saßen, nur wenige Meter von unserem Tisch entfernt,
die Ruine des Café Zwieback vor sich hin schimmelte.

Gleich am nächsten Tag führte ich ein weiteres Interview,

dieses Mal mit dem ORF. Ich empfing die Reporterin vor den Drei Husaren in der Weihburggasse. Schon bei meiner Ankunft erblickte ich im ovalen, mit Messing umrandeten Fenster ein Schild: »Wegen Wasserrohrbruch bleiben die ›Drei Husaren‹ bis auf Weiteres geschlossen.«

Ein paar Wochen später, nach der Premiere der *Entführung aus dem Serail*, war ich zurück in Deutschland, und mein Telefon klingelte. Ein Mann entschuldigte sich auf der anderen Seite, sofort erkannte ich ihn als Wiener: »Ja, grüß Gott, Herr Zirner, hier die Firma HistoImmobilien Wien, 19. Bezirk, verzeihen Sie bitte die Störung, aber die Volksoper in Wien war so freundlich, mir Ihre Telefonnummer zu übermitteln. Wir hätten eine spannende Frage an Sie. Sie interessieren sich doch für die Drei Husaren.«

»Ja, das stimmt, ich habe ein gewisses familienbedingtes Interesse an dem Restaurant und an dem Ort.«

»Ja wunderbar, das haben wir auch gehört und uns gedacht, Sie hätten vielleicht Interesse an der Immobilie.«

»Wie? Sie wollen sie mir verkaufen? Was soll sie denn kosten?«

»Na ja, wir liegen zur Zeit bei 300 000 Euro.«

»Was? Sie wollen mir die Weihburggasse 4 für 300 000 Euro verkaufen? Ist das Ihr Ernst? Eine Immobilie mitten im ersten Bezirk in Wien soll nur 300 000 Euro kosten?«

Ich muss gestehen, ich geriet in Versuchung. Was für ein Schnäppchen für so eine Immobilie, die noch dazu meiner Großmutter mehr oder weniger abgeluchst worden war, und dann wurde sie mir auch noch direkt angeboten! Vielleicht sollte ich zuschlagen, dachte ich. Vielleicht finde ich jemanden, der mir das Geld leiht, ich kaufe die Immobilie und eröffne dort ein Restaurant. »Zu den drei koscheren Schweineschnitzeln« würde ich es nennen. Die Idee gefiel mir immer besser.

»Also noch mal: Die Immobilie Weihburggasse 4 kostet nur 300 000 Euro?«

»Nicht ganz. Es geht um die Nutzungsrechte für das Lokal. Das Inventar, die Küche und natürlich das Recht, dort ein Lokal zu führen. Wir waren zuerst bei einer Million, aber jetzt stehen wir nur noch bei 300 000. Und Sie müssten das Geld ja auch nicht komplett alleine zusammenkriegen, es wäre natürlich auch möglich, dass Sie in einem Konsortium Teilinhaber sind. Verstehen Sie, wenn Sie dabei wären, der PR-Effekt wäre doch enorm!«

Ich fing an, mir den Kopf zu zerbrechen, ob ich mir nicht den Spaß machen sollte. Ich könnte ein paar befreundete Gastronomen fragen! Ich antwortete dem Mann aus dem 19. Bezirk also, dass ich es mir überlegen würde, und legte auf.

Ein paar Minuten starrte ich noch auf den Hörer und fragte mich, ob ich mich vielleicht in einer geschmacklosen Realsatire befand. Einige Tage lang rumorte der Gedanke an ein eigenes Restaurant in den Räumlichkeiten meiner Großmutter noch in mir, doch letztendlich entschied ich mich dagegen. Ich hatte keine Lust auf den bürokratischen Aufwand und kümmerte mich wieder um, wie ich damals fand, Wichtigeres. Aber wann immer ich in Wien war, spazierte ich an der Weihburggasse 4 vorbei, und selbst nach vier Jahren klebte in dem ovalen, mit Messing umrandeten Fenster das mit Tesaband befestigte Stück Papier und verkündete: »Wegen Wasserrohrbruch bleiben die ›Drei Husaren‹ bis auf Weiteres geschlossen.«

Im Juli 2015 erhielt ich erneut einen interessanten Anruf. Eine Archäologin fragte mich, ob ich möglicherweise Fotos vom Café Zwieback besitzen würde. Ich antwortete, dass ich nur einen Silberlöffel vom Café meiner Großmutter besitze, und erkundigte mich nach dem Grund dieser Frage. Sie erklärte mir, dass man im Zuge der Renovierung und Restaurierung der Immobilie Weihburggasse 4 und der ehemaligen Räume des Restaurants Zu den Drei Husaren hinter dem Mauerwerk auf Spuren des Café Zwieback gestoßen wäre. Und nun versuche man, das alte Kaffeehaus zu rekonstruieren. Das Architekturbüro Ringlotte würde nun Fotos suchen, um sich dort besser orientieren zu können. Es gebe zwar Fotos an der technischen Universität Wien, die würden aber von der Friedrich Ohmann Stiftung verwaltet werden. Zu diesem Zeitpunkt wusste ich freilich, dass Friedrich Ohmann der Architekt war, der seinerzeit das Kaffeehaus für meine Großmutter entworfen hatte. Offenbar war der Zugang zu den Fotos aus Gründen der Nachlassverwaltung höchst limitiert. Umgehend verabredete ich mich mit der Archäologin an der Baustelle und fuhr schon am nächsten Tag nach Wien. Außer ihr begegneten mir dort ein paar junge Architekten von besagtem Büro, mit denen ich über die skurrile Auferstehung des ehemaligen Café Zwieback sprach. Wir machten Witze und frotzelten, dass das Café nach Beendigung der Renovierungsarbeiten auch tatsächlich Café Zwieback heißen könnte. Das fand ich lustig und bot auch gleich an, das Gemälde meiner Großmutter im Café auszustellen, sozusagen als Pendant zur Frau Sacher im nach ihr benannten Hotel. Die Idee fand allseits großen Zuspruch, und die jungen Architekten rieten mir, mich mit dem Eigentümer der Immobilie zu verabreden, was ich mir nicht zweimal sagen ließ.

Bei der darauffolgenden Begegnung zwischen besagtem Eigentümer – nennen wir ihn Hofer –, den jungen Architekten und mir war man einhellig der Meinung, dass es doch eine glückliche Fügung sei, dass wir uns begegnet waren, und dass eine geschichtliche Aufarbeitung des Cafés verfasst werden müsste. Eine Art Chronik der Ereignisse um das Café. Auch den langstieligen Silberlöffel bot ich an und sah ihn schon vor mir, wie er mit anderen historischen Gegenständen in einer Glasvitrine im Café ausgestellt wurde.

Wäre das nicht die perfekte Wiedergutmachung für den Satz gewesen, auf den ich Jahre zuvor gestoßen war? »... dankenswerterweise übernahm 1938 Otto Horcher die

Geschäftsräume.« Vergnügt verließ ich Wien und beschloss, der Geschichte von nun an mit mehr Humor zu begegnen.

Es gelang mir, an der Technischen Universität Wien ein paar sehr beeindruckende Fotos vom ehemaligen Café zu erhalten. Die Friedrich Ohmann Stiftung vertraute mir als Nachfahre der Ella offenbar und gab mir Kopien der Bilder mit. Höchst erstaunliche Bilder waren das, in verblüffender Qualität. Ich überließ die Fotos der dankbaren Architektengruppe als Unterstützung für ihre Arbeit bei der Restaurierung.

Ein Jahr verging, bis mich mein Weg wieder einmal nach Wien führte. Natürlich war ich neugierig darauf, zu sehen, wie die Architekten vorankamen, und verabredete mich mit ihnen auf der Baustelle. Ich war beeindruckt. Einer der Architekten erzählte mir, dass man dank der hervorragenden Qualität der Fotos und der Möglichkeit, diese zu digitalisieren und dadurch noch hineinzuzoomen, sogar das Muster der Stoffbänke exakt nachweben konnte. Welch glückliche Symbiose von analoger Qualität und zeitgenössischer Digitalisierung! Welch schöne Metapher für historische Aufarbeitung!

Auf den Fotos war auch zu erkennen, dass auf den ovalen Kartuschen am oberen Ende einiger Säulen jeweils die Initialen ZZ eingraviert waren. Auf anderen Säulen stand dort hingegen in schöner Jugendstilschrift der Name Zwieback. Ich fragte den Architekten, ob auch diese schöne Reminiszenz an meine Großmutter übernommen werden würde. Mit einem verlegenen Lächeln antwortete der: »Das möchte unser Auftraggeber nicht.«

»Warum denn nicht? Das sieht doch cool aus, und die Schrift entspricht vollkommen der damaligen Zeit!«

»Mag sein, aber der Chef möchte es nicht.«

Plötzlich herrschte eine merkwürdige Stimmung. Verwirrt sagte ich: »Das verstehe ich nicht, auf den Fotos ist das doch sehr deutlich zu erkennen. Zeigen Sie mir doch noch mal das Foto.«

»Die Fotos sind Privateigentum, und der Chef möchte nicht, dass man sie herzeigt.«

Nun war ich endgültig vor den Kopf gestoßen. »Moment mal, die habe *ich* Ihnen doch besorgt. Was soll das? Was ist los?«

»Also gut, ausnahmsweise.«

»Was soll das heißen, ›ausnahmsweise‹? Ich habe die Abzüge selbst zu Hause. Von mir aus schaue ich sie mir zu Hause an, ich verstehe das Ganze nicht.«

»Also gut, Herr Zirner, schauen Sie, hier ist das Foto.«

»Ja, und schauen Sie, da ist doch sehr deutlich das ZZ und der Name Zwieback zu erkennen. Gehört es nicht zur kunstgeschichtlichen Genauigkeit, das auch zu restaurieren? ZZ kann doch irgendetwas heißen, Zorro und Zorro oder Zucker und Zucker. Abgesehen davon, sehen die leeren Kartuschen hässlich aus, gesäubert. Man sieht doch gleich, dass da etwas fehlt.«

»Herr Zirner, ich möchte es so sagen, mein Chef hat Angst vor Ihnen.«

»Aber wieso denn? Wir haben doch bis jetzt ganz gut miteinander kommuniziert, oder?«

»Trotzdem.«

»Aber das ist doch lächerlich, was hat er denn von mir zu befürchten? Juristisch habe ich sowieso nichts in der Hand, und die Vergangenheit, so bedauerlich sie auch ist, ist nun mal Vergangenheit. Es gibt wirklich keinen Grund, vor mir Angst zu haben, außer vielleicht vor meiner gelegentlich etwas temperamentvollen Argumentationsweise.«

»Nun ja, Sie sind ein bekannter Schauspieler, und man hat eben Angst vor schlechter Presse.«

Leider ging in diesem Moment meine temperamentvolle Argumentation ein wenig mit mir durch, und ich erwiderte: »Ja, die kann er haben! Aber das will ich nicht. Und Sie doch auch nicht. Ich dachte, wir wollten das Ganze geschichtlich erhellen und vielleicht sogar mit einem Hauch Humor aufarbeiten, oder nicht?«

»Ich denke, am besten ist es, Sie reden direkt mit dem Besitzer über diese Angelegenheit«, meinte der junge Architekt nun sichtlich nervös. Ich entschuldigte mich bei ihm für mein kurzzeitiges Aufbrausen, wir einigten uns auf das brüderliche Du, und er versprach mir, sich um einen Termin mit seinem Auftraggeber zu kümmern. Alles schien wieder im Lot zu sein.

Ein paar Wochen später erhielt ich eine E-Mail vom Jüdischen Museum in Wien. Eine Ausstellung mit dem Titel »Kauft bei Juden« war in Planung, in der es um die Kultur der Wiener Kaufhäuser gehen sollte, die vor 1938 in jüdischem Besitz waren. Ein ganzer Raum sollte dem Kaufhaus Maison Zwieback gewidmet werden. Von der Kunsthistorikerin und Kuratorin der Ausstellung erfuhr ich auf einmal ganz neue Sachen über meine Großmutter, die diese in zahllosen Recherchearbeiten für die Ausstellung herausgefunden hatte. Ich war in der etwas skurrilen Situation, dass sie ganz offensichtlich mehr über meine Großmutter wusste als ich selbst. Dabei hatte sie mir eigentlich geschrieben, weil sie hoffte, dass ich noch etwas ergänzen könnte. Zu meiner Schande hatte ich jedoch wenig beizutragen und konnte lediglich erzählen, was meine Mutter mir über Ella erzählt hatte und dass ich einen Silberlöffel aus dem Café Zwieback hätte.

»Ach so, es gab auch ein Café Zwieback? Das ist aber interessant!«

Immerhin mit einer Neuigkeit konnte ich aufwarten. Sie fand es eine schöne Idee, dem Gemälde der Ella, das ich auch für das Café vorgesehen hatte, bei der Ausstellung einen Platz zu geben. Auch der Silberlöffel mit der Inschrift Café Zwieback sollte dort ausgestellt werden.

Ein paar Wochen später, am 27. April 2017, um genau zu sein, machte ich mich also erneut auf den Weg nach Wien, um die Formalitäten der Bild- und Löffelübergabe zu besprechen. Bei dieser Gelegenheit klappte es schließlich auch mit einem erneuten Treffen mit dem Eigentümer der Immobilien Kärntner Straße 11–15 und Weihburggasse 4. Meine Frau und ich trafen ihn zum Kaffee im noch nicht ganz fertig renovierten Sluka, das einst das Café Zwieback gewesen war. Nach ein wenig höflichem Vorgeplänkel fragte ich ihn, wieso er sich überhaupt die Mühe machte und so viel Geld investierte, um ein Kaffeehaus zu restaurieren, und ob er Geld vom Denkmalamt bekommen würde. »Leider nur sehr wenig«, antwortete er knapp, doch als wir ihn weiter erwartungsvoll ansahen, erklärte er, dass er sich schon immer für historische Bauten interessieren würde, das wäre einfach seine Leidenschaft. Auf die Frage, wie er es denn mit der neueren deutschen Geschichte hielte, antwortete er, dass dies für ihn ein schwieriges Thema sei. Er täte sich schwer, über die Zeit des Nationalsozialismus zu sprechen. Darauf entgegnete ich, dass ich das gut verstehen könne und vor seiner Ehrlichkeit diesbezüglich großen Respekt hätte. Das war, glaube ich, der innigste Moment zwischen uns.

Und wie es der Zufall wollte, trudelte am Nachmittag desselben Tages eine E-Mail vom Wien Museum bei mir ein. Neugierig öffnete ich sie und las verblüfft, dass mir die lebensgroße Statue der wasserspendenden Rebecca, die seit 1978 als Leihgabe im Park des Wilhelminenspitals stand, restituiert werden sollte. Im Zuge der letzten Inventur hätte sich herausgestellt, dass die Figur aus dem Besitz von Ella Zirner-Zwieback stammte und entsprechend mir zustehen würde. Anscheinend stand sie ursprünglich im Innenhof des Café Zwieback in einem Brunnen. Was für ein freundliches Geschenk meiner Großmutter an mich, es war, als hätte sie wenigstens den Fuß einer Statue wieder in das Kaffeehaus gestellt.

Die Statue, die mir restituiert wurde, war also eine lebensgroße Rebecca-Figur aus Zinkguss, die mit ziemlicher Sicherheit aus dem Brunnen des Hauses in der Weihburggasse stammte. Auf jeden Fall aber gehörte sie einst meiner Großmutter. Der Bildhauer Adam Rammelmayer, der vor allem für seine Statuen am »Heldenberg« in Niederösterreich bekannt war, hatte sie 1846 gefertigt. Mir war klar, dass ich diese Statue nicht zu mir in den Garten stellen wollte. Ehrlich gesagt, fand ich sie ziemlich scheußlich. Dabei sind wasserspendende Gestalten doch im Grunde etwas Schönes. Doch nein, Rebecca sollte mein Fuß in der Tür des Kaffeehauses werden. Mein Plan stand fest, ich wollte unbedingt, dass Herr Hofer diese Statue kaufte, damit sie wieder »nach Hause« finden konnte. Ich wusste ja, dass er sich für historische Bauten und ihr Zubehör interessierte, entsprechend wäre der Handel doch unbedingt in seinem Sinne. Was aber konnte ich für Rebecca verlangen? Für mich hatte sie im Grunde den Wert eines mutierten Gartenzwergs, doch eine Stimme in mir, vielleicht die meiner Großmutter Ella, sagte: »Verkaufe sie nicht unter Wert!« Ich ließ sie also von einem Kunstexperten schätzen, auch wenn es mir ehrlich gesagt schwerfällt, im Zusammenhang mit Rebecca von »Kunst« zu sprechen, und verständigte das Architekturbüro Ringlotte, welches ja für die ästhetische Ausrichtung des Cafés zuständig war, dass mir soeben eine zum Café dazugehörige Statue restituiert worden war. Rebecca als Wiedergutmachungsbotschafterin sozusagen. Mein Angebot wurde an Herrn Hofer weitergeleitet, und tatsächlich wurden wir uns schnell einig. Gleich nach dem Kauf sollte die Rebecca vom Wilhelminenspital abtransportiert und im Brunnen des Cafés wieder aufgestellt werden. Natürlich wurde auch ein Vertrag aufgesetzt, in welchem interessanterweise ein um tausend Euro geringerer Kaufpreis festgesetzt war als verabredet. Ich wollte schon achselzuckend unterschreiben, schließlich war die Rebecca im Grunde doch sowieso nur ein verspätetes Geschenk meiner Großmutter an mich. Doch schon meldete sich meine innere Ella zu Wort: »Nein, nein, ein gegebenes Wort ist ein gegebenes Wort, Vertrag ist Vertrag, verabredete Summe soll verabredete Summe bleiben.«

Ich wies also höflich darauf hin, dass wir eine andere Summe vereinbart hatten, ein ungutes Gefühl aber blieb. Ich weiß sehr wohl, dass es verschiedene Arten von Geschäftsleuten gibt und verschiedene Formen des Anstands, aber im Zusammenhang mit der Geschichte des Café Zwieback schmeckte das alles ein bisschen zu sehr nach den Nachwehen der Enteignung. Man hätte sich an eine andere Summe erinnert, bekam ich zur Antwort. Nun ja, Erinnerung ist scheinbar manchmal eine Hure. Letztendlich wurde die Summe dann doch noch um tausend Euro korrigiert, sodass mir die stattliche Summe von zwölftausend Euro überwiesen wurde und ich meinte, nun wirklich einen Fuß in der Tür des Café Zwieback zu haben. Leider hatte mir nie jemand gesagt, dass man lieber nicht den Fuß in Türen stellen sollte. Das verursacht nur Schmerzen. Aber bitte, ich konnte es nicht lassen, und so nahm das Ärgernis seinen Lauf. Doch der Reihe nach.

Zur Eröffnung des Kaffees sollte es eine Feier geben, und man sagte mir, dass es doch schön wäre, wenn ich auch etwas dazu beitragen könnte. Musik mit meinem Jazz-Ensemble zum Beispiel. Ich antwortete, dass doch ein Quartett von Franz Schmidt viel passender wäre. Auch von einem Buch, das zur Eröffnung erscheinen sollte, sprach man, in dem ebenfalls eine Chronik der Ereignisse aufgelistet werden sollte. Recht zuversichtlich fuhr ich nach Deutschland zurück.

Etwa ein halbes Jahr später besuchte ich mit meinem Sohn Johannes erneut die Stadt, wir beide hatten beruflich in Wien zu tun. Wir fanden es schön, gemeinsam in Wien zu sein und Zeit füreinander zu haben. Aus Neugierde, wie es um das Café Zwieback stand, verabredeten wir uns in der Weihburggasse 4. Erstaunt stellten wir fest, dass das Café längst eröffnet worden war. Wir setzten uns auf eine der wunderschön gewebten Bänke an einen Tisch und bestellten Wiener Würstel mit Kren für 6,90 Euro pro Portion, und während wir warteten, blätterte ich durch die Speisekarte auf der Suche nach einer Chronik oder irgendwelchen Hinweisen auf die Geschichte des Cafés. Und tatsächlich fand ich eine Chronik oder vielmehr eine schöne »Es war einmal«-Geschichte, nur tauchte der Name Zwieback leider mit keinem Wort auf:

Am 7. Januar 1891 gründete Wilhelm Josef Sluka gemeinsam mit seiner Frau Josefine das Unternehmen am Rathausplatz 8. Innerhalb weniger Jahre gelang es dem Paar, »den Sluka« zu einer der führenden Konditoreien Wiens zu machen. Nach nur neun Jahren wurde ihnen der Hof Titel K & K Hoflieferant verliehen.

Im weiteren Verlauf der Speisekarte wurden kleine Anekdoten erzählt. Von mysteriösen Bohnen konnten wir lesen, die nach der Türkenbelagerung in Wien entdeckt wurden, Kaffeehäuser wurden als Konzertlokale beschrieben. Es wurde lustig erzählt, dass Napoleon den Wienern nicht geschmeckt hat, und von den literarischen Treffpunkten in den Wiener Kaffeehäusern war die Rede. Hugo von Hofmannsthal, Karl Kraus, Arthur Schnitzler und Peter Altenberg fanden Erwähnung. Ella Zirner-Zwieback jedoch nicht.

Mir fehlten die Worte, dabei hätte ich mich nach allem, was passiert war, doch eigentlich gar nicht mehr wundern dürfen. Johannes, der merkte, wie die Wut in mir aufstieg, sagte schnell etwas Lustiges und schaffte es tatsächlich, mich zu beruhigen. Aber wenigstens die Speisekarte wollte ich als Beweisstück mitnehmen und fragte die Kellnerin, ob ich sie mitnehmen könnte. Sie antwortete: »Ja, kostet drei Euro.« Die bezahlten wir und natürlich auch die beiden winzigen Würstel mit Meerrettich. Bevor wir das Lokal verließen, besuchten wir noch die Rebecca an ihrem Brunnen im hinteren Raum. Und tatsächlich, da stand sie! Inmitten von Palmen und anderem Grünzeug, aber es kam kein Wasser aus ihrem Krug. Hatte es etwa wieder einen Wasserrohrbruch gegeben? Wo blieb denn das lebenserhaltende Wasser? Der Brunnen war anscheinend ausgetrocknet. Wie übrigens die Ästhetik des ganzen Cafés eine aseptische, etwas neureiche Ausstrahlung hatte. Als ich die Kellnerin fragte, ob sie mir etwas über die Statue erzählen könnte, sagte sie schlicht: »Ja, die haben's bei der Renovierung im Keller g'funden.«

Wir verließen den Ort, um in ein anderes Lokal zu gehen, beschlossen aber, die seltsame Geschichte des Hauses irgendwann als Mehrteiler fürs Fernsehen zu produzieren. Schon fingen wir an, die einzelnen Figuren zu besetzen. Ella, Franz Schmidt, Gustav Mahler, Paul Wittgenstein, Friedrich Wührer, Hedy Lamarr, Liesl Goldarbeiter, Ludwig Zirner... und zwei unsterbliche Kellner, die seit 1922 bis zum Jahre 2017 das Café nicht verlassen haben. Unsterbliche Kellner, die auch vorübergehend in den Drei Husaren gearbeitet hatten, die alle Umbauten geschichtlicher und baulicher Art überlebt hatten. Echte Zeitzeugen eben.

Zurück in Deutschland versuchte ich, das Ganze als Beweis einer gewissen Wiener Nachlässigkeit im Umgang mit Geschichte abzutun. Aber ehrlich gesagt, hat es mir die Freude an Wiener Konditoreispezialitäten doch ganz schön verdorben, und überhaupt ließ mir das alles am Ende doch keine Ruhe. Ich kam zu dem Schluss, dass ich in meinem Harmoniebedürfnis viel zu verständnisvoll an die Sache herangegangen war, und so wandte ich mich schließlich an einen Rechtshistoriker. Der jedoch verwies mich an das Wiener Magistrats- und Gewerbeamt, welches mich wiederum an den Hauseigentümer verwies, und das war – natürlich – Herr Hofer. Schweren Herzens verabredete ich mich erneut mit ihm.

Wir trafen uns im Glas-Oktogon des Café Sluka. Auf meine Frage, warum das Café nun doch so ganz ohne Erwähnung der Ella Zirner-Zwieback eröffnet worden war, bekam ich zur Antwort: »Herr Zirner, ich habe ein Geschäft zu führen.« Dieser Satz, ich kann es nicht anders sagen, trieb mich endgültig zur Weißglut. Ich erinnere mich nicht mehr an alles, doch in etwa die folgenden Worte platzten aus mir heraus: »Dann lassen wir das Ganze, dann hatten unsere bisherigen Gespräche überhaupt keinen Sinn. Die hätten wir uns sparen können, das war reine Zeitverschwendung! Ach was, wissen Sie was? Fuck off! Fuck you!«

Ich fürchte, das waren meine Worte, die Wut war größer als jeder Anstand. Ich stand auf, nahm meinen Mantel und wollte gehen. Doch irgendetwas hielt mich dann doch zurück. Ich ging zurück zum Tisch und entschuldigte mich für meine Heftigkeit, betonte aber noch einmal, dass der Satz »Ich habe ein Geschäft zu führen« für mich unakzeptabel ist.

»Bitte, Herr Zirner, beruhigen Sie sich und setzen Sie sich wieder.«

Ich setzte mich und versuchte, mich zu beruhigen. Aus irgendeinem mir unerklärlichen Grund wollte ich nicht, dass das Gespräch abbrach. Ich forderte den Herrn auf, mir von seinem Vater zu erzählen und von seinem Kampf um die Immobilie Kärntner Straße 11–15. Ich fragte ihn auch, ob er deswegen Jura studiert hätte. Etwas zögerlich fing er an zu erzählen, doch irgendwann schien es ihm Freude zu bereiten, die ganze Geschichte um den Prozess, den er gegen seine Stiefmutter hatte führen müssen, auszubreiten. Nachdem er geendet hatte, sah ich ihn an und sagte lächelnd: »Sehen Sie, wie schön es ist, über die eigenen Vorfahren zu sprechen? Etwas anderes möchte ich doch auch nicht. Nur meiner Großmutter das Recht zuteilwerden lassen, dass ihre Geschichte aufgeschrieben wird. Das Gewerbeamt überlässt mir nur Dokumente, wenn Sie mir das gestatten. Ich brauche Sie sozusagen als Übermittler der Akten. Wären Sie bereit, mir dabei zu helfen?«

»In den Akten werden Sie nichts finden«, antwortete mir Herr Hofer. »Aber Sie sind mir sympathisch, darum werde ich Ihnen die Dokumente zukommen lassen.«

»Sie haben ja ein großes Büro, lassen Sie sie doch einfach fotokopieren und zum Bühneneingang des Theaters in der Josefstadt schicken. Dort bekomme ich sie. Das wäre toll, danke.«

Die Stimmung war wieder etwas entspannter, und wir begannen einen kleinen Spaziergang durch das Café. Als wir schließlich vor dem Brunnen, bei dem die Rebecca steht, innehielten, sagte Herr Hofer: »Wissen Sie, Herr Zirner, ich mag die Rebecca als mythologische Gestalt sehr, denn sie spendet den Tieren Wasser.«

»Aber die Rebecca spendet gerade kein Wasser, sind die Leitungen immer noch kaputt?«

Das war das letzte Mal, dass ich mit Herrn Hofer gesprochen habe. Auch die Dokumente wurden mir nie zugeschickt. Ich ging noch ein paarmal ins Café Sluka und stellte fest, dass immerhin der Name Zwieback nun doch Erwähnung in der Speisekarte fand. Doch die Rebecca saß weiter auf dem Trockenen. Traurig dachte ich wieder an das Papierschild, das einst dort im ovalen Fenster hing:

»Wegen Wasserrohrbruch bleiben die ›Drei Husaren‹ bis auf Weiteres geschlossen.«

DER AUGI

Ana

Laura und Ludi arbeiten im Sommer 1955 gemeinsam an einer Inszenierung der *Zauberflöte*, und Laura verschiebt eine eigentlich notwendige Unterleibsoperation, um sich den Proben voll und ganz widmen zu können. Der später vorgenommene Eingriff verläuft ohne weitere Komplikationen, Laura erholt sich schnell und ist bereit für das gemeinsame Engagement in Tanglewood, wo sie in aufwendiger Arbeit wieder eine Sommerakademie leiten. Immer wieder wird ihr in dieser Zeit schwindlig und übel, aber sie erklärt sich das mit den Nachwirkungen der Operation. Auch, dass sie Gewicht zunimmt, irritiert sie nicht weiter, und sie schiebt es auf die anstrengende Arbeit. Als Laura beim Abschlussfest der Sommersaison ein enges schwarzes Kleid anprobiert und eine Kollegin fragt, wie sie darin aussieht, sagt die lapidar »schwanger«. Laura fährt am nächsten Tag in einen Nachbarort, um unbemerkt zum Frauenarzt zu gehen: Sie ist im fünften Monat. Die Schwangerschaft ist für Laura auch deshalb so überraschend, weil Ludi und sie sich bereits seit vierzehn Jahren ein Kind wünschten. Aufgrund ihrer frühen Abtreibung galt es aber als unmöglich, dass Laura schwanger werden könnte. Wegen der unklaren Umstände vermeiden es die Ärzte, einen Geburtstermin zu prognostizieren, und Laura entscheidet sich, typisch für ihren starken Willen, für den 6. Januar. So fixiert ist sie auf das Datum, dass ein Freund sogar an dem Tag anruft, um zu gratulieren. Und just in dem Moment beginnen die Wehen.

Wir fuhren über Eis und Schnee – und in den folgenden drei Stunden wurde mir bewusst, dass ich jetzt gar nichts zu bestim-

men hatte, dass mein Körper von der Kraft der Natur übernommen wurde.

Mein Vater wird achtzig Minuten nach dem Dreikönigstag geboren. Als sein erster Schrei durch den Kreißsaal gellt, ruft Ludi augenblicklich »F-Sharp!«. Er meint damit den ersten Ton meines Vaters.

Für Laura bedeutet das Kind, das nun in ihr Leben tritt, nicht nur einen neuen Lebensabschnitt, sondern die Erfüllung ihres Wunsches nach etwas ganz Neuem und Eigenem. Etwas, das ihr niemand nehmen kann, das allein ihrer Verantwortung unterliegt. Die Geburt meines Vaters ist für Laura der Beginn eines zutiefst erfüllten Privatlebens, in welchem sie endlich aus dem Schatten ihres Mannes heraustreten kann. Sie schreibt: *Der glücklichste Augenblick meines Lebens, den ich bewusst und gegenwärtig empfunden habe, ereignete sich, als ich mich, in einem Spitalbett liegend, in einem Aufzug befand: mit meinem neu-geborenen Kind im Arm, mit der Hand meines Mannes in der meinen – neben mir der Arzt und eine Pflegerin; dicht waren wir in dem Aufzug beieinander, und ich fühlte mich erfüllt und geborgen vor einer neuen Zukunft.*

In Lauras Erzählungen wird deutlich, dass ihre Familie für sie nun ein wichtiger fester, kleiner Verbund war. Mein Vater August drückte es als kleines Kind einmal so aus, dass er sie drei als einen *tripod* sehe, ein Stativ, bei dem jeder den anderen aufrechterhält.

AUGI ÜBER AUGI
August

Im Sommer 1955 haben meine Eltern in Tanglewood in der Nähe von Boston also an einer Inszenierung der *Zauberflöte* gearbeitet. Kurz zuvor musste meine Mutter eine Unterleibsoperation vornehmen, der Eingriff fand ohne weitere Komplikationen statt. Allerdings haben die Ärzte bei dem Eingriff übersehen, dass Laura schwanger war. Das bedeutet, dass das kleine Wesen in ihrem Bauch vermutlich etwas verfrüht das Licht der Welt erblickt hat. Oder die Scheinwerfer des Operationssaals. Auf jeden Fall ist das Scheinwerferlicht schon sehr früh, geradezu in einem pränatalen Zustand, Teil meines Lebens geworden. Bei meinem ersten weltlichen Ton, bei meinem ersten Schrei soll mein Vater »F-Sharp« gerufen haben.

Ich kann mich jedoch fest daran erinnern, dass mein erster Ton auf dieser Welt ein Es war. Ich habe immer erzählt, dass mein Vater bei meinem ersten Ton »Es« ausgerufen hat. »Es« erzählt sich auch viel besser. Ein gewisses Showbusiness-Gen muss also in mir sein. Mein erster Ton war ein Es! Nicht Er oder Sie, nicht Bub oder Mädchen, sondern Es, ein Ding, ein Gegenstand! Ich kam nach meiner eigenen Legende als Gegenstand auf die Welt. Gender war mir egal, der Tonfall war mir wichtiger.

Während der Schwangerschaft meiner Mutter spielte die *Zauberflöte* von Wolfgang Amadeus Mozart scheinbar auch eine Rolle in meinem noch ungeborenen Dasein. Ich war im Mutterleib umgeben von der *Zauberflöte*. Der Streit, den meine Eltern ständig bezüglich der Ästhetik ihrer Opernproduktionen hatten, wurde für das ungeborene Kind immer wieder ausgeglichen durch die Musik der *Zauberflöte*. Und wer weiß – vielleicht stammt daher meine Liebe zur Oper, welche siebzehn Jahre später zu meinem seltsamen Entschluss führte, bei meinem Vorsprechen für die Schauspielschule in Wien den Papageno aus der *Zauberflöte* zu mimen. Und vielleicht gefallen mir deshalb auch Kuckucksvögel so gut?

SO EUROPEAN!
Ana

Es ist der Abend der Premiere von *Das Rheingold*, der Oper des berühmten Richard Wagner. In der siebzehnten Reihe rechts des gerade eröffneten noblen neuen Krannert Center for the Performing Arts sitzen Susan, Lisa, Jean und Beth zusammen. Sie sind neugierig auf die Inszenierung, denn an ihr hat auch der deutsche Jungregisseur Wolf Siegfried Wagner mitgearbeitet, Urenkel des Komponisten höchstselbst. Was sie davon halten sollen, dass der struwwelige junge Mann kürzlich bei der Familie Zirner eingezogen ist, da sind sie sich nun wirklich nicht so sicher, schließlich ist er offensichtlich Junggeselle und sein Stil ist auch sehr... naja, europäisch. Aber interessant finden sie es allemal. Vor allem aber freuen sich die befreundeten Damen schon jetzt auf die Party nach der Premiere, die dann auch bei den Zirners stattfinden wird. Diese Partys sind immer ein Highlight, und man spricht noch lange darüber. Lauras *Steak-Salad* ist ein Gedicht. Und nicht nur ihr Salat, sondern eigentlich die ganze Person. *So European!*

Heute haben sie Laura noch nicht gesehen, natürlich nicht, sie ist ja die Kostüm- und Bühnenbildnerin des Abends. Ein bisschen bewundern die jungen Frauen ihre ältere Freundin dafür, dass sie arbeitet, obwohl sie ein Kind zu Hause hat. Auch wenn sie das nicht so ganz verstehen können. Aber vielleicht ist auch das ja typisch europäisch, wer weiß.

Gerade als das Licht im Krannert Center langsam gedimmt wird, geht hinten die Tür auf, und Laura kommt herein. Sie geht, nein, sie schreitet, ruhig einen Fuß vor den anderen setzend, ohne jegliche Hast den ganzen langen Gang hinunter, bis zu ihrem Platz in der ersten Reihe.

»*Auspicious*«[*], flüstert Susan, und Jean kichert.

»Und so dramatisch«, fügt Beth augenrollend hinzu. »Als würde es um sie gehen.«

Na ja, ein bisschen tut es das ja auch. Und nein, Lauras Auftritt war zwar genau lang genug, um einen bleibenden Eindruck zu hinterlassen – sie hat alle Blicke auf sich gezogen –, aber er war dabei gleichzeitig auch kurz genug, um nicht anstößig oder peinlich zu sein. Man kann ihr nichts vorwerfen, sie hat es genau richtig getimt. Wie zufällig ist genau in dem Moment, als Laura auf ihren Stuhl sinkt, das Licht ganz erloschen. Ja, das kann sie, denkt Lisa, und wie ihre Freundinnen ist sie sich nicht sicher, ob sie das bewundern oder verachten soll. Aber das ist jetzt auch egal, denn die Oper beginnt, und nachher ist endlich wieder eine Party, eine willkommene Abwechslung zu den langen Tagen mit den fünf Kindern zu Hause. Und, das muss man ja schon sagen, so ein Auftritt, der passt doch sehr gut zu diesem Leben, das das Ehepaar Zirner führt: Musik und Oper. *So European!*

Es gibt noch ein anderes strahlendes europäisches Paar im Ort, nämlich die Französin Françoise und ihren Mann Soulima Strawinsky, Sohn des berühmten Komponisten Igor Strawinsky und ebenfalls Musikprofessor an der Universität. Françoise liest Philosophie und Literatur und kleidet sich modebewusst und teuer, nach der französischen Façon der Zeit. Alles Europäische hatte und hat in den USA einen distinguierten Ruf, weil man damit das kulturell gebildete, eben die *Sophistication* verbindet, die den bis heute an kulturellem Feinsinn armen und in gewisser Weise immer noch jungen Vereinigten Staaten von Amerika fehlt. Beide, Laura und Françoise, sind formidable Köchinnen, und beide veranstalten nach den Konzerten äußerst beliebte Partys. So ist es kaum verwunderlich, dass zwischen ihnen bald eine Rivalität entsteht, in der, fern der Heimat, die Wiener Avantgarde, der moderne kühle Stil von Laura, gegen die französisch blumige Eleganz von Françoise antritt. Die beiden Damen besu-

[*] Deutsch: Verheißungsvoll

chen ihre Diners selbstverständlich nie gegenseitig, und es wird fleißig intrigiert. Fein und sehr taktvoll, quasi subkutan, versteht sich. Aber gerade damit nicht weniger brutal.

FRANZ SCHMIDT
August

Der Weg, den Abgrund wirklich als Abgrund zu erkennen, war ein weiter. Er reichte von einer Fernsehserie bis in die Realität der Shoah und dauerte ein halbes Leben. Meine Ignoranz ist schuld daran, dass ich den Mann, der mit meiner Großmutter Ella vierhändig Klavier gespielt und dabei immerhin meinen geliebten Vater gezeugt hatte, als Nazikomponisten beschimpfte. Scheinbar führte die Beschäftigung mit Stammbäumen bei mir dazu, dass ich mein eigenes Nest beschmutzte. Ich habe meinen Kuckucksgroßvater aus dem Nest gestoßen. Doch wer war eigentlich dieser Mann namens Franz Schmidt? Und trage ich am Ende irgendein Fünkchen seiner DNA in mir?

Jahrelang behauptete ich, die Kompositionen von Franz Schmidt würden mir nicht gefallen. Ich hielt ihn in der Tat für einen verkappten Nationalsozialisten und meinte, das auch aus seinem Werk herauszuhören. Die anschwellenden Orchesterklänge und das neoromantische Schwelgen waren für mich Zeichen von emotionaler Verkümmerung und Empathielosigkeit. Keine Frage, dass so einer für die Nationalsozialisten die Kantate *Deutsche Auferstehung* komponierte, die die Worte »Wir wollen unseren Führer seh'n« enthielt und damit den Beweis lieferte, dass Franz Schmidt in seiner Verblendung für die falschen Leute Auftragsarbeit leistete. Es wird zwar behauptet, dass er kein sonderlich politischer Mensch war und am ehesten der Zentrumspartei in Österreich nahestand, doch mein Urteil war längst gefällt. Sein Oratorium *Buch mit sieben Siegeln*, dessen Textgrundlage die Offenbarung des Johannes darstellt, ist mit Sicherheit eines seiner ehrlichsten Werke. Franz Schmidt war immer sehr darauf bedacht, dass die verwendeten Texte nicht durch die Musik unverständlich wurden. Ihm ging es um Texte. Umso schlimmer, dass er für die Vertonung der *Deutschen Auferstehung* verantwortlich ist, aber vielleicht verläuft sich jeder einmal, so unverzeihlich das sein mag. Wie sieht es heute mit meinem Mitgefühl für Franz Schmidt aus? Den alten kranken Mann?

»Es geht mir nun schon längere Zeit zum Leben zu schlecht und zum Sterben zu gut«, schrieb er noch im Januar 1938 an seinen Schwager. »Wenn ich mich bücke, falle ich vor Schwindel um.«

Ich glaube, die ganze Tragik, die meinen Kuckucksgroßvaters umgibt, bestand darin, dass er nicht verstand, wann es Zeit war aufzuhören. Er merkte vielleicht selbst, das mit *Buch mit sieben Siegeln* sein Lebenswerk abgeschlossen war. Er hatte tatsächlich viele Werke komponiert. Warum nur ließ er sich von den Nazis zu dieser letzten Kantate und zu den Worten »Wir wollen unseren Führer sehen« überreden? In dem Brief heißt es weiter: »Mit den Resten meiner einstigen geistigen Kapazität arbeite ich noch ganz fleißig und erhelle damit die Dämmerung, in die ich sonst versinken würde.« Welche Dämmerung? Franz Schmidt war krank, wegen andauernder Atemnot und Herzschmerzen hatten ihn Ärzte für drei Monate angeblich ohne sein Wissen unter Morphium gesetzt. Er beklagte sich über Gedächtnisschwund. Warum dämmerte ihm nicht, dass seine Entscheidung zu dieser Vertonung etwas Hässliches in ihm entlarvt? Tief drinnen in seinem Herzen war mein Kuckucksgroßvater, so leid es mir tut und so sehr es mir in der Seele wehtut, wahrscheinlich ein Antisemit, wie viele Wiener Musiker der damaligen Zeit. Vielleicht waren sie alle aber auch nur auf Gustav Mahler neidisch. Franz Schmidt jedenfalls hat sich mit seinem großdeutschen Gedankengut vermutlich selbst beschwindelt.

Er hatte eine Tochter namens Emma. Sie stammte aus seiner ersten Ehe mit Karoline Perssin, die er 1899 in Pressburg geheiratet hatte. Mein illegitimer Großvater liebte seine Tochter sehr und unterzog sie selbst einer pianistischen Ausbildung. Sie heiratete sogar einen Musiker namens Alfons Holzschuh, doch

1932, im Alter von dreißig Jahren, starb sie während der Geburt ihres Kindes. Der Tod seiner Tochter war ein schwerer Schlag für Franz Schmidt. Seine IV. Sinfonie widmete er ihr, er nannte sie *Requiem für meine Tochter.*

Die ersten dreißig Töne dieser Sinfonie werden von einer Trompete gespielt. Die Töne mäandern durch alle Skalenmöglichkeiten und erinnern fast an die Zwölftonmusik, die in den 1920er-Jahren entwickelt wurde und die Franz Schmidt ablehnte. Aber möglicherweise war Franz Schmidt bei diesem Werk moderner, als er sich das jemals zugestanden hätte, bezeichnete er sich doch als Verteidiger des »Klassischen«. Möglicherweise ließ ihn die Trauer über sich selbst hinauswachsen. Dieses Trompetensolo war für mich der Auslöser für einen Hauch von Sympathie für mein früheres Feindbild. Vielleicht war es doch nicht so einfach, wie ich gedacht hatte? Aber viel wichtiger ist doch: Was faszinierte meine Großmutter Ella so an ihm?

Zu meinem Glück klingelt in diesem Moment das weiße Wandtelefon. Ich sitze, sechzig Jahre alt, an der Küchentheke meiner Kindheit in Illinois und höre, wie Ella wieder einmal recht ungehalten ist über meine intimen Fragen: »Was für indiskrete Fragen geistern in deinem Kopf herum? Was geht es dich denn an, was mich an meinem früheren Klavierlehrer fasziniert hat? Was weißt du von Franz Schmidt und seinen Möglichkeiten? Was weißt du von mir und meinen Möglichkeiten? Lass mich in Ruhe mit deiner Gedächtniskrämerei!«

»Ja, aber ...«

»Nichts ja aber, *rien ne va plus*!«

»*Cher Maman*, also Großmaman, Gnade ...«

»Gnade? Auf gar keinen Fall. Gnade? Wem denn? Gnade Gott? Auf gar keinen Fall! Was gehen dich vergangene Liebesaffären an? Kümmere dich um deine eigenen. Hast du überhaupt welche? Langweiliger Mensch, langweiliger Enkel!«

»Ich rufe später noch mal an, der Augenblick scheint unpassend zu sein. Aber, pardon, hast nicht du mich angerufen? Pardon, ich kenne mich gerade nicht aus. Du hast doch mich angerufen, oder?«

»*Naturellement,* bei deinen bohrenden Fragen fühle ich mich gedrängt. Was willst du denn wissen?«

»Na ja, mir ist plötzlich bewusst geworden, dass möglicherweise Franz Schmidt so was wie mein Großvater ist, und ich habe mich gefragt, was habe ich denn mit ihm zu tun? Du hast doch drei Jahre lang bei ihm Klavierunterricht bekommen, oder? Du hast mit ihm gemeinsam einen Klavierwettbewerb gewonnen, damals im Jahr 1897, oder? Und hast du möglicherweise 1905 mit ihm vierhändig Klavier gespielt, in deinem Salon, in deinem Musikzimmer am Kärntner Ring 3 in Wien? Und kann es denn sein, dass du bei der Gelegenheit mit ihm den Ludwig, deinen Sohn, meinen Vater, wie soll ich sagen..., erzeugt hast?«

»Wir haben vierhändig Klavier gespielt, Schumann, dabei kann man keine Kinder ›erzeugen‹, wie du das nennst. Ich bin deine Großmutter und nicht zuständig für deinen Aufklärungsunterricht. Deine Vermutungen sind *degoutant**. Franz Schmidt war ein großer Meister.«

»... und Vater meines Vaters?«

»Er war ein großer Künstler, ein großartiger Musiker.«

»... und Vater meines Vaters?«

»Er kannte unendliche Partituren auswendig, er konnte begleiten wie kein anderer; mit ihm zu musizieren war immer eine Freude, weil er einen zu Höchstleistungen antrieb durch seine einfühlsame Begleitung. Er hat immer voraussehen können, wie man interpretieren wird, und hat einen dabei unterstützt und gefördert. Trotzdem konnte er klipp und klar seine Meinung formulieren und sein Wissen an den Mann bringen beziehungsweise in meinem Fall an die Frau.«

»... und er war der Vater meines Vaters?«

»Was willst du denn überhaupt wissen? Warum ist das für dich von Bedeutung? Das ist alles doch sehr lange her! Was interessiert dich das denn? Was sind das für unappetitliche Fragen?

---

* Deutsch: geschmacklos

Gehe in dich und lerne Höflichkeit und Zurückhaltung! Und Geduld, *patience.*«

»Hast du nun mit ihm …«

»Was? Vierhändig Klavier gespielt?«

»Nein, hast du ihn geliebt?«

»Unendlich habe ich ihn geliebt, er war die Liebe meines Lebens! Aber ihn zu lieben war müßig. Seine Liebe galt der Musik und der Komposition. Und außerdem hieß er Schmidt, und der Name war nicht standesgemäß.«

»Was heißt standesgemäß?«

»Das kannst du nicht verstehen.«

»Wusstest du, dass er verheiratet war und eine kleine Tochter namens Emma hatte, hat er dir davon erzählt? Emma und Ella sind doch sehr ähnliche Namen. Und wenn Ludwig, dein Sohn, auch sein Sohn ist, dann ist ja Emma so was wie Ludwigs Halbschwester. Und demnach meine Halbtante. Vorausgesetzt, Franz Schmidt ist mein illegitimer Großvater. Und was heißt ›der Name Schmidt war nicht standesgemäß‹?«

»Die Zirner-Zwiebacks sind eine großbürgerliche Familie.«

»Na und?«

»Mein Vater war der Meinung, dass es nicht standesgemäß für mich wäre, einen Schmidt zu heiraten, er hat dabei einen Lehrer von Schmidt zitiert, der gesagt hat: ›Wenn einer Schmidt heißt, soll er nicht Künstler werden.‹«

»Das ist doch gemein!«

»Mein Enkel ist ahnungslos!«

»Ich bin nicht ahnungslos! Ich versuche, dich zu befragen.«

»Mich zu befragen?«

»Außerdem wurde Schmidt doch Künstler, wo liegt das Problem?«

»Natürlich wurde er Künstler, du ahnungsloser Amerikaner.«

Ich habe eingehängt. Ich hielt es nicht mehr aus, so beschimpft zu werden. Mir Ahnungslosigkeit vorzuwerfen, war einfach zu viel. Wenn ich überhaupt etwas habe, dann ist es wenigstens eine Ahnung von den Sachen. Mir ist das Wort Ahnung zu wichtig, als dass ich es mir von meiner Großmutter ausreden lassen möchte.

315

Mir fielen die Worte meines Onkels Erich wieder ein: »Bedenke, dass die Worte der Mutter ein Menschenleben zerstören können.« In meinem Fall müsste ich sagen »die Worte einer Großmutter«. Wir alle tragen Verantwortung für unsere Worte und unterschätzen, wie mächtig und zerstörerisch sie sein können. Die Tatsache, dass ich meinen »illegitimen« Großvater als Nazikomponisten bezeichnet habe, ist eine billige Pointe in meinem Sprachgebrauch. Auch heute noch höre ich seine Kompositionen mit einer gewissen Irritation. Manches gefällt mir inzwischen, doch ich komme nicht darüber hinweg, dass ich eine gewisse erzwungene Gefühligkeit aus der Musik heraushöre.

Ein bitteres Detail der Geschichte ist der Tod von Karoline Perssin, Schmidts erster Frau, der Mutter von Emma. Nach zwanzig Jahren Ehe mit Franz Schmidt landete sie im Irrenhaus in Steinhof und wurde 1941 im Rahmen des Euthanasieprogramms der Nazis umgebracht.

LEBEN AN DER OBERFLÄCHE DES DASEINS
Ana

Zwei Jahre lang, von 1968 bis 1970, leben Laura und Ludi in dem Bewusstsein, dass Ludi nicht mehr viel Zeit zum Leben bleiben wird. Er hat Krebs, und die damit eintretende Beschäftigung mit dem eigenen Tod ist für beide etwas völlig Neues. Die Erfahrung der Operationen, bei denen Ludi zunächst eine Niere entfernt wird und er später auch noch an der Lunge operiert wird, sind fürchterlich. Aber gleichzeitig schafft das Wissen über die Endlichkeit eine eigenartig schwebende Intensität, in der sie auch voller Glück genießen können, am Leben zu sein. Laura schreibt: *Wir lebten an der Oberfläche unseres Daseins.* So führen sie weiterhin ein glückliches und erfülltes Alltagsleben. Sie haben einen gemeinsamen Sohn, die Arbeit und den kreativen Raum, den sie sich wünschen, und nach vielen sorgenvollen Jahren leben sie nun seit geraumer Zeit in einem verhältnismäßigen Wohlstand. *Wir flogen durch den Alltag, um mehr Zeit für das Wichtige zu finden.*

Die Gesellschaft von Wummi, dem Jungregisseur Wolf Siegfried Wagner, der bei ihnen wohnt, tut ihr Übriges. Der jugendliche August blickt zu dem um zehn Jahre Älteren auf wie zu einem geliebten großen Bruder. Sie haben eine lustige, warme und gemütliche Zeit. Laura denkt in dieser Zeit auch oft an Olga, von der sie einst dieses Sortieren, dieses Abwägen dessen, was wirklich wichtig ist, ganz bewusst gelernt hat. Es ist ein Thema, das Laura durch ihr Leben begleitet, und es ist insbesondere das Strukturierende in diesen Gedanken, dem ich mich sehr verwandt fühle. Wie wirkungsvoll und überzeugend es ist, sich in dieser Zeit auf das Gute konzentrieren zu können, zeigt sich an einer Reaktion ihres Sohnes, meines Vaters August, der zu dieser Zeit etwa vierzehn Jahre alt ist. Erst zwei Wochen vor Ludis Tod fragt er seine Mutter: »Denkst du, dass Papi sterben könnte?«

Es sind erst Ludis letzte Tage, in denen der Tod mehr Raum einnehmen kann als das Leben. Und dann hat er nichts Beängstigendes mehr, sondern bedeutet Erleichterung und damit auch etwas Gutes. *Als ich Ludi zum letzten Mal ins Krankenhaus bringen musste, bat er mich, Bücher für ihn mitzunehmen. Bald bat er mich, die Bücher wieder fortzutragen. »Jedes Wort« sagte er, »verlängert jetzt mein Leben.«*

Wenige Wochen nach dem Tod seines Vaters schreibt August in der Schule ein Gedicht.

Optimism
It kept me alive through the pains of life
Even if I was ready, waiting with a knife
It gave me hope, when hope was gone,
From the deepest of night to the break of dawn.
Though sometimes I forgot, it never let me fall,
It always stood beside me, I did not have to call.
And now that time has gone by
They say one should not cry;
But they may not know the pain
Of hope ... that was in vain.

Optimismus
Er hielt mich am Leben durch die Abgründe des Lebens,
Selbst dann, als ich bereit stand mit dem Messer in der Hand
Er gab mir Hoffnung, als die Hoffnung verschwand,
von der tiefen Nacht bis zur Morgendämmerung.
Obwohl ich ihn manchmal vergaß, ließ er mich nie im Stich.
Er stand mir immer bei, ich musste ihn nicht mal rufen.
Und jetzt, da die Zeit vergangen ist,
sagen sie: man soll nicht weinen;
aber sie kennen vielleicht nicht den Schmerz
von Hoffnung ... die vergeblich war.

Die Tränen in meinen Augen lassen mal wieder die Buchstaben auf meinem Bildschirm verschwimmen, und schmunzelnd denke ich daran, worin mein Vater und ich uns so unglaublich ähnlich sind: Wir sind sehr emotionale Menschen, mit allem, was dazugehört. Und als solche sind wir eben wirklich nah am Wasser gebaut.

Auch Lauras Worte berühren mich tief: *Ich habe ihn unendlich geliebt, und diese Liebe fühle ich weiter – er hat mein Leben befruchtet und gereift – er hat mich gewollt, und er hat mich gehalten – er schenkte mir einen lebendigen Reichtum des Schaffens, der Liebe, und wir schenkten uns gegenseitig einen Sohn.*

Neun Jahre später, im Februar 1980, schrieb Laura einen Brief an ihren ersten Enkel, meinen älteren Bruder. Er war im Juli 1979 geboren worden. Natürlich schreibt sie in dem Bewusstsein, dass er diesen Brief erst sehr viel später lesen wird. Vielleicht auch in dem Bewusstsein, dass sie selbst dann nicht mehr sein wird. Aber ein Satz darin berührt mich tief, und ich wünsche mir, dass ich nach ihrem Tod einmal auf diese Weise an geliebte Menschen denken kann, die eine wichtige Rolle in meinem Leben gespielt haben: *Der Todestag von meinem Mann, vom Vater deines Vaters, von deinem Großvater, erweckt in mir ein blühendes Gefühl, ein intimes, mystisches Erlebnis. Ich fühle ein Wiedererleben vom Ende. Und ich lebe weiter als ganzer Mensch.*

OPTIMISM
August

Ana hat ein Gedicht von mir gefunden, das ich wenige Wochen nach dem Tod meines Vaters geschrieben habe. Als sie mich mit den Worten konfrontiert, die sie offenbar stark gerührt haben, erinnere ich mich unweigerlich zurück an die dunklen Tage, in denen ich sie ersonnen habe.

Es war mein fünfzehnter Geburtstag, der 7. Januar 1971. Das weiße Wandtelefon klingelte, ich hob ab und hörte die Stimme meiner Mutter: »Ich hole dich gleich ab, und wir gehen ins Steakhouse zum Essen.« Ich mochte es damals sehr, im Steakhouse zu essen, weil es dort den herrlichen Texas Toast gab. Ich wusste jedoch auch, dass sich gegenüber vom Steakhouse das Krankenhaus befand, in welchem mein Vater lag.

Im Steakhouse offenbarte mir meine Mutter, dass mein Vater wahrscheinlich bald sterben würde. Ich war bestürzt, denn insgeheim hatte ich mir Hoffnung gemacht, dass mein Vater bald aus dem Krankenhaus entlassen werden würde. Eine seltsame Wut machte sich plötzlich in mir breit, und ich fragte: »Wenn Papa wieder gesund werden könnte, würdest du das wollen?«

»Natürlich möchte ich das«, antwortete meine Mutter.

»Ich nicht.«

»Wie kannst du so etwas sagen?«

»Ich möchte nicht, dass meine Hoffnung noch einmal enttäuscht wird.«

ENDLICH WIEDER WIEN
Ana

Nach Ludis Tod verliert das Leben in Urbana für Laura seinen
Sinn. August empfiehlt ihr, nach Wien zu kommen, wo er am
Max Reinhardt Seminar, der staatlichen Schauspielschule, angenommen wurde. Eine Weile versucht Laura noch halbherzig,
eine neue Anstellung zu finden, aber es wird auf verletzende
Weise deutlich, wie viel Einfluss ihr bekannter und beliebter
Professorengatte darauf hatte, dass Laura an der Uni beschäftigt
wurde. Freilich ohne dass der selbst etwas davon wusste. So fällt
der Entschluss zur Rückkehr in ihre geliebte Heimatstadt nicht
schwer. Ihre Weggefährtinnen in Urbana veranstalten für Laura
noch eine wirbelnde Abschiedsparty. Ich habe ein Fotoalbum
von dieser Party bekommen, und die Stimmung, die mir daraus
entgegenstrahlt, bestätigt meinen früheren Eindruck: Viel Respekt und Höflichkeit, Bewunderung gar, aber kaum wirklich
Nahbares. Angeblich hat Laura sich für diese Party nie bedankt.

Mit der Rückkehr in die alte Heimat beginnt ein Kapitel in
Lauras Leben, über das mir Nike Wagner viel erzählen kann. Sie
ist die Schwester von Wolf Siegfried »Wummi« Wagner, mit dem
Ludi ein paar Jahre zuvor – kurz vor seinem Tod – *Das Rheingold* inszeniert hatte. Damals studierte Nike in Chicago, und bei
ihren Besuchen in Urbana freundete sie sich mit der gut dreißig
Jahre älteren Laura an.

»Du schreibst über meine Laura? Wie schön!«, ruft Nike
freudig ins Telefon. Sie lädt mich ein, sie in Salzburg zu besuchen. Das lasse ich mir nicht zweimal sagen und nutze einen
Rechercheaufenthalt in Wien für einen Abstecher zu Lauras
»Kumpel« Nike. Vorher fahre ich bei meinen Eltern vorbei, und

wieder zieht es mich auf den Speicher. Mir fällt auf, dass sich im Koffer aus Elefantenhaut auffällig viele Lederhandtaschen befinden. Solche, die heute auch wieder *in* sind und die mir sofort Lust machen, sie zu tragen. Mir gefällt die Idee, dass ich ihnen damit ein zweites Leben schenke und nach Laura die Zweite bin, die sie benutzt, und so nehme ich eine edle schwarze Lederhandtasche mit silbernem Schiebeverschluss mit.

Am Nachmittag sitze ich einige Stunden mit Nike zusammen und lausche ihr beinahe atemlos. Endlich kann ich meine vielen Fragen stellen und bin gerührt davon, wie schwärmerisch Nike von der liebevollen und hilfsbereiten Art ihrer mütterlichen Freundin erzählt. »Ihr Verständnis für persönliche Unzulänglichkeiten und ihr humorvoller Umgang mit den Fehlern der anderen, gerade der jungen Generation, waren nur zwei ihrer vielen unendlich wertvollen Fähigkeiten.«

Doch auch die gelegentlichen Streitigkeiten zwischen ihnen lässt Nike nicht aus, und für mich ist es schön, eine Weggefährtin so persönlich und direkt von meiner Großmutter sprechen zu hören. Ich bin dankbar für jedes Detail, das sie meinem bunten Laurastrauß noch hinzufügt, und empfinde Nikes Erzählungen als überaus bereichernd:

Zurück in Wien bezieht Laura eine kleine, aber feine Wohnung in der Herrengasse 5, im Stadtzentrum also, einen Steinwurf vom Stephansplatz entfernt. Es kommt für sie nicht infrage, in einen günstigeren, dafür abgelegenen Bezirk zu ziehen, denn sie will Besuch empfangen können und sich voll in das Wiener Kulturleben stürzen, ohne dafür lange Wege zurücklegen zu müssen. Und das tut sie. Sie ist stets perfekt gekleidet und trägt stolz ihren gräulich-blau gefärbten Kurzhaarschnitt. Zudem hilft sie den Menschen um sich herum, wo sie nur kann. Ihrer jugendlichen Freundin Nike verhilft sie bald zu einer Wohnung im selben Haus, und nicht zuletzt über sie bewahrt sich Laura den ihr so wichtigen Kontakt zur Jugend. Aber auch an den alten Freundeskreis schließt sie, die eben »nur kurz in der Emigration« gewesen ist, scheinbar nahtlos wieder an. »Da waren sicher ein paar Nazis dabei«, sagt Nike, die sich schon damals darüber wunderte, dass das für Laura offensichtlich kein Problem war. Überhaupt vermeidet Laura auch in der alten Heimat gerne die Auseinandersetzung mit der Vergangenheit. Es dürstet sie ganz einfach nicht nach Aufklärung oder nach mehr Wissen.

Natürlich kehrt sie auch zu Steger, ihrem »Pet«, zurück. Wie vor ihrer Emigration trifft sie sich mit ihm beim k. u. k. Hofzuckerbäcker Demel auf einen Kaffee, oder sie verabreden sich im Hotel Sacher zum Abendessen, wo sie einvernehmlich die gleichen Sacherwürstel wie vierzig Jahre zuvor bestellen.

Ich frage Nike, ob Laura ihr je von der Abtreibung erzählt hat. »Ich hätte mich von selber nicht erinnert, aber ja, es könnte sein, dass ich das gewusst habe«, sagt Nike nachdenklich. »Da war irgendwas Schreckliches« ist alles, was sie dazu sagt. In der Tatsache, dass Laura über die negativen Aspekte in ihrer Geschichte nicht spricht, zeigt sich für sie, was Laura »Haltung« nannte. Dass es bis ins hohe Alter ihre Hauptmaxime bleibt, andere bloß nicht zu beunruhigen. Ihr Herzleiden, das sich hustend immer stärker zeigt, verharmlost sie vor ihren Freunden als leichte Angeschlagenheit. Sie redet darüber nicht, will sich damit nicht aufhalten, kümmert sich lieber um die praktischen Dinge. Laura ist außerdem, wie sie es von ihrem Vater gelernt hat, überzeugt davon, dass es Dinge gibt, die man besser mit sich selbst abmacht. Mich schmerzt diese Vorstellung, und Nike kann das offensichtlich verstehen. Als ich sie frage, ob sie glaubt, dass Laura mit Karl Josef Steger über die Abtreibung gesprochen hat, seufzt sie. »Na ja, ich hoffe es, ich hoffe es. Aber ganz sicher bin ich mir da nicht. Denn sie hat ja ein neues Leben angefangen.«

Bezeichnend für die Atmosphäre der Liebesbeziehung zwischen Laura und Steger finde ich eine Anekdote, die Nike mit leisem Lächeln zum Besten gibt: Als sie selbst einmal verreist war, nahm Laura – widerwillig zwar, aber ihr doch keinen Wunsch ausschlagend – ihre Katze in der Wohnung auf. Als Steger sie in diesen Tagen besuchte, so erzählt Laura Nike später, saßen sie beide steif nebeneinander auf der Couch und fühlten sich von der Katze so beobachtet, dass sie nicht wagten, einander zu berühren.

Überhaupt lebt Laura in einem ständigen gesellschaftlichen Spagat zwischen der konservativen Wiener Aristokratenwelt und ihrer Zuneigung für die liberal eingestellte Jugend der Zeit. Mit Nike schimpft sie über den Konservativismus und gefällt sich darin, mit ihr und anderen Freundinnen in der Wohnung in der Herrengasse eine »rote Zelle« zu gründen, wie sie es nennt. Ich finde es spannend, dass Laura im Alter schließlich politisch »links« sein wollte, dass sie mit den Studentenrevolten der Zeit sympathisierte, wenngleich dahinter mehr heiße Luft als politisches Wissen steckte: »Im Kontrast zu Lauras alten Freunden war es leicht, links zu sein. Wir fühlten uns links«, erinnert sich Nike.

Einzig die Frage nach dem Judentum sorgt wirklich für Streit zwischen den beiden Freundinnen. Es ist nicht nur so, dass Laura sich selbst nicht als Jüdin bezeichnet. Das ist ja nachvollziehbar und Tatsache, wenngleich die äußere Kategorisierung der Nazis auch ihr Leben maßgeblich geprägt hat. Nein, Laura sagt: »Juden gibt es nicht.« Als Nike mir das erzählt, kann ich es nicht glauben.« Wie geht das mit der roten Zelle zusammen?«, frage ich nach einer Pause, in der mir die Worte fehlen, woraufhin Nike mir von ihren Diskussionen mit alten Kommunisten und intelligenten Intellektuellen aus dem jüdischen Wien erzählt: »Klar, die hatten aufklärerische Ideale – Freiheit, Gleichheit, Brüderlichkeit und all das. Aber die jüdische Frage, die gibt es nicht, haben sie behauptet. Das Judentum sei im Weltsozialismus aufgegangen.« Als ich sie ungläubig anstarre, erklärt sie weiter: »Es stimmt: Der Sozialismus duldet die jüdische Frage nicht. Es heißt, der gehe in der allgemeinen Gleichheit der Menschen unter, sei ein diskriminierendes Element.« Sie schüttelt den Kopf, und ich merke ihr die Wut an, die dieses Thema noch heute bei ihr schürt. »Da waren sie, diese Vertreter des jüdischen Bürgertums! Nach Hitler! Ich meine, vor Hitler, das verstehe ich ja noch. Aber *nach* Hitler! Da leugnen die das weiterhin!«

Ich stelle mir vor, dass Laura diese Streitgespräche in ihrer kleinen »roten Zelle« regelrecht genossen hat. Und tatsächlich bestätigt mir Nike, dass Laura dabei nie ausfällig geworden ist, immer sehr ruhig diskutiert hat und im Fall einer Konfrontation lieber durch einen Scherz abgebogen ist. Vielleicht verbot ihre »Haltung« es ihr, nach außen hin sichtbar für neue Erkenntnisse offen zu sein. Aber ich wünsche mir doch, dass sie es innerlich war.

Nike erklärt sich Lauras Ablehnung der Zugehörigkeit zu jeglicher Gruppierung auch aus ihrem Individualismus. »Sie wollte sich gesellschaftlich nicht zuordnen!« Mir leuchtet das ein, denn dieser Charakterzug ist mir schon bei der jungen Laura begegnet. Auch ihren Stolz und die alte Wiener Art, sich auszudrücken, hat sie sich über die Zeit bewahrt. Auch nach vierzig Jahren in der Emigration war Lauras alltägliches Vokabular von Begriffen wie der »*Cache Misère*«, einem Schal, der die »Misere« der Halsfalten verstecken sollte, geprägt. Nike erinnert sich, wie sie einmal frühmorgens bei Laura klingelte. Durch die geschlossene Wohnungstür rief diese ihr zu: »Ich kann dich noch nicht sehen, ich bin noch ganz *matinal.*« Womit sie schlicht sagen wollte, dass sie noch nicht hergerichtet war, dass ihre Person noch nicht für das Licht des Tages parat war. Nike und ich freuen uns beide sehr an solchen Worten, und bei unserer herzlichen Verabschiedung fühle ich mich Laura wieder ein Stück näher.

Als ich abends schließlich in Wien ankomme und meine Fahrkarte in der edlen schwarzen Lederhandtasche von Laura verstauen will, finde ich in einer versteckten Innentasche Lauras Führerschein und einen Rentenausweis. Anscheinend habe ich rein zufällig genau die richtige Handtasche erwischt.

ERINNERUNGEN AN WAS NICHT WAR

Ana

Ich habe mir schon in der frühen Pubertät oft vorgestellt, wie ich mit Laura rauchend in Wiener Kneipen gesessen hätte. Dass ich mit ihr meine ersten Cocktails getrunken hätte und wir über das Leben und die Ungerechtigkeit und die Liebe philosophiert hätten. Überhaupt hätten wir all das zusammen gemacht, was in meinem ländlichen Zuhause in den bayerischen Voralpen nicht vorkam. Laura hätte mir die Großstadt gezeigt, wie sie in den Siebzigerjahren war. Während der Regen auf das Dachfenster ihrer gemütlichen Wohnung in Wien prasselt, entwirft sie mit einem breiten Bleistift oder mit Tusche auf einem großen Zeichenblock Schriftarten. In der Wohnung riecht es nach einer Mischung aus alten Möbeln, muffigen alten Mänteln und ihrem ein bisschen süßlichen Parfum. Ich bin mir unsicher, ob ich den Geruch mag. Aber es ist ihr Geruch, und deswegen ist er richtig. Laura erklärt mir, wie man ein Papier ganz gerade abschneiden kann, und dass Augenmaß manchmal besser ist als ein Lineal. Ich hänge an ihren Lippen. Sie stellt mir Fragen, die in mir das Gefühl wecken, endlich erwachsen zu sein. Das »Erwachsen-Sein« ist für mich in der Pubertät eine Sehnsucht, ein erstrebenswerter Zustand, der erfüllt ist von der Gewissheit, dann endlich vollwertig im Leben zu stehen. Ganz nebenbei hebt Laura das leidige Selbstbild von mir, in dem ich nur das nervige pubertäre Mädchen bin. Da dieses Selbstbild wie eine staubige Steppdecke über mir liegt, fühle ich mich mit Laura plötzlich leicht und frei. Ich will sie unbedingt beeindrucken, ich will, dass sie mich gut findet. Dann stelle ich voll Erstaunen fest, dass ich dafür rein gar nichts tun muss. Denn sie versteht mein politisches Feuer, meine großen gesellschaftlichen Ideale, meinen festen Glauben daran, dass ich die Welt verändern kann. Sie hört mir, der vierzehnjährigen Ana, einfach zu. Sie nickt, ernst und still, wenn ich meiner Wut über die Ungerechtigkeit in der Gesellschaft Luft mache. Sie findet mich nicht naiv oder gar süß. Sie nimmt mich ernst.

Heute würden wir uns in einem Kaffeehaus in Wien treffen und uns über unsere Väter unterhalten. Laura trinkt einen großen Braunen, ich ein Soda Zitron. Ohne Zucker in den Kaffee zu werfen, rührt sie ihn einmal um und legt den Löffel dann ganz bedacht zurück auf die Untertasse. In der ganzen Geste liegt etwas Distinguiertes, eine Eleganz, die ganz nebenbei und natürlich ist und gerade deshalb so auffällig auf mich wirkt. Und plötzlich merke ich, dass ich ihre Stimme nicht kenne. Nach all der Beschäftigung mit ihrem Leben, nach all der Zeit, in der ich mich ihr so nah gefühlt habe, fährt mir diese Erkenntnis eiskalt in die Glieder. Wie kann ich sie mit mir sprechen lassen, wenn ich ihre Stimme nicht kenne?

Sie schaut mich neugierig an, streng und liebevoll zugleich, diese in ihrem Blick einzigartige Kombination. Dann wird ihr Ausdruck ernst. Ich mag es, das wechselnde Wetter in ihrem Gesicht zu beobachten. Laura schaut an mir vorbei auf die Straße hinaus. Es regnet. Lange sagt sie nichts. Wie soll sie auch, wo ich ihre Stimme nicht kenne. Doch dann gebe ich mir einen Ruck.

»Als kleines Kind saß ich auf seinem Schoß, lehnte meinen Kopf an seine Brust und heuchelte Schlaf, damit ich ungestört länger bei ihm bleiben konnte«, sagt sie jetzt endlich, und dann schaut sie mich an. Es klappt.

»Das kenne ich gut, daran kann ich mich auch erinnern«, gebe ich einfach zurück. Wir trinken, und ich freue mich. Dann erzähle ich ihr von dem Buch, das wir gerade schreiben. Ich will sie fragen, ob sie wirklich noch immer keinerlei Verbindung zur jüdischen Kultur empfindet. Und weil ich weiß, dass ihr die Frage nicht gefallen wird, erzähle ich ihr gleich im Anschluss, dass ich selbst in mir zart etwas empfinde, durch das ich mich mit dem Judentum verbunden fühle. Ich beschreibe, dass ich dabei jedoch gleichzeitig ein schlechtes Gewissen bekomme, weil ich gar nicht weiß, ob es mir zusteht.

»Steht mir das zu, mich so zu fühlen?«, frage ich Laura, und sie lacht über meine Frage nicht. Stattdessen sieht sie mich ernsthaft an, senkt dann den Kopf, schüttelt ihn kaum merklich still und lächelt so irgendwie. Doch sie antwortet nicht auf meine Frage, und nachdem ich mich darüber kurz ärgere, verstehe ich, dass sie das nicht müssen will.

DURCH DIE STIMME ZUR PERSON
August

Im antiken Theater hieß die Maske, die die Schauspieler trugen, *Persona*. Da, wo der Mund sich befindet, war eine Art Megafon eingebaut, um den Klang der Stimme zu vergrößern. Das war in den großen Amphitheatern meistens durchaus nötig. Die Maske des Schauspielers vergrößerte also die Lautstärke der Stimme. Durch die Maske zur Person, durch die Stimme zur Person.

Es beeindruckt mich, dass Anas Versuch, die Realität meiner Mutter zu rekonstruieren, sie zu der Erkenntnis kommen lässt, dass sie nicht weiß, wie Lauras Stimme klang. Ich kenne natürlich die Stimme meiner Mutter und kann mich an sie erinnern. Ich kann mich erinnern, wie sie mir vor dem Schlafengehen selbst erfundene Geschichten über vier Affen erzählte, ich kann mich erinnern, wie sie nach dem Gutenachtsagen noch »Parfum« für mich sagte. Lauras Stimme war weich und warm, und sie sprach meistens ein bisschen zu leise. Ihre Stimme war höher, als man es im Verhältnis zu ihrem sportlichen Körperbau erwartet hätte. Wenn ich weich sage, meine ich, dass, wenn sie Englisch sprach, sie eher eine leichte wienerische Diktion hatte, wenn sie Wienerisch sprach, konnte man ahnen, dass sie britischer Herkunft war. Sie war eben zweisprachig aufgewachsen und wie ich in keiner Sprache ganz daheim.

Als ich eine Tonbandaufnahme meiner Mutter höre, um mich zu vergewissern, bemerke ich, dass die elektronische Übermittlung ihrer Stimme nicht wirklich stellvertretend ist. Meine Vorstellungskraft ist vermutlich präziser. Und schon stehe ich vor dem Problem: Wie erfinde ich, wie *finde* ich einen Menschen, der schon so lange tot ist? Wie befreit man sein Erinnerungsvermögen vom Wunschdenken?

Ich verdanke der sorgfältigen Recherche von Ana ein neues Bild von meiner eigenen Mutter. Durch die Worte, die Ana gefunden hat, um ihre Großmutter Laura zu beschreiben, erlebe ich meine eigene Mutter neu. Ich sehe meine eigene Mutter durch Ana mit anderen Augen.

»Bedenke, dass die Worte der Mutter ein Menschenleben zerstören können«, hat mein Onkel meiner Mutter zu meiner Geburt als Ermahnung mitgegeben. Ich würde ihm gerne erwidern: »Die Worte einer nachfolgenden Generation können helfen, die eigene Gegenwart besser zu verstehen.«

Die Worte, die ich gefunden habe, um meine Großmutter zu beschreiben, sind Worte, die sowieso in meinem Innern herumgeisterten, und inzwischen bin ich mir sicher: Ich will meine Großmutter *nicht* verkaufen.

An die Stimme meiner Mutter kann ich mich auch erinnern, als sie bemüht war, mir Texte vorzusagen, die ich dann für die Aufnahmeprüfung auf der Schauspielschule in Wien auswendig zu sprechen hatte. Meine Mutter Laura war davon überzeugt, dass ich in Wien Schauspiel studieren sollte. Ich wollte eigentlich in New York studieren, doch meine Mutter riet mir zu Wien. Ich habe den leisen Verdacht, dass die Sehnsucht meiner Mutter, wieder in Wien zu landen, der bestimmende Faktor für diese bestimmende Anregung war. Ich bin ihr deswegen nicht böse, inzwischen weiß ich, wie die eigenen Sehnsüchte bei der Erziehung der eigenen Kinder mächtig werden. Letzten Endes bin ich ihr sogar dankbar, dass sie mich aus den USA zurück nach Europa »reimportierte«. Aber wir hätten beide darüber nachdenken sollen, wie wichtig es ist, eine Sprache auch lesen zu können. Da ich das nicht konnte, konnte ich nur der Stimme meiner Mutter lauschen, die mir die Texte vorlas, und versuchen, sie auswendig zu lernen.

Wenn ich an die weiche und milde Stimme meiner Mutter denke und mir überlege, welche Texte sie für mein Vorsprechen ausgesucht hat, beginne ich, etwas zu verstehen. Der eine Text stammt von Heinrich Böll, eine Erzählung, die *An der Brücke* heißt. Außerdem wollte sie, dass ich eine Szene aus *Andorra* von Max Frisch vorspreche. Interessanterweise handeln beide Texte davon, dass eine Geliebte geschützt werden soll, ein Schicksal, das meiner Mutter nicht vergönnt war, wenn man an die von Ana beschriebene Beziehung zu Dr. Karl Josef Steger denkt. Möglicherweise hat meine Mutter mich unbewusst als Wiedergutmachungstropfen nach Wien zurückgeschickt. Ich selbst hatte dann noch die etwas verrückte Idee, die Papageno-Arie aus der *Zauberflöte* mit der berühmten Textzeile »der Vogelfänger bin ich ja, stets lustig, heissa hopsassa« vorzusingen.

Die Aufnahmeprüfung fand im alten Schönbrunner Schlosstheater statt, einer alten Barockbühne, auf der schon Wolfgang Amadeus Mozart selbst dirigiert hatte. Ich vermute, dass die Aufnahmekommission verständlicherweise irritiert darüber war, dass ein amerikanischer Bubi die Chuzpe hatte, Mozart vorzusingen. »Bildet der sich ein, Mozart wieder zurück nach Wien bringen zu müssen, oder was?«

Jedenfalls müssen die gedacht haben, dass ich ziemlich meschugge bin. Ich glaube, dass mir unbewusst einfach klar war, dass ich die Flucht nach vorne antreten und einfach spielen muss. Trotz meiner Merkwürdigkeit wurde ich aufgenommen, und somit begann meine europäisch-österreichische Rückemigration. Ich war in gewisser Weise ein »Flüchtling«. Ich floh vor der in Amerika verschwiegenen Geschichte und Herkunft meiner wie auch immer zu bezeichnenden jüdischen Eltern. Ich weiß inzwischen, dass meine Mutter das nicht gerne hören würde, aber wenn ich könnte, würde ich heute versuchen, ihr das zu erklären.

NEW YORKER QUARTETT
Ana

Laura und ich schlendern die Dwight Street in Brooklyn in Richtung Red Hook entlang. Wir tragen beide ein paar Tüten, wir waren in Williamsburg in ein paar kleinen Läden und haben uns schöne Dinge gekauft. Laura freut sich auf August, wir werden uns mit Ella und ihm gleich in meinem Lieblingsrestaurant, dem La Bouillabaisse in der Beard Street, treffen. Ich habe einen Tisch in dem kleinen verwachsenen Garten hinter dem Lokal reserviert und bin jetzt doch ziemlich aufgeregt.

Nach dem langen und intensiven Prozess, in dem August und ich quasi stellvertretend für unsere Großmütter ihre Geschichten aufgearbeitet und aufgeschrieben haben, setzen wir mit dieser Begegnung eine Art Schlussstrich. Ich habe Sorge, dass die beiden Frauen sich nicht gerne wiedersehen, und auch etwas Angst davor, dass sie uns vorwerfen, falsch mit ihren Lebensgeschichten umgegangen zu sein.

Als wir ankommen, sind Ella und August schon da, das sehe ich direkt durch die verglaste Front des Lokals, die einen Blick in den Gastgarten ermöglicht. Zum Glück hat uns Luke, der Mitbesitzer des Lokals, meinen Lieblingstisch ganz in der Ecke gegeben. Ich halte Laura die Tür auf, was sie sichtlich freut. Ich glaube, sie mag das Lokal, wie ich ihrem Blick entnehme, den sie einmal anerkennend über das simpel, aber elegant gestaltete Interieur und die offene Küche streifen lässt, während ich ihr den Mantel abnehme. Sie wirft mir noch einen konspirativen Blick zu, bevor sie vor mir her durch das Restaurant schreitet, dabei die Köche mit einem bezaubernden Lächeln grüßt und schließlich die paar Stufen hinunter in den Garten geht. Die Umarmung mit August, die Küsse auf seine Wangen sind etwas übertrieben lang und ausführlich, finde ich. Und Ella, die noch sitzen geblieben ist, scheint derselben Meinung zu sein. Mit einem vielsagenden Blick zu mir nimmt sie noch einen Schluck von dem Aperitif, den August schon für sie beide bestellt hat, anscheinend sind sie schon etwas länger hier, die Gläser sind bereits halb leer. Ich bin nicht sicher, wie ich Ella am besten begrüßen soll, schließlich sind wir uns noch nie begegnet. August und Laura jedoch sind noch so in ihre Begrüßung vertieft, dass wir nicht umhinkommen, diesen Part selbst in die Hand zu nehmen. Ella nickt einladend und hält mir ihre schmale Hand entgegen. Mir fällt auf, dass ihre Haut fast transparent wirkt, zart, beinahe ein bisschen bläulich. Ohne nachzudenken, ergreife ich sie und beuge mich darauf zu, wie in einer leisen Andeutung eines Handkusses. Irgendwie stimmig, aber nicht zu viel. »Das hat schon mal geklappt«, denke ich erleichtert und setze mich links neben Ella. Ein bisschen nervös lächle ich sie an. Ich möchte sie fragen, wie es ihr geht, bin aber unsicher, ob ich auf Deutsch, Englisch oder Französisch fragen soll, also lasse ich es ganz sein und lächle stattdessen einfach weiter. Ella zeigt auf meine Tüte, und erleichtert, etwas tun zu können, ziehe ich eine kleine Schachtel daraus hervor und zeige ihr den gemusterten Schal, den ich mir gekauft habe. Sie hebt kurz die Augenbrauen, und ich frage mich sofort, ob der Schal ihren Geschmack wohl beleidigt. Aber jetzt nimmt sie den Stoff zwischen die Finger und schließt die Augen. »Kaschmir? *Trés bien*!«, sind die ersten Worte, die sie zu mir sagt.

August und Laura haben sich endlich gesetzt, und mein Vater und ich tauschen zum ersten Mal einen Blick aus. Ich sehe sofort, dass er genauso aufgeregt ist wie ich. Laura und Ella begrüßen sich mit einem Blick, einem Nicken und einem jeweils angedeuteten Lächeln. Dann tritt diese unangenehme Stille ein, vor der ich mich seit Tagen fürchte. Aber auf Luke ist Verlass, er kommt exakt in dem Moment an unseren Tisch und erlöst uns, indem er Laura und mich fragt, ob wir auch ein Aperitif möchten. Laura bestellt einen Scotch mit Soda, ich einen Aperol Spritz. Lauras

Blick ruht ziemlich lange auf Luke, und charmant, wie er ist, hält er ihrem Blick stand und lächelt. Kurz bin ich fast eifersüchtig, dass sie so viel Aufmerksamkeit von ihm bekommt, aber da wandert Lauras Blick von Lukes Augen zu meinen und wieder zurück. Ich spüre, wir mir das Blut ins Gesicht schießt. Mann, ist die direkt, das hätte ich niemals gebracht. Luke ist anscheinend auch etwas überfordert davon, er dreht sich schnell um und geht. Laura lächelt und zwinkert mich vielsagend an. Ihr Blick sagt: »Na? Der wär doch was?«

Ella schaut pikiert, und August ist die Situation auch etwas unangenehm. Aber dann legt er, ganz der alte Zeremonienmeister, die Hände zusammen, schaut in die Runde und sagt: »Wie schön, endlich sehen wir uns mal alle zusammen.« Wir stimmen in die Floskel ein, und es folgt eine Runde gesundes Geplänkel über New York, über die Anreise und über das Wetter. Ella hält sich etwas zurück, doch dann räuspert sie sich und fragt Laura, wie es dem Ludi geht. »Blendend«, sagt Laura sofort. »Er lässt dich herzlich grüßen.«

GESPRITZTER WEIN IN BROOKLYN

August

Ich betrete das Lokal gemeinsam mit Ella. Bis eben waren wir zusammen bei Sachs Fifth Avenue, und ich trage schon das neu erstandene Sakko im Herringbone-Muster, Ella ein dunkellila mit Dunkelblau durchsetztes Seidentuch. In der Tüte befinden sich noch zwei weitere Seidentücher. Als Ana und Laura hereinkommen, stelle ich fest, dass Ana und Laura ebenfalls Tüten tragen, und sage: »Wart ihr auch shoppen?«

»Shoppen, was ist das?«, fragt Ella.

»Wie schön, dass du dich endlich für ein englisches Muster entscheiden konntest«, begrüßt Laura mein Outfit.

»Ich habe versucht, es ihm auszureden«, sagt Ella.

Wir setzen uns zusammen an einen kleinen Kaffeehaustisch. Ein gemeinsames Schweigen tritt ein, bis endlich der Kellner kommt, ein gut aussehender junger Mann. Laura und Ana tauschen Blicke, und Ella bestellt: »*Un café au lait avec un croissant, s'il vous plaît.*«

»*Sorry, I don't speak French*«, antwortet der Kellner.

»Dann einen doppelten Cognac!«

»Um diese Tageszeit?«, staunt Laura.

Wieder ein verspanntes Schweigen, bis der Kellner, er heißt Luke, fragt: »*And the two lovely ladys, what can I do for you?*«[*]

Wieder tauschen Ana und Laura verstohlen Blicke, und meine Mutter sagt: »Einen Weißwein, gespritzt bitte.«

»*We don't* spritz *our white wine*«, antwortet Luke.

---

[*] Deutsch: »Und die beiden reizenden Damen, was kann ich Ihnen bringen?«

»Sie meint den Champagner des armen Mannes«, ergänzt Ella.

»Wieso? In Wien haben wir immer gespritzten Weißwein getrunken, das war im Allgemeinen das Getränk für den späten Nachmittag. Haben wir alle getrunken.«

»Eben«, antwortet Ella.

»Eine Flasche kalifornischen Weißwein«, sage ich.

»Und eine Flasche Evian, *sparkling water*«, sagt Ana.

»Und vier Gläser«, ergänze ich.

Das nun folgende Schweigen ist unerträglich, bis ich die Hände zusammenklatsche und als Zeremonienmeister einen Versuch unternehme: »So, als einziger Mann in dieser Runde von starken Frauen darf ich das Wort ergreifen. Wisst ihr eigentlich, wie sehr Ana und ich uns freuen, euch einmal in Wirklichkeit zu treffen? Die Bilder im Kopf, die wir uns von euch gemacht haben, sind schier unerträglich. Komplett meschugge. Wie kann es sein, dass wir so wenig von euch wussten? Wie habt ihr das überhaupt alles ausgehalten, was euch passiert ist? Was seid ihr für Überlebenskünstlerinnen? Wisst ihr eigentlich, wie dankbar wir euch sind? Dankbar, obwohl wir auch irgendwie unbewusst unter eurem Schicksal gelitten haben. Wie schön, mit euch hier zu sitzen! Ich hoffe, die Flasche Wein kommt bald!«

»Ich habe einen Cognac bestellt, einen doppelten«, sagt Ella.

Luke kommt, stellt den Cognacschwenker vor Ella, die Flasche kalifornischen Wein in einem Kühler auf den Tisch vor mich und auch die Flasche Mineralwasser sowie vier Gläser. Ana und Laura schauen ihm tief in die Augen, er lächelt und sagt: »*Okay, have fun.*« Ich frage mich, ob Luke vielleicht mehr weiß, als er zugibt.

Ella hebt ihren Cognac und sagt: »Le Chaim.«

»Ja, auf das Leben!«, antworten Ana, Laura und ich.

Ich schenke drei Gläser halb voll mit Weißwein und weiß nicht, wohin mit dem Mineralwasser. Ana nimmt die Flasche und schüttet Laura und sich selbst Wasser auf den Wein. Schnell fülle ich mein eigenes Glas bis an den Rand mit dem kalifornischen Wein und nehme einen ordentlichen Schluck. Ella nippt an ihrem Cognac und fragt dann: »Wie geht es meinem Sohn? Wie geht es dem Ludi, deinem Vater?«

Unmut regt sich, und Laura will antworten, zitternd rückt sie ihre Brille zurecht und holt tief Luft, es scheint, als ob die Frage ihr Schuldgefühle macht. Scheinbar weiß sie nicht, wo sie anfangen soll.

»Ich habe meinen Enkel gefragt.«

Ich erröte. »Der Ludi ist sehr erfolgreich. Er ist inzwischen ordentlicher Professor. Er hat eine Opernschule an der Universität gegründet, sie ist in ganz Amerika sehr anerkannt. Er geht auf in seinem Dasein als Dirigent, Korrepetitor und Regisseur. Seine Studenten lieben ihn sehr, und er fördert sie, wo er nur kann. Die Aufführungen sind immer Höhepunkte im Leben der Menschen in unserer Stadt.«

»Was für ein Publikum, was für Leute? Aus was für Kreisen?«, will Ella wissen.

»Aus den besten!«, antwortet Laura.

»Aus den besten? Im Mittleren Westen, in Illinois in Urbana? Oder wie heißt euer Provinzstädtchen?«

»Das ist kein Provinzstädtchen. Urbana, Illinois, ist ein Treffpunkt vieler internationaler Wissenschaftler, Künstler. Strawinsky geht bei uns ein und aus.«

»Strawinsky, *Sacre de printemps* geht bei euch ein und aus? Der lebt doch in Paris.«

»Sein Sohn, er ist Professor für Klavier. Er heißt Soulima. Seine Frau ist Französischlehrerin.«

»Ach so, immerhin.«

»Provinz ist etwas anderes als eine Universitätsstadt.«

Ella schiebt ihren Cognac weg und sagt lächelnd zu August: »Schenke mir etwas Wein ein. Deine Mutter scheint sich etwas zu agacieren.

»Wieso? Nein, gar nicht«, sagt Laura, süffisant lächelnd.

»Meine Schwiegertochter scheint sich über meine Fragen zu ärgern.«

»Nein, ich wollte nur sagen, dass es deinem Sohn, meinem Mann, sehr gut geht.«

Ana und ich starren vor uns hin und fragen uns, ob es denn wirklich eine gute Idee war, dieses Treffen herbeizuwünschen. Gibt es irgendein Zauberwort, das eine höhere Kommunikation ermöglichen kann? Einerseits ist es lustig, den vermeintlichen gesellschaftlichen Unterschied immer noch gespiegelt zu sehen, andererseits ist die Konkurrenz um Ludi unübersehbar. Es ist, als wenn zwei Prinzipien des Stolzes unvereinbar aufeinander-prallen. Zwei Variationen des Großbürgertums, zarte Haut und filigrane Empfindsamkeit begegnen sportlichem gesellschaftli-chem Geltungsdrang.

»Zwei unverträglichere Gegenteile
Fand die Natur in ihrem Umkreis nicht.
Hier siehst du zwei feindliche
Gestirne, die im ganzen Lauf der Zeitenwende
Ein einzig Mal in scheitelrechter Bahn
Zerschmettern sich berühren (und dann auf immer und ewig auseinander fliehen)«, zitiere ich frei nach Schiller und nehme erneut einen tiefen Schluck vom kalifornischen Wein.

»Was?«, fragt Ana.

Ich nehme noch einen Schluck und sage: »Das war Schiller.«

»Du nervst«, sagt Ana.

»Mein Sohn wird ein großer Schauspieler«, sagt Laura.

Ich meiner Hilflosigkeit springe ich zurück in meine Rolle des Zeremonienmeisters: »So, Tacheles, was habt ihr beide in der Zeit zwischen dem 13. März 1938 und dem September 1938 in Wien gemacht? Wie habt ihr das in Wien ausgehalten? Wann habt ihr gewusst, dass ihr das Land verlassen müsst? Mama, wie war das mit Steger? Ella, wie war das mit dem Kaufhaus? Wie war das mit der Auflösung des Besitzes? Wie habt ihr das ausge-halten? Warum habt ihr uns nichts davon erzählt? Wie konnte ich so uninformiert aufwachsen? Wovor wolltet ihr mich schüt-zen? Warum sitze ich überhaupt hier und frage das alles? Was geht es mich an? Was habt ihr mit meinem Vater gemacht? Warum vermisse ich ihn heute noch? Warum bin ich dank-bar, dass ich wenigstens einen Funken seiner Musikalität geerbt habe?«

»Die Musikalität hast du von mir!«, schreit Ella.
»Sicher nicht von mir!«, schreit Laura.
Ich leere mein Glas und schenke mir nach.

UND JETZT?

Ana und August

August

An einem warmen Sommertag im Jahr 2018 schlendere ich nach einer Theaterprobe durch die Kärntner Straße. Es ist schon später Abend, die Straße liegt weitestgehend verlassen da. Vor den Hausnummern 13–15 bleibe ich stehen. Vis-à-vis befindet sich ein Kiosk, er ist noch geöffnet, und ich kaufe mir ein paar Würstel mit Kren und ein Gösser Bier. Ich setze mich an den kleinen runden Tisch eines längst geschlossenen Straßencafés und lasse den Ort auf mich wirken. Genau gegenüber befindet sich die Häuserfront, die einst das Maison Zwieback beherbergte. Ich blicke in die erleuchteten Fenster des Apple Stores, auf den Souvenirladen Mostly Mozart, die Conditorei Sluka und den Souvenirladen mit Reproduktionen und Inspirationen von Gustav Klimt. Ich denke daran, dass es hier früher von meiner Großmutter Ella Zirner-Zwieback eigens angestellte Menschen gab, die dafür verantwortlich waren, die Schaufenster interessant zu gestalten. Die neuesten Damenkollektionen wurden kunstvoll drapiert, Taschen und Hüte lagen auf geschwungenen Brettern. Wieder blicke ich auf Apple, Mostly Mozart, Sluka und Klimt Inspirationen und mache mir klar, dass diese vier relativ scheußlichen Geschäfte jetzt das Untergeschoss des früheren Kaufhauses meiner Großmutter besetzen. Mir kommt der Gedanke, dass Geschichtsklitterung und Verdrängung letzten Endes Kitsch verursachen.

Ich versuche mir vorzustellen, wie in dem Gebäude vor achtzig Jahren meine Großmutter Ella ihr Geschäft geführt hat. Im ersten und zweiten Stock des Maison Zwieback gab es weitere

Verkaufsräume, im dritten und vierten Stock befanden sich Büros und die Manufaktur. Ich versuche, mir Ella in ihrem Büro im dritten oder vierten Stock vorzustellen, wie sie im Jahr 1938 in meine Richtung hinunter auf die Kärntner Straße blickt. Am liebsten würde ich wieder zum weißen Wandtelefon greifen, meine Großmutter anrufen und fragen, ob sie Angst oder Wut empfand beim Hinunterschauen auf die Straße. Ich versuche, mir das Jahr 1938 vorzustellen, und beiße dabei in meine nicht koschere, schweinerne Wiener Wurst mit Kren. Plötzlich läuft vor meinen Augen ein Judenstern vorbei. Auf Augenhöhe! Ich blinzle mehrmals und kaue weiter. Bin ich jetzt vollkommen verrückt? Ist das die Folge meiner Paranoia? Ein seltsamer Geruch, den manchmal alte Männer verströmen, steigt in meine Nase. Ich schaue hoch, und tatsächlich, ein alter Mann in einem hellbeigen Anzug mit langen weißen Haaren spaziert an mir vorbei. Und da: An seiner linken Brusttasche hat er mit einer Sicherheitsnadel einen Judenstern angeheftet. Das gibt es doch nicht. Ist denn inzwischen alles in meinem Leben Theater? Ohne es so recht zu merken, laufe ich dem Mann hinterher und folge ihm ein paar Häuserblocks. Ich weiß nicht, wie und ob ich ihn ansprechen soll oder kann. Irgendwann überhole ich ihn, da sagt er: »Warum laufen Sie mir hinterher? Warum verfolgen Sie mich? Sind Sie Stalker? Sind Sie schwul?« Sein Akzent ist mir fremd, irgendwie osteuropäisch.

»Entschuldigen Sie, aber ich wollte Sie fragen, wieso Sie einen Judenstern tragen.«

»Weil wir in einer braunen Drecksrepublik leben, das ist mein Protest! Aber warum verfolgen Sie mich und sprechen mich an? Ich möchte nicht belästigt werden.«

Nach einer kurzen Pause, in der ich etwas ratlos dastehe und er mich herausfordernd anfunkelt, teilt er mir mit, dass ich nicht sein Typ sei. Und dann fragt er unvermittelt: »Sind Sie beschnitten?«

»Ja.«

»Zeigen Sie.«

»Nein, das mache ich nicht.«

»Sind Sie Jude?«

»Na ja«, antworte ich, »ich bin nicht beschnitten, weil ich Jude bin, sondern weil ich in Amerika aufgewachsen bin, und in Amerika werden alle jungen Knaben beschnitten. Aber dass ich Amerikaner bin, hat etwas damit zu tun, dass ich jüdische Vorfahren habe.« Ich versuche, ihm zu erklären, wie verrückt es doch ist, dass ich gerade vor dem Geschäft meiner Großmutter sitze und versuche, mir das Jahr 1938 vor Augen zu führen, und dass er gerade in dem Moment mit seinem Judenstern an mir vorbeispaziert.

Der alte Mann unterbricht mich: »Ich bin 1938 geboren! Ich bin nicht beschnitten, weil der Rabbiner damals so beschäftigt war. Das hat mir Anfang 1939 das Leben gerettet, weil eine katholische Nachbarin mich am Arm hielt, als meine Eltern von der Gestapo abgeholt wurden. Die Nazis haben gedacht, ich bin nicht beschnitten und somit Christ. So habe ich überlebt! Meine Eltern nicht! Das war noch in Rumänien. Seit Kriegsende bin ich in Wien. In Wien halten Sie mich für verrückt, weil meine Geschichte verrückt ist. Aber so war es. Die Wiener sind verrückt, die Behörden, die mich ins Irrenhaus gesteckt haben, weil sie meine Geschichte für verrückt halten, sind verrückt. Hier will man die Wahrheit nicht wissen. Darum protestiere ich jeden Tag.« Allmählich beruhigt er sich. Hellwach blickt er mich an und erzählt mir seine Geschichte noch ausführlicher. Dass er sich viel mit Außerirdischen beschäftigt, Physik ihn fasziniert und er einiges über den Zündungsmechanismus vom Baby Tom, einem Atombombentyp, weiß. Und immer wieder sagt er, dass seine Geschichte verfilmungswert sei und dass, wer immer seine Geschichte vermarkten würde, sehr reich werden würde.

Circa zwei Stunden später, als ich meinen Weg allein fortsetze, denke ich, wie privilegiert ich bin, doch nur peripher, als Mensch der nächsten Generation, vom Abgrund der Shoah betroffen zu sein. Warum sollte ich meine Großmutter verkaufen wollen? Ihre Spuren führen mich in die abgründige Komödie des Lebens. Oder ist vielleicht Wirklichkeit eine Tragödie? Was für eine traurige Geschichte habe ich gerade auf der Kärntner

Straße gehört? Der Mensch, der in seinem Leinenanzug durch Wien spaziert mit einem Judenstern an der linken Brusttasche, was für eine Geschichte hat er mir erzählt? Mit Sicherheit eine wahre Geschichte. Er war so großzügig, seine Geschichte mit mir zu teilen. Wie dankbar bin ich, dass er sie mir erzählt hat.

Der Mann wirkte irgendwie elegant in seinem hellen Leinenanzug, und ich hoffe, dass meine Paranoia und der Drang, die Ereignisse der Vergangenheit zu durchdringen, nicht so groß werden, dass ich selbst mit achtzig aus Protest mit einem Judenstern an der linken Brust durch Wien spaziere.

Ana

Wenn ich jetzt daran denke, wie ich meine Reise zur letzten Seite dieses Buches begonnen habe, dann kommt es mir vor, als wäre ich seitdem ein realistischerer Mensch geworden. Ich habe gelernt, dass Unwissenheit zu Verklärung führt, und bin froh, dass ich diesen Nebel der Verklärung langsam lüften konnte. Für mich stand immer fest, dass Laura eine ausnahmslos großartige, starke, ja sogar fehlerfreie Frau war, der auf eine zeitgenössische Art nachzueifern für mich bedeuten würde, dass ich große Fußstapfen zu füllen hätte. Jetzt bin ich erleichtert und dankbar, dass ich in Laura stattdessen eine Frau entdeckt habe, die gerade durch ihre Fehler unglaublich menschlich und damit für mich viel nahbarer und nicht zuletzt auch sympathischer wird. Sie ist meine Großmutter geworden.

Besonders dankbar bin ich für die unzähligen Überraschungen, die die Recherche und die vielen Gespräche über Laura und meine Familie immer wieder gebracht haben. So erinnere ich mich gut an mein Erstaunen über den Tonfall in einem Aufsatz von Laura aus dem Jahr 1940. *Was sind schon gebrochene Herzen gegen den Lärm von Waffen? Blut fließt, von Land zu Land, und es wird weiter fließen.* Sie schreibt auch auf eine mir vorher ungekannte Weise patriotisch über ihre Heimat Österreich: *Hitlers Tage sind gezählt, jetzt kommt unsere Zeit!* Und der Aufsatz ist gespickt mit Durchhalteparolen an England. *Wir Flüchtlinge können so wenig beitragen, um den Sieg zu verdienen. Aber wir können einig hinter unserem einzigen Freund stehen: England. Wir können unsere Dankbarkeit und Zuversicht und Freude zeigen.* Sie endet mit: *Wir zählen auf England und England soll auf uns zählen. Thank God for Winston Churchill.*

Ich habe keine Ahnung, in welchem Kontext sie diesen Aufsatz schrieb. War es ein Versuch? Eine Auftragsarbeit? Ein Bedürfnis, sich in diese Richtung auszuprobieren? Oder »endlich einmal« das zu schreiben, was sie schon immer einmal laut sagen wollte? Entsprach es dem, worüber sie in der Zeit mit den Menschen in ihrer Umgebung sprach, oder nicht? So vieles bleibt ein Geheimnis für mich, und dieses Geheimnis bildet eine Art schützenden Mantel um die Erinnerung an Lauras Person.

Der gesamte Entwicklungsprozess dieses Buches war getragen von meinem Versuch, die Balance zwischen zwei Kontrasten zu halten: Einerseits fühle ich mich meiner Großmutter verpflichtet, empfinde eine Verantwortung dafür, ihr Leben so zu erzählen, dass sie damit einverstanden gewesen wäre. Andererseits habe ich natürlich das Bedürfnis, stellvertretend für Laura einiges an »Versteinerung« in ihrem Leben aufzuarbeiten, dort hinzusehen, wo sie weggesehen hat. Aber das bedeutet, dass ich mit der Haltung, in der sie selbst überzeugt lebte, und die es verbot, sich über bestimmte private Dinge zu beklagen, sie gar auszusprechen, ganz bewusst breche. Ich wünsche mir, dass Laura, sollte es für sie eine Möglichkeit geben, von diesem Buch etwas mitzubekommen, damit einverstanden ist, wie ich es mache. Aber auch wenn es sie an manchen Stellen vielleicht an ihre Grenzen gebracht hätte, so bin ich jetzt doch ganz zuversichtlich, dass sie mir zumindest nicht böse wäre.

Aber auch über mich konnte ich noch so einiges herausfinden. Sowohl in der Abgrenzung als auch in der Ähnlichkeit zu Laura. Besonders berührt hat mich etwas, das meine hunderteinjährige Freundin Lizie Goldwasser zu mir sagte. Sie saß mir gegenüber am Tisch in ihrer Küche in Urbana in Illinois, wir hatten gerade gefrühstückt, und Lizie hatte mir lachend von den Schwierigkeiten ihres Alltagslebens als alte Frau erzählt. Nach einer nachdenklichen Pause sah sie mich an und sagte ganz unvermittelt:

»Wenn du in einen Raum kommst, dann merkt man, dass du da bist. Das ist alles, was ich dazu sagen kann. Und genauso war das mit Laura. Es ist schwer, etwas in Worte zu fassen, das eigentlich nur etwas instinktiv Empfundenes ist. Man kann so etwas nicht einfach benennen. Und ich glaube, ein Aspekt ist, dass viele Leute nicht genau wissen, wer sie sind, oder noch nicht entschieden haben, wer sie sein wollen. Aber ich glaube, du und Laura, ihr wisst vielleicht nicht genau, wo ihr hingeht, aber ihr wisst, wer ihr seid.«

DANKSAGUNG
Ana

Ich möchte mich zuallererst bei Bella Jaross, unserer grandiosen Lektorin, bedanken, ohne die es dieses Buch niemals geschafft hätte. Und natürlich danke ich auch dem gesamten Piper Verlag für das Vertrauen, uns auf diese Reise mit zunächst unbekanntem Ausgang zu entsenden.

Großer Dank gilt auch Caro Kaum. Von meiner Literaturagentur Kossack wurde sie beauftragt, uns bei dieser Arbeit zu betreuen, und sie hat so gut in den turbulenten und emotional geladenen Zwischenraum von August und mir gepasst, dort voll Humor für Ordnung gesorgt und unsere Egos auf konstruktive Weise gestreichelt.

August, Papa, mein Vater. Danke. Wir sind – aller Formatierungsfehler zum Trotz – ein gutes Autorenpaar. Außerdem bist du ein großartiger Vater, aber darum geht es hier ja nicht …

Danken möchte ich außerdem:

Lizie Goldwasser, besagter hundertundein Jahre alter Freundin in Urbana, Illinois. Sie hat mich wieder einmal beherbergt und mir Einblicke in ihre Erinnerungen gegeben. Ihre entwaffnend ehrliche Art, ihre Nonchalance und ihr Umgang mit dem eigenen Alter sind für mich zutiefst inspirierend.

Jean Osborne, die mir, obwohl es für sie aufgrund ihrer Parkinson-Erkrankung sicher sehr anstrengend war, auf sehr ehrliche Weise von ihren Erinnerungen an Laura erzählt hat.

Wint Solberg, ein weiterer Zeitgenosse von Laura in Urbana, der sich voll Freude an alle Details der von Laura für Partys zubereiteten Speisen erinnerte.

Teresa Belton, Lauras Nichte, die Tochter von Lauras Schwester Betty, die Cousine meines Vaters, sowie Laura Hogg, die Tochter von Lauras Bruder Ricky, ebenfalls eine Cousine meines Vaters, die mir viel Material und Geschichten ihrer Familien zur Verfügung stellten.

Eva Holpfer von der Israelitischen Kultusgemeinde Wien, die unendlich viele Informationen und Dokumente für mich ausgegraben hat und stets eine freundliche, hilfsbereite und insbesondere sehr wissensreiche Gesprächspartnerin war.

Irma Wulz, ebenfalls von der Israelitischen Kultusgemeinde Wien, Matrikenamt, die im Archiv für mich bis zu meinen Ururgroßeltern nachgeforscht hat.

Nike Wagner, Lauras beste Freundin im Alter, die mir weitere Seiten von Laura erschließen konnte.

Bei der Recherche waren mir auch einige Menschen behilflich, denen ich hier gerne herzliche danken möchte:

Agnes Meisinger, Historikerin in Wien, die das Buch *150 Jahre Eiszeit – Die große Geschichte des Wiener Eislauf-Verein* geschrieben hat.

Regina Karner, ehemalige Kuratorin und Leiterin der Modesammlung im Wien Museum.

Ursula Schwarz vom Dokumentationsarchiv des österreichischen Widerstands (DÖW).

Julia Pollak für Begeisterung, Begleitung, Interesse und Beherbergung in Wien.

Thomas Schäfer-Elmayer, in dritter Generation der Leiter der traditionellen Tanzschule Elmayer in Wien, wo meine Großmutter auch das Tanzen für die Bälle erlernte.

»Denn ich betrachte unser Gedächtnis nicht als ein das eine bloß zufällig behaltendes und das andere zufällig verlierendes Element, sondern als eine wissend ordnende und weise ausschaltende Kraft. Alles, was man aus seinem eigenen Leben vergisst, war eigentlich von einem inneren Instinkt längst schon verurteilt gewesen, vergessen zu werden. Nur was ich selber bewahren will, hat ein Anrecht, für andere bewahrt zu werden.«

August

Ich möchte mich bei folgenden Menschen für ihre Anregungen und Unterstützung bedanken:

Dr. Eva Holpfer, Dr. Regina Karner, Ursula Bixl, Dr. Astrid Peterle, Dr. Ursula Storch, Wolf-Erich und Tanja Eckstein, Lisa Goldwasser, Erika Jakubowitz, Ute Asboth, Don Carlos, Giles MacDonogh, Caroline Kaum und Isabella Jaross.

ABBILDUNGSVERZEICHNIS

Atelier Garden, Wien, 1930 oder 1932: S. 273
Die Bühne, Heft Nr. 7, 18. Dezember 1924, S. 21: S. 287
Johannes Zirner: S. 297
Koloman (Kolo) Moser, ca. 1903: S. 98
ÖNB/Wien 204.438-D (Madame d'Ora, Atelier, 29.6.1923): S. 27
ÖNB/Wien 204.395-D (Madame d'Ora, Atelier, 15.12.1921): S. 130
picture alliance / IMAGNO/Austrian Archives | Anonym: S. 86
Privat: S. 10, S. 25, S. 37, S. 42, S. 50, S. 51, S. 53, S. 65, S. 80, S. 113,
S. 120, S. 124, S. 137, S. 195, S. 201, S. 243, S. 253, S. 293, S. 303,
S. 305, S. 324

Auf der Lebensader des amerikanischen Westens

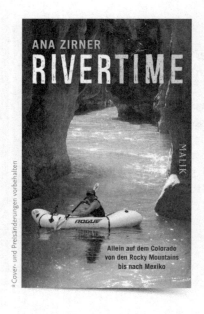

Ana Zirner
Rivertime
Allein auf dem Colorado von den
Rocky Mountains bis nach Mexiko

Malik, 288 Seiten
€ 20,00 [D], € 20,60 [A]*
ISBN 978-3-89029-531-2

Ob zu Fuß am gefrorenen Fluss entlang, im traditionellen Dory-Holzboot durch Stromschnellen oder im Packraft durch idyllische Landschaften – Ana Zirner ist ganz nah dran am Colorado River. Sie genießt seine Wildheit im Grand Canyon und leidet mit ihm, wenn er in Mexiko versiegt. Mal stimmt sie fröhlich, mal nachdenklich – immer jedoch begeistert sie mit ihrer starken Stimme und malt anhand des Mikrokosmos des Colorado ein Bild des heutigen US-Amerika und unserer modernen Gesellschaft.

Leseproben, E-Books und mehr unter www.malik.de

MALIK